创新企业知识产权理论与实务丛书

数据资产保护的合规要点与实务

辛小天　周杨　史蕾　著

华中科技大学出版社
http://press.hust.edu.cn
中国·武汉

前 言
PREFACE

感谢为本书付出辛勤汗水的小伙伴们——江智茹、杨雪娇、张燕、杨玥祺、刘琳、梁天翔、毕静静、段佳葆、郑茂锋。感谢袁屹顾问带领我们开拓大湾区市场。

感谢蒋琪主任、刘克江主任、温贵和主任等前辈给予的关照和指导。

深深怀念我们永远的好朋友赵心纯律师。

本书是对我们数据合规从业服务的整理和总结。2018年欧盟《一般数据保护条例》（GDPR）生效，引发全球震动，也给当时正在做科技商事法律服务的我们打开了新视野。全球数据监管的时代到来了，意味着中国也不例外。五年来我们有幸见证了中国数据监管势如破竹的发展，从四部委App违规违法收集使用个人信息综合治理活动、数据两法实施到数据要素市场地位确认、算法人工智能的新型监管出台，一幕幕犹如快进镜头。我们作为最早一批数据合规从业者加入这个浪潮，也时常在大风大浪中颠簸，网信办不断完善数据监管体系，中国数据合规律师成了最努力的学习群体之一，在不断汲取国内新规，眺望海外进展，跨界领会技术要点的过程中，把自己逼成了复合型人才。

我们更深刻地感受到，中国企业和社会对于数据安全和个人信息权益重视度大大提升。从数据资产的地位确认到目前财务入表的政策探索，也让合规管理的价值从危机防守真正变为企业价值提升的助推器。数据的治理事关经济、安全、民生、国际竞争力，可以预见到数据资产话题未来几年热度不会消退，从数据角度讲合规抓合规，是国家正在推动的中国企业合规经营体系全面建设的完美切入点。

宏观上讲，数据安全、个人信息保护、数据交易的监管要求，都可以归纳到对数据资产合规管理的范畴；而具象化资产层面，数据资产强调可计量性或交易性等财务资产属性，其中财产权益归属与分配的规则才是核心。就后者而言，数据资产概念无论在我国还是全球范围均处于起步阶段，其定性、界定范围、确权、保障、价值体现等问题无论是政策层面还是实践层面都在探路阶段。数据资产保护包括数据的安全性保障和财产性权益保障，目前有关数据的专门立法主要围绕数据安全性保障层面，尚未形成明确数据保护、利用、开发、权属的性质及类型，以及数据作为要素资源投入与分层收益的激励约束型的投入分配制度等财产权益性质保障法律体系。虽然国家已通过"数据二十条"解决了多年的数据产权争议问题，但距离实现数据真正资产化的目标目前还存在多项挑战。

数据法律的前沿性和可探讨空间也是其迷人之处。本书是我们在数据合规服务领域从业的五年总结整理，更是对数据资产中国式合规管理的思考。以数据资产的整体保护为着眼点，本书共分为五章：

第一章尝试探讨清楚数据资产的界定范围，并对中国数据资产保护的主要立法和标准要求进行整体介绍，再重点聚焦于数据确权、数据质量和数据交易的相关规定，最后总结和提出立法和监管的趋势和展望。

第二章针对海外国家和地区的数据特色立法进行了介绍，包括欧盟、美国、俄罗斯、部分东盟国家和印度。

第三章从数据资产的种类维度上考虑，重点介绍几个监管关注的数据案例和合规应对，分别为政务和公共数据、企业数据、个人信息和重要数据保护；同时针对数据监管的一类重点主体——上市公司的数据合规实务要点展开介绍。

第四章关注维度聚焦在流转的常见场景典型案例和合规应对要点分析，包括数据流转共享、汇聚融合和数据出境。

第五章从典型业务场景的数据资产保护的实践和治理要点进行介绍，包括电子商务、云服务、人工智能、工业互联和金融行业。

本书可以怎么用？

一本案例评述书：书中援引剖析多个国内外近年来的数据安全合规经典案例，有国家市场监管总局对阿里巴巴、美团企业实施"二选一"数据垄断行为进行处罚案，知网网络安全审查案，全国首例电商大数据产品不正当纠纷案确认案，也有国外著名的英国航空公司、领英公司、丝芙兰公司案件，以案释法，从经典案例启发合规思路。

一本合规问答指引：通过近百个问答，解答常见疑问，细化合规重点，提供实操指引。

一本行业指导手册：本书最后一部分针对五个数据资产监管最集中行业进行介绍，包括电子商务、云服务、人工智能、工业互联和金融行业，内容涵盖行业对标法规、数据资产保护实操要点和合规建议、经典案例和优秀行业实践，以期对行业从业者提供有用参考。

目 录
CONTENTS

第一章　中国数据资产保护的立法与监管趋势 ——001
 第一节　中国数据资产保护立法和监管概述　——002
 第二节　数据确权与"数据二十条"探讨　——052
 第三节　数据资产保护的质量要求　——079
 第四节　数据资产交易阶段的政策与监管实践　——099
 第五节　中国数据资产保护立法和监管趋势与展望　——108

第二章　全球数据保护立法和监管要求 ——116
 第一节　欧盟　——117
 第二节　美国　——127
 第三节　俄罗斯　——135
 第四节　东盟　——143
 第五节　印度　——157

第三章　不同类型数据资产保护要求和实践 ——161
 第一节　个人信息保护　——161
 第二节　企业数据保护　——177
 第三节　政务与公共数据保护　——187
 第四节　重要数据保护　——202
 第五节　上市公司数据合规实务要点　——207

第四章　数据资产利用的主要场景和合规要点 ——217
 第一节　数据流转　——218
 第二节　数据汇聚融合　——228

第三节 数据出境 —233

第五章 典型场景下数据资产保护 —249
 第一节 电子商务 —249
 第二节 云服务 —264
 第三节 人工智能 —281
 第四节 工业互联网 —312
 第五节 金融行业 —325

第一章

中国数据资产保护的立法与监管趋势

中国信息通信研究院发布的《全球数字经济白皮书（2022年）》显示，截至2021年，测算的47个国家数字经济增加值规模为38.1万亿美元，占GDP比重为45.0%，其中中国数字经济规模位列全球第二，总规模为7.1万亿美元。[①]

数字资产的挖掘和利用是促进数字经济发展的基础引擎，数据资产可为政府、企业和其他拥有者提供的用途和利益主要包括：① 提供商业洞察力和决策支持：数据资产可以被用于分析、探索和发现业务趋势、消费者行为、市场需求等，以支持组织的决策制定和战略规划。② 创造商业价值和创新：通过对数据的挖掘、整合和分析，可以发现新的商业机会，进行产品或服务创新，并为组织带来产值增长和竞争优势。③ 支持运营和业务流程：数据资产可以用于优化业务流程、提高效率和生产力，促进组织运营和业务发展。④ 客户关系管理：数据资产可以用于客户关系管理，包括客户行为分析、个性化营销、客户满意度评估等，以提升客户体验和维护客户关系。

中国数字经济发展的领先地位以及数据资产日新月异的商业价值都对数据资产保护提出了要求。例如，大量的数据被发现、挖掘和流通形成有价值的资产并带来经济效益的同时，也伴随着数据泄露、数据篡改、数据破坏等数字时代的新安全风险；个人数据的使用加剧了商业开发与

---

① 中国信息通信研究院：《全球数字经济白皮书（2022年）》，载 CAICT 中国信通院网，http://www.caict.ac.cn/kxyj/qwfb/bps/202212/t20221207_412453.htm。

个人隐私保护的冲突,也对个人隐私保护提出了新要求;人工智能及其应用的深入发展带来了数据、算法以及背后的科技伦理挑战等等。数据资产的保护,一方面成为激发数据要素活力与安全,推进数据价值释放的关键,另一方面也要求数据处理者遵守和满足数据处理的合规要求,关注数据安全和保护普遍适用的法律法规、行业标准,建立完善组织内部数据保护政策。

因此,本章将整体介绍数据资产保护的主要立法和标准要求,再重点从数据确权、数据质量和数据交易这三个角度介绍中国现有政策、法律法规和相关标准,最后总结和提炼立法和监管的趋势和展望。

第一节　中国数据资产保护立法和监管概述

本节介绍中国有关数据资产保护的政策、法律法规和标准的整体情况。首先,将尝试厘清数据资产的概念以及与相关定义的区别,围绕相关定义,从整体上介绍中国国家数据资产和数据安全战略、规划等政策;其次,从民事和行政角度,详细解读"五法一典一条例"中的相关法律规定,明确数据资产保护和监管的内涵;最后,从刑事角度,对与数据资产保护相关的刑事风险进行简要介绍。

一、数据资产的界定

在探讨如何进行数据资产保护之前,有必要先厘清基本概念,即什么是数据资产,其有什么特点,其与数据、数据要素、数据资源等概念的关系。

参照 ISO 27001:2005 标准[①],数据资产是以物理或电子的方式记录的数据,如文件资料、电子资料等。文件资料类包括合同、公告、工作单、文档、传真、财务相关文件、董事会决议、部门产生的常用数据和各式各样的外部文件等。电子资料类如制度文件、公司章程、管理方法、技

---

① Information technology—Security techniques —Information security management systems—Requirements:ISO/IEC 27001:2005. https://www.iso.org/obp/ui/#iso:std:iso-iec:27001:ed-1:v1:en.

术方案及报告、用户手册、数据库数据、会议记录、配置文件、系统拓扑图、系统环境表、统计报表、开发过程中的源代码等。

我国现行法律法规尚未明确界定数据资产的概念，已出台的一些国家标准和地方标准，以及一些机构的研究报告中提及了数据资产的定义，可供参考。《信息技术服务 数据资产 管理要求》（GB/T 40685—2021）对"数据资产"的定义为："合法拥有或者控制的，能进行计量的，为组织带来经济和社会价值的数据资源。"《信息技术服务 治理 第5部分：数据治理规范》（GB/T 34960.5—2018）将"数据资产"定义为"组织拥有和控制的、能够产生效益的数据资源"。2023年12月5日实施的浙江省地方标准《数据资产确认工作指南》对"数据资产"的定义为："组织过去的交易或事项形成的，由组织合法拥有或控制的，为组织带来经济价值的数据资源。注：数据资源指在社会生产活动中采集加工形成的数据，以电子或其他方式记录，如文本，图像，语音，视频，网页，数据库，传感信号等结构化或非机构化数据。"中国信息通信研究院在《数据资产管理实践白皮书（5.0版）》中对"数据资产"的定义为："由组织（政府机构、企事业单位等）合法拥有或控制的数据资源，以电子或其他方式记录，例如文本、图像、语音、视频、网页、数据库、传感信号等结构化或非结构化数据，可进行计量或交易，能直接或间接带来经济效益和社会效益。"从定义上看，ISO组织界定的数据资产概念突出对一定载体的数据表现形式，而我国的标准及研究报告中的定义则更强调资产的效益和价值，大部分定义中强调可计量性或交易性等财务资产属性[①]。

基于我国目前的主流观点，数据转换成数据资产，需要满足3个核心条件：① 该数据是企业合法拥有或者控制的；② 该数据是能进行计量和交易的；③ 该数据预期会给企业带来经济利益。

围绕着上述核心条件，部分观点中数据资产的特征被进一步拓展：① 非实体性。数据资产不具备实物形态，数据资产本身并不会在使用过程中产生磨损和消耗，具备无形资产的特性。② 多样性。该特性主要体现在数据的表现形式和应用维度两个方面。数据可以通过数字、表格、图像、

---

① 《企业会计准则——基本准则》（2014）对"资产"的定义是："资产是指企业过去的交易或者事项形成的、由企业拥有或者控制的、预期会给企业带来经济利益的资源。"该准则规定，确认资产应同时满足两项条件："（一）与该资源有关的经济利益很可能流入企业；（二）该资源的成本或者价值能够可靠地计量。"

声音等各种形式来表现，甚至可以通过与数据库技术和数字媒体结合来产生价值，不同的信息可以在多种表现形式上进行互相转换；在数据资产应用过程中，使用者可以在不同条件下通过多种途径来运用数据资产，从而满足主体的多样化需求，而数据资产在不同途径下所实现的经济效益也是不同的。③ 通用性。该特性指资产替换使用的程度以及与其他资产结合使用的能力。数据资产与其他实物资产、无形资产相比具有更高的通用性，实物资产往往会被其形态和功能特征限制了其用途的广泛性；而传统的无形资产，会受到其技术专业性的特征影响，导致通用性较弱。数据资产以及底层技术可以通用于不同的行业、不同的领域，对其潜在价值的挖掘会给予数据资产发展多样性业务的可能性。④ 外部性。数据除了企业自用以外，还可以打包形成数据产品、数据服务等商品在外部市场进行销售，从而为企业带来收益，产生更大的价值。数据资产外部性的特征，也是数据具有价值的重要体现之一。⑤ 集合使用价值更高。数据的价值部分取决于数据的应用场景，单一数据的应用场景有限，但是如果将多维度的数据相结合使用，会产生1加1大于2的价值，数据数量与其价值呈现指数增加之势。①

数据、数据要素、数据资源等同类概念在现有政策和实践中的使用频度也很高，但还缺乏权威的定义，实务中也没有严格区分使用。从上述界定中可以明确的是数据应属于大概念范畴，包括数据资产。虽然并不是所有的数据都能构成资产，即数据只有在满足了能够被计量、交易，且预期会给企业带来收益的情况下，才能成为一项资产，但目前的立法和监管还是着眼于数据大概念，并没有仅仅聚焦于数据资产。数据是数字经济时代的新生产要素，是一种能够成为维系国民经济运行及市场主体生产经营过程中所必须具备的基本因素的经济要素。数据要素化具有经济目标，是将数据作为一项生产要素来进行生产并产生收益的过程。② 现有概念中数据要素和数据无明显区别。数据资源和数据资产都是数据汇

---

① 《什么是数据资产？特点有哪些？定义及特点分析》，载三个皮匠报告网，https://www.sgpjbg.com/info/29214.html。

② 吴海青：《数据要素化：保险科技新层次》，载《中国银行保险报》"北大保险评论"栏目第727期，2021年4月23日。

聚产生的结果，属于一体两面。① 数据资源是数据的自然维度，数据资产是数据的经济维度。数据资源经过归集、定价等资产化流程形成数据资产，数据资产与其他生产要素结合赋能实体业务，最终实现数据要素的价值发掘。另一方面，数据要素在通过市场化优化配置后，形成数据要素市场，该市场又能够反向驱动数据资源进一步释放价值。上述关系如图1-1所示。

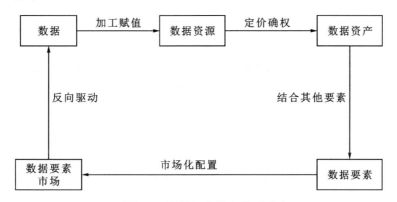

图1-1 数据相关概念关系图

由于数据资产尚未形成法定定义，且数据确权和资产认定标准正在逐步形成中，本书中所提及数据资产概念以及援引的法律、法规和标准侧重理解为被重点监管、规制以及具有价值的数据资源和数据要素。

二、中国数据资产战略政策介绍

国家近年来陆续公布数据资产整体战略政策，在顶层设计方面更好地打造具有我国特色的数据要素市场，最大程度地释放数据资产的效益。相关政策（如图1-2所示）已通过定性数据的生产要素属性、定位数据重点流通的环节，不断细化和发展数据资源供给、流通、利用的市场规则，体现数字中国的战略规划。

---

① 数据资源和数据资产属于一体两面，数据资源属于客观存在的，数据资产属于主体所有的可交易定价的。

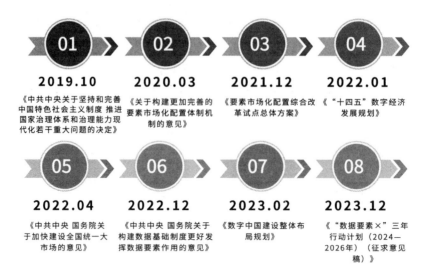

图 1-2　国家主要数据要素战略和规划政策

（一）2019 年 10 月《中共中央关于坚持和完善中国特色社会主义制度　推进国家治理体系和治理能力现代化若干重大问题的决定》

> 六、坚持和完善社会主义基本经济制度，推动经济高质量发展
>
> （二）坚持按劳分配为主体、多种分配方式并存。坚持多劳多得，着重保护劳动所得，增加劳动者特别是一线劳动者劳动报酬，提高劳动报酬在初次分配中的比重。健全劳动、资本、土地、知识、技术、管理、数据等生产要素由市场评价贡献、按贡献决定报酬的机制。

第十九届四中全会通过的《中共中央关于坚持和完善中国特色社会主义制度　推进国家治理体系和治理能力现代化若干重大问题的决定》（以下简称《决定》），首次将数据纳入生产要素的范畴，①数据的重要性被提升至国家战略层面，为数据要素市场的培育和机制细化打下政策基础。

---

① 马英：《大数据时代的数据资产保护》，载《数据通信》2021 年第 4 期，第 37 页。

（二）2020年3月《中共中央 国务院关于构建更加完善的要素市场化配置体制机制的意见》

> 六、加快培育数据要素市场
>
> （二十）推进政府数据开放共享。优化经济治理基础数据库，加快推动各地区各部门间数据共享交换，制定出台新一批数据共享责任清单。研究建立促进企业登记、交通运输、气象等公共数据开放和数据资源有效流动的制度规范。
>
> （二十一）提升社会数据资源价值。培育数字经济新产业、新业态和新模式，支持构建农业、工业、交通、教育、安防、城市管理、公共资源交易等领域规范化数据开发利用的场景。发挥行业协会商会作用，推动人工智能、可穿戴设备、车联网、物联网等领域数据采集标准化。
>
> （二十二）加强数据资源整合和安全保护。探索建立统一规范的数据管理制度，提高数据质量和规范性，丰富数据产品。研究根据数据性质完善产权性质。制定数据隐私保护制度和安全审查制度。推动完善适用于大数据环境下的数据分类分级安全保护制度，加强对政务数据、企业商业秘密和个人数据的保护。

2020年4月9日，《中共中央 国务院关于构建更加完善的要素市场化配置体制机制的意见》发布，提出要加快培育中国数据要素市场的任务，通过制定出台新一批数据共享责任清单、探索建立统一的数据标准规范、支持构建多领域数据开发利用场景，全面提升数据要素价值。

（三）2021年12月《要素市场化配置综合改革试点总体方案》

> 六、探索建立数据要素流通规则
>
> （十九）完善公共数据开放共享机制。建立健全高效的公共数据共享协调机制，支持打造公共数据基础支撑平台，推进公共数据归集整合、有序流通和共享。探索完善公共数据共享、开放、运营服务、安全保障的管理体制。优先推进企业登记监管、卫生健康、交通运输、气象等高价值数据集向社会开放。探索开展政府数据授权运营。

（二十）建立健全数据流通交易规则。探索"原始数据不出域、数据可用不可见"的交易范式，在保护个人隐私和确保数据安全的前提下，分级分类、分步有序推动部分领域数据流通应用。探索建立数据用途和用量控制制度，实现数据使用"可控可计量"。规范培育数据交易市场主体，发展数据资产评估、登记结算、交易撮合、争议仲裁等市场运营体系，稳妥探索开展数据资产化服务。

（二十一）拓展规范化数据开发利用场景。发挥领军企业和行业组织作用，推动人工智能、区块链、车联网、物联网等领域数据采集标准化。深入推进人工智能社会实验，开展区块链创新应用试点。在金融、卫生健康、电力、物流等重点领域，探索以数据为核心的产品和服务创新，支持打造统一的技术标准和开放的创新生态，促进商业数据流通、跨区域数据互联、政企数据融合应用。

（二十二）加强数据安全保护。强化网络安全等级保护要求，推动完善数据分级分类安全保护制度，运用技术手段构建数据安全风险防控体系。探索完善个人信息授权使用制度。探索建立数据安全使用承诺制度，探索制定大数据分析和交易禁止清单，强化事中事后监管。探索数据跨境流动管控方式，完善重要数据出境安全管理制度。

2021年12月，国务院办公厅印发《要素市场化配置综合改革试点总体方案》，强调探索建立数据要素流通规则，聚焦数据采集、开放、流通、使用、开发、保护等全生命周期的制度建设，推动部分领域数据采集标准化，分级分类、分步有序推动部分领域数据流通应用，探索"原始数据不出域、数据可用不可见"的交易范式，实现数据使用"可控可计量"，推动完善数据分级分类安全保护制度，探索制定大数据分析和交易禁止清单。

（四）2021年12月《"十四五"数字经济发展规划》

2021年12月，国务院发布了《"十四五"数字经济发展规划》（以下简称《"十四五"规划》）。作为我国在数字经济领域的首部国家级专项规划,《"十四五"规划》针对数字经济的概念进行了界定,即数字经济是以数据资源为关键要素,以现代信息网络为主要载体,以信息通信技术融合应用、全要素数字化转型为重要推动力,促进公平与效率更加统一的新经济形态。《"十四五"规划》提出充分发挥数据要素作用,并在数据要素供给、数据要素市场化、数据要素开发利用机制三个方面进行了部署。此次规划为我国发展数据要素市场指明了方向,推动数据要素市场逐步规范化、制度化、体系化发展,提升数据要素重视程度。

(五) 2022年3月《中共中央 国务院关于加快建设全国统一大市场的意见》

> 四、打造统一的要素和资源市场
>
> (十三)加快培育统一的技术和数据市场。建立健全全国性技术交易市场,完善知识产权评估与交易机制,推动各地技术交易市场互联互通。完善科技资源共享服务体系,鼓励不同区域之间科技信息交流互动,推动重大科研基础设施和仪器设备开放共享,加大科技领域国际合作力度。加快培育数据要素市场,建立健全数据安全、权利保护、跨境传输管理、交易流通、开放共享、安全认证等基础制度和标准规范,深入开展数据资源调查,推动数据资源开发利用。

2022年3月,国务院发布《中共中央 国务院关于加快建设全国统一大市场的意见》(以下简称《统一市场意见》)。《统一市场意见》的出台基于我国应对国际政治和经济形势,提出持续推动国内市场高效畅通和规模拓展,加快营造稳定公平透明可预期的营商环境,进一步降低市场交易成本,促进科技创新和产业升级,培育参与国际竞争合作新优势,加快培育数据要素市场。根据《统一市场意见》,加快建设全国统一大市场的工作原则是:立足内需,畅通循环;立破并举,完善制度;有效市场,有为政府;系统协同,稳妥推进。

《统一市场意见》考虑到国家的政策制定需兼顾对数字经济产业链和数据要素生态环境的保护和发展,针对数据资源汇聚而出现的新型数据市场垄断和不正当竞争等现象提出破除地方保护和区域数据市场壁垒,对统一数据要素市场监管规则、标准和程序,加强数据要素的协同具有重要的推动作用。

（六）2022 年 12 月《中共中央 国务院关于构建数据基础制度更好发挥数据要素作用的意见》

2022 年 12 月，国务院发布了《中共中央 国务院关于构建数据基础制度更好发挥数据要素作用的意见》（以下简称"数据二十条"）。"数据二十条"从数据产权、流通交易、收益分配、安全治理四方面，针对初步搭建我国数据基础制度体系，提出了二十条政策举措。"数据二十条"的内容包括建立保障权益、合规使用的数据产权制度；建立合规高效、场内外结合的数据要素流通和交易制度；建立体现效率、促进公平的数据要素收益分配制度；建立安全可控、弹性包容的数据要素治理制度多个方面。本章第二节将从数据确权角度专门介绍"数据二十条"形成数据基础制度的"四梁八柱"。

（七）2023 年 2 月《数字中国建设整体布局规划》

2023 年 2 月 27 日，中共中央、国务院发布《数字中国建设整体布局规划》（以下简称《规划》），《规划》提出到 2035 年，数字化发展水平进入世界前列，数字中国建设取得重大成就。数字中国建设体系化布局更加科学完备，经济、政治、文化、社会、生态文明建设各领域数字化发展更加协调充分，有力支撑全面建设社会主义现代化国家。

在畅通数据资源大循环方面，《规划》提出释放商业数据价值潜能，加快建立数据产权制度，开展数据资产计价研究，建立数据要素按价值贡献参与分配机制。

（八）2023 年 12 月《"数据要素×"三年行动计划（2024—2026 年）（征求意见稿）》

2023 年 12 月 15 日国家数据局发布关于向社会公开征求《"数据要素×"三年行动计划（2024—2026 年）（征求意见稿）》意见的公告。该意见稿提出，到 2026 年底，数据要素应用场景广度和深度大幅拓展，在经济发展领域数据要素乘数效应得到显现，打造 300 个以上示范性强、显示度高、带动性广的典型应用场景，产品和服务质量效益实现明显提升，涌现出一批成效明显的数据要素应用示范地区，培育一批创新能力强、市场影响力大的数据商和第三方专业服务机构，数据产业年均增速超过 20％，数据交易规模增长 1 倍，场内交易规模大幅提升，推动数据要素价值创造的新业态成为经济增长新动力,数据赋能经济提质增效作用更加凸显,成为高质量发展的重要驱动力量。

该意见稿列出了12个数据要素的应用方向,分别是智能制造、智慧农业、商贸流通、交通运输、金融服务、科技创新、文化旅游、医疗健康、应急管理、气象服务、智慧城市、绿色低碳。

三、从"五法一典一条例"介绍数据资产保护的安全角度

数据资产保护可以分为对数据的安全性保障和数据财产权益保障。数据安全性保障是数据资产保护的根基,"数据二十条"也明确守住数据安全是数据要素流通交易的红线和底线,是开展数据流通交易的首要条件。目前有关数据的专门立法主要围绕数据安全性保障层面,尚未形成以数据及其保护、利用、开发、权属的性质及类型作为要素资源投入与及其分层收益的激励约束型的投入分配制度等财产权益性质保障法律体系。数据财产权益保障还主要依赖已有的商业秘密保护、知识产权保护和反不正当竞争保护体系,本章第二节将做进一步的阐述。

现阶段以保护数据安全为主要切入点,形成了以《中华人民共和国国家安全法》和《中华人民共和国民法典》为主导,《中华人民共和国密码法》《中华人民共和国网络安全法》《中华人民共和国数据安全法》《中华人民共和国个人信息保护法》,及《关键信息基础设施安全保护条例》为主要规范的"五法一典一条例"的数据安全保障法律框架。

(一)《中华人民共和国国家安全法》

2015年通过的《中华人民共和国国家安全法》(以下简称《国家安全法》)从宏观层面强调国家安全工作应统筹传统安全与非传统安全,除关注政治、国土、军事等传统安全外,对于经济、文化、社会、科技、信息、生态、资源、核安全等非传统安全给予同等关注。[①] 其中明确将网络与信息安全保障作为国家安全的具体要义之一,并突出强调了要实现网络和信息核心技术、关键基础设施和重要领域信息系统及数据的安全可控。《国家安全法》将数据安全纳入国家安全整体覆盖层面。

---

① 参见《国家安全法》第八条。

（二）《中华人民共和国网络安全法》

《中华人民共和国网络安全法》（以下简称《网络安全法》）作为与网络安全直接相关的该领域内的上位法，于 2016 年 11 月 7 日由第十二届全国人大常委会第二十四次会议通过，自 2017 年 6 月 1 日起正式实施。《网络安全法》是 2015 年 7 月 1 日颁布施行的《国家安全法》在网络空间的具体化，是我国第一部网络安全领域的基本法律，也是落实总体国家安全观的专门法律。数字时代自网络时代发展而来，网络安全始终是保障数据资产安全的根基。

2021 年 7 月 2 日，网信办开启对滴滴公司的执法调查之后，事件不断升级，因触犯到国家安全，"滴滴出行"App 甚至滴滴公司旗下其他 25 款 App 全部下架，2021 年 7 月 16 日包括公安部、国家安全部在内的七部门进驻滴滴公司进行网络安全审查。根据网络安全审查结论及发现的问题和线索，网信办依法对滴滴公司涉嫌违法行为进行立案调查。经查实，滴滴公司违反《网络安全法》《数据安全法》《个人信息保护法》的违法违规行为事实清楚、证据确凿、情节严重、性质恶劣，应当从严从重予以处罚。滴滴公司网络安全审查案件被列为我国数据治理下行政处罚第一大案，由此可见国家对网络安全的重视程度之深与惩处力度之大。

1. 首次以法律形式定义网络数据的概念

《网络安全法》首次将网络数据概念界定为"通过网络收集、存储、传输、处理和产生的各种电子数据"[①]，并将网络范围规定为"由计算机或者其他信息终端及相关设备组成的按照一定的规则和程序对信息进行收集、存储、传输、交换、处理的系统"[②]。《网络安全法》对网络数据的表述涵盖了包括个人信息数据在内的多种数据内容，与当前数据管理需求相适应。

2. 明确国家实行网络安全等级保护制度

《网络安全法》第二十一条明确规定，国家实行网络安全等级保护制

---

① 参见《网络安全法》第七十六条第四项。
② 参见《网络安全法》第七十六条第一项。

度。将网络安全分为五个等级，级别越高，国家网络安全监管部门介入强度越大。在此基础上，明确了重要数据须采取备份或加密措施等网络运营者的安全保护义务要求。

3. 重点保护关键信息基础设施运行安全

《网络安全法》第三十一条明确规定："国家对公共通信和信息服务、能源、交通、水利、金融、公共服务、电子政务等重要行业和领域，以及其他一旦遭到破坏、丧失功能或者数据泄露，可能严重危害国家安全、国计民生、公共利益的关键信息基础设施，在网络安全等级保护制度的基础上，实行重点保护。"关键信息基础设施目前以政府部门认定为准。出于关键信息基础设施运营的相关数据对国家整体社会和经济运营的重要性考量，一旦被认定，运营者将会承担比一般网络运营者更严格的网络安全和数据安全保护责任，包括对重要系统和数据库的容灾备份、个人信息和重要数据的本地化要求，采取国产密码保护、可信计算等关键技术防护措施，切实保护数据在采集、存储、传输、应用、销毁等环节的安全，确保其全生命周期的安全等。更多关键信息基础设施的数据资产保护规定详见《关键信息基础设施保护条例》的相关介绍。

（三）《中华人民共和国民法典》

2020年5月28日，第十三届全国人大第三次会议表决通过《中华人民共和国民法典》（以下简称《民法典》）。作为推进全面依法治国、推进国家治理体系和治理能力现代化的重大举措，《民法典》充分顺应互联网发展趋势，回应"互联网＋"时代需求，全面强化公民信息网络相关权利保障。《民法典》对数据资产保护的多项规定反映了我国立法对数字时代下民事法律风险挑战的回应，特别是奠定和提升了个人信息的基础法律保障。总体来讲，《民法典》中涉及数据资产的安全和权益性保障内容可以被划分为三个方面，即公民个人信息的保护；数据和虚拟资产的澄清；以及对于持有大量和重要数据资产的主体形态——平台经济主体的规制。

1. 关于公民个人信息的保护

> **案例**
>
> 《民法典》实施后全国首例个人信息保护民事公益诉讼案——"杭州市上城区人民检察院诉孙某非法买卖个人信息民事公益诉讼案"。[①]
>
> 本案中,孙某在未取得相关主体同意的情况下,非法获取含有自然人姓名、电话号码、电子邮箱的个人信息,并以牟利为目的将获取的4万余条个人信息进行非法出售。孙某的行为属于非法收集、买卖个人信息的大规模侵权行为,侵害了承载在不特定社会主体个人信息之上的公共信息安全这一公共利益,构成对公共信息安全领域的社会公共利益侵害。本案系全国首例适用民法典的个人信息保护民事公益诉讼案,体现了法律对涉及社会公共利益的社会不特定民事主体个人信息的保护和重视,也体现了司法对不特定自然人个人信息保护路径的积极探索和有益创新。

(1) 个人信息法定保护原则与定义

> 《民法典》第一千零三十四条 自然人的个人信息受法律保护。
>
> 个人信息是以电子或者其他方式记录的能够单独或者与其他信息结合识别特定自然人的各种信息,包括自然人的姓名、出生日期、身份证件号码、生物识别信息、住址、电话号码、电子邮箱、健康信息、行踪信息等。

《民法典》第一千零三十四条对个人信息的定义,沿袭了《网络安全法》对个人信息的识别标准,对于单独或者结合其他信息可识别特定自然人的信息,都将纳入个人信息的范围。在外延列举上,相较于《网络安全

---

① 陈瑜:《首例适用民法典案件宣判——个人信息保护立法在路上》,载中国法院网,https://www.chinacourt.org/article/detail/2021/01/id/5716743.shtml。

法》的规定,《民法典》中对个人信息内容的列举增加了电子邮箱、健康信息、行踪信息。新增的列举内容,实际上已经在 2020 年发布的《GB/T 35273—2020 信息安全技术 个人信息安全规范》(以下简称《个人信息安全规范》)中进行了规定。

(2) 个人信息处理原则的确立

针对个人信息的利用等处理行为,《民法典》确立了基本的处理原则和授权等处理合法基础要件。

> 《民法典》第一百一十一条 自然人的个人信息受法律保护。任何组织或者个人需要获取他人个人信息的,应当依法取得并确保信息安全,不得非法收集、使用、加工、传输他人个人信息,不得非法买卖、提供或者公开他人个人信息。
>
> 《民法典》第一千零三十五条 处理个人信息的,应当遵循合法、正当、必要原则,不得过度处理,并符合下列条件:
>
> (一) 征得该自然人或者其监护人同意,但是法律、行政法规另有规定的除外;
>
> (二) 公开处理信息的规则;
>
> (三) 明示处理信息的目的、方式和范围;
>
> (四) 不违反法律、行政法规的规定和双方的约定。
>
> 个人信息的处理包括个人信息的收集、存储、使用、加工、传输、提供、公开等。

《民法典》整体继承了《网络安全法》关于个人信息收集、处理原则的基本要求,重申"合法、正当、必要"的原则,规定个人信息处理应符合的具体条件,即征得该自然人或者其监护人同意,公开处理信息的规则,明确处理信息的目的、方式和范围,不违反法律、行政法规的规定和双方的约定。

(3) 个人信息主体权益的保障

> 《民法典》第一千零三十七条 自然人可以依法向信息处理者查阅或者复制其个人信息;发现信息有错误的,有权提出异议并请求及时采取更正等必要措施。

> 自然人发现信息处理者违反法律、行政法规的规定或者双方的约定处理其个人信息的，有权请求信息处理者及时删除。

针对个人信息主体，《民法典》第一千零三十七条赋予了对于其个人信息控制能力的相关民事权利，包括查阅或复制权、更正权以及删除权。在权利内容方面，《民法典》相较于《网络安全法》及《个人信息安全规范》并未作进一步的扩张，触发条件也没有作出实质性的变动，对应的合规要求仍然应当延续。

（4）个人信息保护责任的明确

> 《民法典》第一千零三十八条　信息处理者不得泄露或者篡改其收集、存储的个人信息；未经自然人同意，不得向他人非法提供其个人信息，但是经过加工无法识别特定个人且不能复原的除外。
>
> 信息处理者应当采取技术措施和其他必要措施，确保其收集、存储的个人信息安全，防止信息泄露、篡改、丢失；发生或者可能发生个人信息泄露、篡改、丢失的，应当及时采取补救措施，按照规定告知自然人并向有关主管部门报告。

《民法典》第一千零三十八条规定了信息处理者的个人信息保护责任，责任承担主体为信息处理者。尽管《民法典》并未对信息处理者进行定义，但鉴于《民法典》信息处理者主要适用于隐私权和个人信息保护章节，定义可以参照《个人信息保护法》中针对个人信息处理者的定义"个人信息处理者，是指在个人信息处理活动中自主决定处理目的、处理方式的组织、个人"，该定义与欧盟《一般数据保护条例》中的个人数据控制者类似。《民法典》第一千零三十八条，从正反两个方面明确了信息处理者对个人信息的保护责任要求。一方面，明确了信息处理者的不可为，包括不得泄露或篡改其收集、存储的个人信息，未经自然人同意不得向他人非法提供其未经脱敏处理的个人信息；另一方面，明确了信息处理者的应为，包括采取防止信息泄露、篡改、丢失的必要技术措施等，以及在发生信息安全事件时应及时采取补救措施、用户告知及主管部门报告等。

除此之外，在针对一般信息处理者的个人信息和隐私保护责任要求的基础上，《民法典》针对国家行政机关及其工作人员这类特殊信息处理者在履行职务过程中获悉的隐私和个人信息的保密要求进行规定。同时，由于医疗数据的特殊性，《民法典》第一千二百二十六条对医疗机构及其工作人员的个人信息处理义务进行了进一步的要求（医疗损害责任）。相似的，《民法典》第一千零三十条对征信机构等信息处理者进行专门的规定（名誉权和荣誉权）。

2. 关于数据和虚拟资产的问题

《民法典》体现了对数据安全与发展平衡性立法原则，促进数据开放共享和资源整合，同时关注数据资源和数据利用的新发展带来的安全保护和民事权益保障。

> **案例**
>
> 在"周某与邹某某网络侵害虚拟财产纠纷案"中，原告周某通过某某网络科技有限公司运营的平台将游戏账号出租给被告邹某某使用，但由于邹某某游戏时多次使用外挂操作，违反游戏平台相关规范，导致原告周某的游戏账号被腾讯平台查封，故将邹某某诉至法院要求被告邹某某赔偿相关经济损失。该案经法院立案受理后，依法适用简易程序公开进行了审理。法院向双方当事人释明，根据民法典规定，游戏账号、装备等网络虚拟财产，有一定的资产属性，当网络虚拟财产遭到非法侵害时，和普通财物遭到侵害一样，受到法律保护。在法院主持调解下，双方当事人自愿达成调解协议。①

（1）确定数据、网络虚拟财产的民事法律保护原则

《民法典》第一百二十七条规定："法律对数据、网络虚拟财产的保护有规定的，依照其规定。"明确了数据、网络虚拟财产的原则性规定，同时

---

① 《网络账号、虚拟货币、游戏道具……虚拟财产受法律保护！——省法院发布适用民法典典型案例》，载微信公众号"贵州长安网"，https://mp.weixin.qq.com/s/enQmkfiqKKjTL6iDeTrhug。

以开放的立法方式，为数据、网络虚拟财产的保护途径的进一步立法延伸以及特殊法律适用留下了空间。

(2) 平衡数据流动发展与安全

《民法典》在加强对数据及个人信息保护的基础上，通过第九百九十九条、第一千零三十六条规定合理使用及免责处理场景等，支持各主体合法、合理、有序推进数据流动及处理，助推数据流动和数字经济建设。

合理利用方面，《民法典》第九百九十九条规定："为公共利益实施新闻报道、舆论监督等行为的，可以合理使用民事主体的姓名、名称、肖像、个人信息等；使用不合理侵害民事主体人格权的，应当依法承担民事责任。"该规定的适用，多出现于公共机关的工作中，例如犯罪嫌疑人通缉、失信执行人披露、涉及公共利益的新闻报道等场景。

民事责任免责情形方面，《民法典》第一千零三十六条规定："处理个人信息，有下列情形之一的，行为人不承担民事责任：（一）在该自然人或者其监护人同意的范围内合理实施的行为；（二）合理处理该自然人自行公开的或者其他已经合法公开的信息，但是该自然人明确拒绝或者处理该信息侵害其重大利益的除外；（三）为维护公共利益或者该自然人合法权益，合理实施的其他行为。"简单来说，可以将以上民事责任免责规定归纳为：处理个人信息如果基于同意、已公开及合法维权等三类情形，则行为人不承担民事责任。以上例外规定，均强调了合理处理的必要性。相关处理者需要综合考虑相应处理行为不应造成对个人信息主体权益的重大侵害，或者超出其合理可预见的范围。

3. 关于平台经济的规制问题

随着电子商务的发展，平台逐步演化为数据经济时代最重要的组织形式，是数据资产掌控和使用的主要载体，代表新技术条件下的协作生态模式。《民法典》相关规定如下：

> 第四百九十一条　当事人采用信件、数据电文等形式订立合同要求签订确认书的，签订确认书时合同成立。
>
> 当事人一方通过互联网等信息网络发布的商品或者服务信息符合要约条件的，对方选择该商品或者服务并提交订单成功时合同成立，但是当事人另有约定的除外。

> 第五百一十二条 通过互联网等信息网络订立的电子合同的标的为交付商品并采用快递物流方式交付的，收货人的签收时间为交付时间。电子合同的标的为提供服务的，生成的电子凭证或者实物凭证中载明的时间为提供服务时间；前述凭证没有载明时间或者载明时间与实际提供服务时间不一致的，以实际提供服务的时间为准。
>
> 电子合同的标的物为采用在线传输方式交付的，合同标的物进入对方当事人指定的特定系统且能够检索识别的时间为交付时间。
>
> 电子合同当事人对交付商品或者提供服务的方式、时间另有约定的，按照其约定。

针对电商平台经营者及平台内经营者，其作为《民法典》下个人信息处理者，应当遵守《民法典》第一百一十一条、第一千零三十五条及第一千零三十八条等关于个人信息保护原则及责任的规定，公示个人信息处理规则，采取必要的组织管理及技术保障措施，保护个人信息安全。

针对平台侵权责任处理，《民法典》第一千一百九十四条至第一千一百九十七条明确网络服务提供者的责任以及权利人的救济途径等，为明晰网络环境下的侵权责任关系与责任追究提供法律基础。

（四）《中华人民共和国密码法》

案例

> 2012年，某全球职场社交网站的650万条经过加密的密码数据遭到泄露，事发原因是该社交网站使用了未加盐的方法存储加密密码，从而提升了攻击者破解密码的可能性，进而给了黑客进入用户数据库的可乘之机。
>
> 2019年，美国某知名图形图像和排版软件生产商旗下一处数据库由于没有采取密码技术做安全措施，导致任何人皆可访问该数据库，致使750万个软件用户的个人信息遭到泄露。

信息和数据时代，密码是国家重要战略资源，是保障网络和信息安全和数据资产的核心技术和基础支撑，是保护国家安全的战略性资源。密码被认为是维护网络安全最有效、最可靠、最经济的技术手段，可以保障信息来源的真实性、数据的完整性以及行为的不可否认性。[①]

2019年10月26日，《中华人民共和国密码法》（以下简称《密码法》）由全国人大常委会表决通过，于2020年1月1日生效。《密码法》是国家网络安全框架下，完善国家安全法律体系的重要手段，顺应了信息安全产品国产化的政策要求，是发挥密码技术、产品以及服务在网络空间重要功能的必要手段，推动构建以密码技术为核心、多种技术交叉融合的安全体制。[②] 其中关于商用密码的规范条文，有利于公民、法人和其他组织对其所有的，不属于国家秘密的信息依法使用商用密码进行分类管理和保护。

具体来讲，密码分为核心密码、普通密码和商用密码。核心密码、普通密码用于保护国家秘密信息；商用密码用于保护不属于国家秘密的信息，公民、法人和其他组织可以依法使用商用密码保护网络与信息安全。[③]

分类规则方面，坚持党管密码根本原则[④]；对核心密码、普通密码，由密码管理部门依法实行严格统一管理；对商用密码，明确了标准化制度、检测认证制度、市场准入管理制度、关键信息基础设施使用要求、进出口管理制度、电子政务电子认证服务管理制度、行业协会发展要求以及商用密码事中事后监管制度等。

《密码法》对商用密码管理制度进行了结构性重塑，为反映以及细化密码法相关制度，国家对1999年公布的《商用密码管理条例》进行了全面修订，总体思路和主要变化可以概括为：夯实基础、落实保障，鼓励创新、促进合作，简政放权、转变方式，注重安全、重点管控，行业自律、

[①] 中国软件评测中心：《商用密码应用安全性评估白皮书（2021年）》，载CSTC中国软件评测中心网，https://cstc.org.cn/info/1857/246794.htm。

[②] 《国家密码管理局负责人就〈中华人民共和国密码法〉答记者问》，载国家密码局网，http://www.oscca.gov.cn/sca/xwdt/2019-10/27/content_1057218.shtml。

[③] 参见《密码法》第二章、第三章。

[④] 参见《密码法》第四条。

强化监督。① 修订后的《商用密码管理条例》自 2023 年 7 月 1 日起实施，条例鼓励公民、法人和其他组织依法使用商用密码保护网络与信息安全，支持网络产品和服务使用商用密码提升安全性。明确关键信息基础设施的商用密码使用要求和国家安全审查要求。

实践和检测中密码应主要应用于关键业务应用中的关键数据和重要数据，其中关键业务应用中的关键数据一般包含但不限于以下数据：鉴别数据、重要业务数据、重要审计数据、个人敏感信息以及法律法规规定的其他重要数据类型。

密码技术是国家鼓励的对重要数据的保障措施。以《信息安全技术 信息系统密码应用基本要求》（GB/T 39786—2021）要求为例，"d）宜采用密码技术保证信息系统应用的重要数据在传输过程中的机密性；e）宜采用密码技术保证信息系统应用的重要数据在存储过程中的机密性；f）宜采用密码技术保证信息系统应用的重要数据在传输过程中的完整性；g）宜采用密码技术保证信息系统应用的重要数据在存储过程中的完整性。"

（五）《中华人民共和国数据安全法》

> **案例**
>
> 2023 年 2 月，湖南省长沙市公安局岳麓分局网安部门工作发现，辖区某电商平台存在数据泄露隐患，即迅速组织专业技术人员调取日志并约谈单位相关责任人员。经查，该企业服务器存在未授权访问漏洞，用户隐私数据存在泄露风险。通过进一步核实，该企业未制定数据安全管理制度、未充分落实网络安全等级保护制度。长沙市公安局岳麓分局根据《中华人民共和国数据安全法》第二十七条、第四十五条第一款之规定，给予该企业警告，并处罚款五万元，对直接责任人处罚款一万元，责令限期改正。②

---

① 浮山县妇联：《我国有了密码法，但你知道么？》，载澎湃网，https：//www. thepaper. cn/newsDetail_forward_7005909。

② 网信馆陶：《【网信普法】多个适用〈数据安全法〉的行政处罚案例》，载澎湃网，https：//www. thepaper. cn/newsDetail_forward_22678510。

数据安全是近年来立法和行政执法中的重中之重。2021年6月10日,《中华人民共和国数据安全法》(以下简称《数据安全法》)在第十三届全国人大常委会第二十九次会议通过并发布,于同年9月1日起正式施行。《数据安全法》是关于数据安全的基础性法律,是对信息安全基本制度等的进一步确立和落实。《数据安全法》共七章,五十五条。包括数据安全与发展、数据安全制度、数据安全保护义务、政务数据安全与开放以及相关法律责任等内容,涉及与数据的收集、存储、使用、加工、传输、提供、公开等数据全生命周期处理活动相关的数据安全基本方针、原则和制度要求。《数据安全法》不仅适用于我国境内的数据处理活动及安全监管,同时对于境外开展数据处理活动,损害中华人民共和国国家安全、公共利益或者公民、组织合法权益的行为也可适用。① 该法对数据资产保护更加具有针对性,意义重大。

1. 强化了重要数据的安全监管体系

《数据安全法》第二十一条针对重要数据的识别和管理工作进行划分,规定国家数据安全工作协调机制统筹协调有关部门制定重要数据目录,并将重要数据的具体识别工作下放至各地区、部门,以地区、部门以及相关行业、领域为维度制定重要数据目录,充分平衡了法律规定的普适性和灵活性。

《数据安全法》延续《网络安全法》的规定,以重要数据为锚点,对重要数据的处理活动提出了若干延展数据安全保护义务,主要包括:

- 重要数据的处理者应当明确数据安全负责人和管理机构(第二十七条);
- 重要数据相关活动定期开展包括重要数据的种类、数量,收集、存储、加工、使用数据的情况,面临的数据安全风险及其应对措施等在内的风险评估,并向有关主管部门发送风险评估报告(第三十条);
- 如果重要数据的处理活动影响或者可能影响国家安全的,应当接受国家安全审查(第二十四条);
- 关键信息基础设施的运营者在中华人民共和国境内运营中收集和产生的重要数据的出境安全管理,适用《中华人民共和国网络安全法》的规定;其他数据处理者在中华人民共和国境内运营中收集和产生的重要数据

---

① 参见《数据安全法》第二条。

的出境安全管理办法，由国家网信部门会同国务院有关部门制定（第三十一条）。

2. 数据分类分级制度

《数据安全法》确立数据分类分级保护制度作为数据安全管理工作的前提与基础，企业应根据不同类别和级别的数据资产承担不同等级的管理保护义务。目前根据《数据安全法》以及相关行业数据管理要求，特别针对重要数据和国家核心数据（关系国家安全、国民经济命脉、重要民生、重大公共利益的数据）已明确提出重点保护与更加严格管理的安全要求，并细化了更为严格的监管，具体请参见本书第三章第四节。对于重要数据和国家核心数据之外的其他数据资产，数据处理方应以有关数据在经济社会发展中的重要程度与可能的数据事件危害程度为基准进行相应的分类分级划分，并设置差异化保护和数据安全管理。有关数据分类分级制度的具体内容请参见本书第三章。

3. 数据交易机制为基础的数据权益建构

《数据安全法》第十九条规定建立健全数据交易管理制度，确定数据交易行为的合法性，培育数据交易市场。该条明确了从事数据交易的准入制原则，数据交易中介服务的中介机构由于数据资产平台汇聚和管理的特殊属性，应相较于一般数据处理者承担更严格的安全保护要求以及自治监管责任，比如从风险控制的角度出发，规定从事数据交易中介服务的机构应当要求数据提供方说明数据来源，审核交易双方的身份，并留存审核、交易记录。有关数据交易市场的更多具体内容请参见本章第四节。

（六）《中华人民共和国个人信息保护法》

《中华人民共和国个人信息保护法》（以下简称《个人信息保护法》）于2021年8月20日经第十三届全国人大常委会第三十次会议通过，自2021年11月1日起施行。全文共八章七十四条，除了总则、附则及法律责任，主要包括数据处置的两个规则（处理规则和跨境提供规则）和涉及数据三个主体（个人权利、处理者义务和监管职责）的权责要求，《个人信息保护法》是个人信息处理者对个人信息数据资产保障的合规基线，也是从实践指导上更为务实落地的一部法律。

1. 全面明确个人信息处理原则和规则

（1）六大处理原则（如表 1-1 所示）

表 1-1　个人信息处理原则

原则	法条	解读
合法、正当、必要和诚信原则	第五条：处理个人信息应当遵循合法、正当、必要和诚信原则，不得通过误导、欺诈、胁迫等方式处理个人信息。	该原则是个人信息处理者在处理个人信息时的前提。其中的必要性需要结合不同行业的不同情况进行具体判断。
目的明确和直接相关原则	第六条第一款：处理个人信息应当具有明确、合理的目的，并应当与处理目的直接相关，采取对个人权益影响最小的方式。	该原则要求，个人信息处理者在业务过程中处理个人信息应有明确、合理的使用场景，并将处理行为严格限定在"与处理目的直接相关"的范围内，并应当告知用户处理目的。
最小必要原则	第六条第二款：收集个人信息，应当限于实现处理目的的最小范围，不得过度收集个人信息。	个人信息处理者收集个人信息，应当是实现其核心功能或服务所必需的，应当具有明确合理的控制，不得从事超出用户同意范围或者与服务场景无关的个人信息处理活动。
处理公开透明原则	第七条：处理个人信息应当遵循公开、透明原则，公开个人信息处理规则，明示处理的目的、方式和范围。	个人信息处理者应当以明确、易懂和合理的方式公开处理个人信息的范围、目的、规则等，并接受外部监督。

续表

原则	法条	解读
准确完整原则	第八条：处理个人信息应当保证个人信息的质量，避免因个人信息不准确、不完整对个人权益造成不利影响。	该原则从个人信息的准确性和完整性两个方面，对处理个人信息的质量制定了评价标准。
安全保障原则	第九条：个人信息处理者应当对其个人信息处理活动负责，并采取必要措施保障所处理的个人信息的安全。	该原则要求，个人信息处理者应当确保自身具备应对安全风险所必需的安全能力，能够采取足够的管理措施和技术手段，保护个人信息的保密性、完整性、可用性。

(2)"告知+同意"处理规则

在处理规则方面，《个人信息保护法》确立"告知+同意"为核心，体现了对个人权益的尊重，也与上文的合法正当和公开透明两个原则相呼应。但是实践中还存在部分模糊之处，为了进一步细化规则，为企业提供指引，2023年5月23日，国家市场监督管理总局、国家标准化管理委员会发布了《信息安全技术 个人信息处理中告知和同意的实施指南》（GB/T 42574—2023）（以下简称《告知同意指南》），并将自2023年12月1日起开始实施。《告知同意指南》对告知与同意的适用情形、基本原则，告知的方式、内容和实施以及同意机制的选择、实施、撤回和证据留存等进行了细致规定，并通过附录详细列举了不同场景下的告知和同意。告知具体规则如表1-2所示。

表 1-2 个人信息处理告知规则

场景	《个人信息保护法》	《告知同意指南》对应规则
告知要求	第十七条第一款：个人信息处理者在处理个人信息前，应当以显著方式、清晰易懂的语言真实、准确、完整地向个人告知下列事项：……	
告知事项	第十七条第一款：个人信息处理者在处理个人信息前，应当以显著方式、清晰易懂的语言真实、准确、完整地向个人告知下列事项： （一）个人信息处理者的名称或者姓名和联系方式； （二）个人信息的处理目的、处理方式，处理的个人信息种类、保存期限； （三）个人行使本法规定权利的方式和程序； （四）法律、行政法规规定应当告知的其他事项。	第八章对"告知"进行了规则细化，包括： 1. 告知的方式：一般告知（全面阐述，隐私政策，如首次收集个人信息时）/增强告知（关键规则，设置专门界面或单独步骤，个人不可绕过）/即时提示（如人脸识别时需要用户予以配合）； 2. 告知的内容：每个模块有所差异。比如，向境外提供个人信息时，需告知个人向境外接收方行使权利的具体方法以及个人信息出境所具备的条件（安全评估/专业认证/标准合同）； 3. 告知的实施：告知的界面或渠道（便于阅读和获取）/告知内容的展示（清晰易懂、内容简洁、主次分明）/告知的时机和频率（首次告知、同步告知和再次告知）。
变更告知要求	第十七条第二、三款：前款规定事项发生变更的，应当将变更部分告知个人。 个人信息处理者通过制定个人信息处理规则的方式告知第一款规定事项的，处理规则应当公开，并且便于查阅和保存。	
告知例外	第十八条：个人信息处理者处理个人信息，有法律、行政法规规定应当保密或者不需要告知的情形的，可以不向个人告知前条第一款规定的事项。 紧急情况下为保护自然人的生命健康和财产安全无法及时向个人告知的，个人信息处理者应当在紧急情况消除后及时告知。	

续表

场景	《个人信息保护法》	《告知同意指南》对应规则
告知情形	1. 分享个人信息（第二十三条）：个人信息处理者向其他个人信息处理者提供其处理的个人信息的，应当向个人告知接收方的名称或者姓名、联系方式、处理目的、处理方式和个人信息的种类，并取得个人的单独同意。 2. 处理敏感个人信息（第三十条）：个人信息处理者处理敏感个人信息的，除本法第十七条第一款规定的事项外，还应当向个人告知处理敏感个人信息的必要性以及对个人权益的影响；依照本法规定可以不向个人告知的除外。	1. 收集个人信息： （1）通过个人填写、勾选、上传等方式收集个人信息； （2）通过软件程序或硬件设备等自动采集个人信息； （3）与个人交互并记录个人的行为； （4）从第三方间接获取个人信息； （5）从非完全公开渠道获取个人信息，非完全公开通常是指个人披露信息，但信息无法被任意人员通过互联网直接访问的状态，如设置了账户登录、关注、安装客户端、开通代理等条件； （6）从与个人相关的他人账号收集个人信息； （7）使用大数据、人工智能等技术分析、关联或生成个人信息； （8）其他收集行为。 2. 提供、公开个人信息： （1）向其他个人信息处理者提供个人信息； （2）向境外提供个人信息； （3）在一定范围内或向不特定范围公开个人信息； （4）因合并、分立、解散、被宣告破产等原因转移个人信息等。 3. 处理活动等发生变更： （1）个人信息的处理目的、处理方式发生变更； （2）处理的个人信息种类发生变更；

续表

场景	《个人信息保护法》	《告知同意指南》对应规则
告知情形	3. 国家机关履行法定责任（第三十五条）：国家机关为履行法定职责处理个人信息，应当依照本法规定履行告知义务；有本法第十八条第一款规定的情形，或者告知将妨碍国家机关履行法定职责的除外。 4. 向境外提供个人信息（第三十九条）：个人信息处理者向中华人民共和国境外提供个人信息的，应当向个人告知境外接收方的名称或者姓名、联系方式、处理目的、处理方式、个人信息的种类以及个人向境外接收方行使本法规定权利的方式和程序等事项，并取得个人的单独同意。	（3）因合并、分立、解散、被宣告破产等原因转移个人信息，接收方变更原先的处理目的、处理方式的； （4）向其他个人信息处理者提供其处理的个人信息，接收方变更原先的处理目的、处理方式的； （5）公开的范围发生变更，如从一定范围内公开变为向不特定范围公开等。 4. 其他情形： （1）两个及以上的个人信息处理者共同决定个人信息的处理目的和处理方式的； （2）在产品或服务中接入需处理个人信息的其他个人信息处理者的产品或服务的； （3）处理的个人信息涉及该个人以外的其他人的； （4）处理已公开的个人信息，对个人权益有重大影响的。

同意具体规则如表1-3所示。

表1-3 个人信息处理同意规则

场景	《个人信息保护法》	《告知同意指南》对应规则
一般同意	1. 处理个人信息（第十三条） 2. 转委托（第二十一条） 3. 处理已公开个人信息（第二十七条） 4. 处理不满十四周岁未成年人个人信息（第三十一条）	第9章对同意规则进行了细化，包括： 9.1 同意机制选择，明确了原则上采取明示同意的机制，并对明示同意的具体表现形式予以细化，同时对可推定为同意的其他情形及限制条件进行说明。

续表

场景	《个人信息保护法》	《告知同意指南》对应规则
单独同意	1. 向第三方提供个人信息（第二十三条） 2. 公开个人信息（第二十五条） 3. 公共场所收集信息（第二十六条） 4. 处理敏感个人信息（第二十九条） 5. 个人信息出境（第三十九条）	9.2 同意的通用实施方法、步骤、要点。 9.3 根据《个人信息保护法》中提出的单独同意，从实施方法以及法律中涉及的五类场景出发的实施要点，给出了具体的实施建议。 9.4 针对《个人信息保护法》中提出的书面同意，从梳理适用场景、归纳实施要点的角度给出实施建议。
书面同意	处理敏感信息（第二十九条）	
重新同意	1. 处理目的、方式、种类变更（第十四条） 2. 接收方变更处理目的、方式（第二十二、二十三条）	9.5 个人拒绝同意。 9.6 撤回同意。 9.7 同意证据留存。

2. 与个人信息跨境相关的规定

（1）域外适用

《个人信息保护法》第三条赋予了一定的域外适用效力。虽然《数据安全法》第二条也有类似规定，但《个人信息保护法》的适用范围更加明确，即"以向境内自然人提供产品或者服务为目的"和"分析、评估境内自然人的行为"。这意味着境外机构或个人即使在中国没有任何商业存在，但只要符合所列情况，便受《个人信息保护法》的管辖。

（2）针对个人信息跨境监管

《个人信息保护法》明确了个人信息出境的安全评估、认证和标准合同的三个途径的基本原则。

关于数据出境的安全评估要求，首见于《网络安全法》第三十七条，不过仅适用于关键信息基础设施运营者在中华人民共和国境内运营中收集和产生的个人信息和重要数据。而2019年的《个人信息出境安全评估办法（征求意见稿）》（以下简称《个人信息出境办法》）将适用范围扩大至所有网络运营者，给业界带来一定震动和压力。《个人信息保护法》

第四十条试图在以上两者之间找到一个平衡，将安全评估的适用范围局限于"关键信息基础设施运营者""重要数据"和"处理个人信息达到国家网信部门规定数量的处理者"。《数据出境安全评估办法》中已将该等数量标准明确为：处理100万人以上个人信息的数据处理者向境外提供个人信息或自上年1月1日起累计向境外提供10万人个人信息或者1万人敏感个人信息的数据处理者向境外提供个人信息。

针对未达到需要安全评估的少量级个人信息出境，为确保数据安全有序与自由流动的平衡，与欧盟GDPR的多种数据出境途径模式类似，《个人信息保护法》第三十八条为处理者提供了另外两个明确的出境途径：① 经专业机构认证；② 与境外接收方订立标准合同。配套发布的《网络安全标准实践指南——个人信息跨境处理活动安全认证规范V2.0》《信息安全技术 个人信息跨境传输认证要求》以及《个人信息出境标准合同办法》是两种出境途径的细化和落实。

（3）个人信息的司法/执法协助

针对应外国司法或者执法机构要求向境外提供个人信息的情况，《个人信息保护法》第四十一条明确，需要取得主管部门事先批准。这与《中华人民共和国民事诉讼法》第二百七十七条关于司法协助情况下外国机关或者个人在国内调查取证的立法精神一致，体现我国司法主权。根据《数据安全法》《个人信息保护法》以及司法部《国际民商事司法协助常见问题解答》，数据信息确需向境外提供的，应当通过国家网信部门组织的安全评估、认证后方可向境外提交。涉及国际司法协助的，非经中华人民共和国主管机关批准，境内的组织、个人不得向外国司法或者执法机构提供存储于中华人民共和国境内的数据或个人信息。我国与外国根据《海牙送达公约》《海牙取证公约》以及目前缔结的38项中外双边司法协助条约规定途径开展民商事司法协助，由人民法院调取的证据材料等数据信息经最高人民法院审核后，由司法部转交外国请求方。

（4）反制和限制措施

依据国际法的对等原则，《个人信息保护法》第四十三条在国外采取个人信息保护方面的歧视性措施时，赋予我国采取反制措施的权利。这与《数据安全法》第二十六条就国外采取与数据投资、贸易相关的歧视性措施时我国有权反制的规定一脉相承。《个人信息保护法》第四十二条增设了黑名单制度，即从事侵害我国权益的境外主体，将被列入限制或禁止提供个人信息的清单，并采取限制或禁止措施。

近年来，有些国家以国家安全、个人信息保护为由对我国科技企业（例如 TikTok 和华为事件）采取"围追堵截"的措施。《个人信息保护法》设立的反制和限制措施恰逢其时，丰富了我国在国际政治博弈斗争中的"工具箱"。①

3. 个人信息主体权利与个人信息处理者的义务

（1）个人信息主体的权利（如表 1-4 所示）

表 1-4　个人信息主体权利

权利	《个人信息保护法》法条	解读
知情和决定权	第四十四条：个人对其个人信息的处理享有知情权、决定权，有权限制或者拒绝他人对其个人信息进行处理；法律、行政法规另有规定的除外。	该权利属于个人信息主体最基础、核心的权利，在个人信息处理全过程中个人均享有知情权和决定权。
查阅和复制权	第四十五条第一款、第二款：个人请求查阅、复制其个人信息的，个人有权向个人信息处理者查阅、复制其个人信息；有本法第十八条第一款、第三十五条规定情形的除外。 个人请求查阅、复制其个人信息的，个人信息处理者应当及时提供。	该权利是对知情权的延伸，进一步保障了个人信息主体对其信息处理过程中的知情、了解并可获得。

---

① 王一楠、张奕欣、邢潇：《数字时代个人信息的"保护神"——〈个人信息保护法〉解读》，载微信公众号"关键基础设施安全应急响应中心"，2021 年 8 月 24 日，https：//mp.weixin.qq.com/s/jg_b5QXpnn5ft3o_yKbRsQ。

续表

权利	法条	解读
可携带权	第四十五条第三款：个人请求将个人信息转移至其指定的个人信息处理者，符合国家网信部门规定条件的，个人信息处理者应当提供转移的途径。	该权利的规定较为笼统，对于何种个人信息能够被转移，以及个人信息处理者应当如何响应有待网信部门进一步规定。
更正和补充权	第四十六条：个人发现其个人信息不准确或者不完整的，有权请求个人信息处理者更正、补充。 个人请求更正、补充其个人信息的，个人信息处理者应当对其个人信息予以核实，并及时更正、补充。	该权利赋予了个人对信息纠错的权利，既是对个人信息主体信息安全的保障，也反向促进了个人信息处理者在处理个人信息时的能力提升。
删除权	第四十七条：有下列情形之一的，个人信息处理者应当主动删除个人信息；个人信息处理者未删除的，个人有权请求删除： （一）处理目的已实现、无法实现或者为实现处理目的不再必要； （二）个人信息处理者停止提供产品或者服务，或者保存期限已届满； （三）个人撤回同意； （四）个人信息处理者违反法律、行政法规或者违反约定处理个人信息； （五）法律、行政法规规定的其他情形。 法律、行政法规规定的保存期限未届满，或者删除个人信息从技术上难以实现的，个人信息处理者应当停止除存储和采取必要的安全保护措施之外的处理。	《个人信息保护法》赋予了个人信息主体删除权并给予了双重保险。一方面，个人信息处理者应当在第四十七条的几种情形之下主动删除个人信息；另一方面，个人信息主体也可以在个人信息处理者未删除的情况下，请求其删除。

续表

权利	法条	解读
解释说明权	第四十八条：个人有权要求个人信息处理者对其个人信息处理规则进行解释说明。	该权利也可以理解为知情权的一种延伸，进一步保障个人信息主体对其个人信息的了解明晰。

《个人信息保护法》第四章专门明确个人在信息处理中的各项权利，包括：知情和决定权（第四十四条）、查阅和复制权（第四十五条）、可携带权（第四十五条）、更正和补充权（第四十六条）、删除权（第四十七条）、请求解释说明权（第四十八条）、逝者近亲属的行使权（第四十九条）。这与《民法典》第一千零三十七条规定的查阅权、复制权、更正权、删除权等相衔接，并予以丰富和细化。同时《个人信息保护法》也要求处理者建立个人权利的申请受理和处理机制（第五十条）。

（2）处理者的义务

《个人信息保护法》第五章主要从明确措施、落实人头、平台责任三个方面强化和规制个人信息处理者对个人信息资产的安全保障责任。

第一，事前评估、事中保护和事后补救的全链路保障。

事前影响评估（第五十五、五十六条），要求在对个人有重大影响的个人信息处理活动之前进行个人信息保护影响评估。其列举的适用情况与上文需取得单独同意的情况类似，背后的共同逻辑是法律对处理者的义务要求需与处理活动本身的风险程度相匹配。该设计借鉴了GDPR规定的"数据保护影响评估"（Data Protection Impact Assessment，DPIA）制度。

事中保护措施和合规审计（第五十一、五十四条），详细列举了处理者在日常运营过程中应采取的安全保护措施，包括制度制定、分级管理、技术措施、权限确定、定期培训、应急预案等，而且要求处理者定期进行合规审计。

事后补救和通知义务（第五十七条），要求处理者在发生个人信息泄露等情况下采取补救措施并通知监管部门和个人。这与《民法典》第一千零三十八条补救措施和报告制度相衔接。

第二，个人信息保护负责人和代表机制。

《个人信息保护法》第五十二条规定处理个人信息达到网信部门规定

数量的处理者应当指定个人信息保护负责人，对内负责对处理活动和保护措施等进行监督，对外担任联系人和与监管沟通人的角色。

《个人信息保护法》第五十三条要求境外处理者在分析、评估境内自然人行为的情况下在境内设立专门机构或者指定代表。该要求与《个人信息出境办法》第二十条中要求收集境内用户个人信息的境外机构在境内设立法定代表人或者机构的内在逻辑一致，不过其表述比后者更加清晰明了，避免了与公司法项下概念混淆。

第三，强化对重要互联网平台的责任监管。

《个人信息保护法》第五十八条引入了个人信息保护"守门人"的概念，即要求特定重要平台（提供重要互联网平台服务、用户数量巨大、业务类型复杂的处理者）承担起个人信息保护"闸门"作用，具体义务包括：成立外部独立机构、制定平台规则、停止违规者服务、定期发布社会责任报告等。可见这些特定重要平台企业，不仅应尽到一般处理者的义务，还应承担更高意义上的平台治理责任。

关于《个人信息保护法》第五十八条项下的特定重要平台的认定，值得参考的文件是 2021 年 10 月 29 日由国家市场监督管理总局发布的《互联网平台分类分级指南（征求意见稿）》（以下简称《分类分级指南》）、《互联网平台落实主体责任指南（征求意见稿）》（以下简称《主体责任指南》）。根据《分类分级指南》的规定，"对平台进行分级，需要综合考虑用户规模、业务种类以及限制能力。用户规模即平台在中国的年活跃用户数量，业务种类即平台分类涉及的平台业务，限制能力即平台具有的限制或阻碍商户接触消费者的能力。"根据上述分级依据，可以将互联网平台分为以下三级：超级平台、大型平台和中小平台。其中，超级平台指同时具备超大用户规模、超广业务种类、超高经济体量和超强限制能力的平台。其中，超大用户规模，即平台上年度在中国的年活跃用户不低于 5 亿；超广业务种类，即平台核心业务至少涉及两类平台业务，该业务涉及网络销售、生活服务、社交娱乐、信息资讯、金融服务、计算应用等六大方面；超高经济体量，即平台上年底市值（估值）不低于 10000 亿人民币；超强限制能力，即平台具有超强的限制商户接触消费者（用户）的能力。大型平台指同时具备较大用户规模、较广业务种类、较多业务范围、较高经济体量和较强限制能力的平台。其中，较大用户规模，即平台上年度在中国的年活跃用户不低于 5000 万；较广业务种类，即平台具有表现突出的主营业务；较高经济体量，即平台上年底市值（估值）不低于 1000 亿人民币;较强限制能力,即平台具有较强的限制商户接触消费者(用户)的能力。

《主体责任指南》进一步规范了平台主体责任(如表1-5所示)。《主体责任指南》附件中使用了"超大型平台"这一合并概念,以《分类分级指南》中大型平台的判断标准为起点涵盖超级平台和大型平台,定义"超大型平台"是指在中国的上年度年活跃用户不低于5000万、具有表现突出的主营业务、上年底市值(或估值)不低于1000亿人民币、具有较强的限制平台内经营者接触消费者(用户)能力的平台。因为《分类分级指南》及其附件还在征求意见中,超大型平台将来是否可以作为《个人信息保护法》第五十八条的"守门人"认定标准,尚需进一步等待监管部门的意见。

表1-5 互联网平台主体责任

主体责任	《主体责任指南》规定
数据管理	第四条:超大型平台经营者应当建立健全数据安全审查与内控机制,对涉及用户个人信息的处理、数据跨境流动,涉及国家和社会公共利益的数据开发行为,必须严格依法依规进行,确保数据安全。超大型平台经营者应当确定数据安全责任人,明确相关人员的名单与联系方式。
数据获取	第十八条:未经用户同意,互联网平台经营者不得将经由平台服务所获取的个人数据与来自自身其他服务或第三方服务的个人数据合并使用。 互联网平台经营者不得以合并个人数据为目的诱导、强迫用户登录并使用自身提供的其他服务。
网络安全	第二十五条:互联网平台经营者应当按照网络安全等级保护制度的要求,履行网络安全保护义务,保障网络免受干扰、破坏或者未经授权的访问。互联网平台经营者应当制定网络安全事件应急预案,发生网络安全事件时,应当立即启动应急预案,采取相应的补救措施,并向有关主管部门报告。

续表

主体责任	《主体责任指南》规定
数据安全	第二十六条：互联网平台经营者开展数据处理活动应当依照相关规定，落实数据分类分级保护制度相关要求，建立健全全流程数据安全管理制度，组织开展数据安全教育培训，采取相应的技术措施和其他必要措施，保障数据安全。在网络安全等级保护制度的基础上，履行数据安全保护义务。处理重要数据的互联网平台经营者应当明确数据安全负责人和管理机构。
自然人隐私与个人信息保护	第二十七条：互联网平台经营者在运营中应当切实遵守国家法律、法规以及与自然人隐私和个人信息保护相关的规定，履行自然人隐私与个人信息保护责任。 互联网平台经营者处理的用户个人信息发生或者可能发生泄露、篡改、丢失的，应当及时采取补救措施，按照规定告知自然人；造成或可能造成严重后果的，应当立即向监管部门报告，配合监管部门进行调查处理，并承担相应责任。

（七）《关键信息基础设施保护条例》

《关键信息基础设施安全保护条例》（以下简称《关基条例》）于2021年9月1日正式实施。根据《关基条例》定义，关键信息基础设施涉及国家重要行业和领域，一旦遭到破坏、丧失功能或者数据泄露，可能严重危害国家安全、国计民生、公共利益的重要网络设施、信息系统，其中包括公共通信和信息服务、能源、交通、水利、金融、公共服务、电子政务、国防科技工业等重要行业和领域等。

鉴于其行业对国计民生的重要性，关键信息基础设施安全是网络安全的基石，关键信息基础设施持有及运营数据的安全也是影响国家数据安全的重中之重。《网络安全法》和《数据安全法》均对关键信息基础设施以及相关数据资产实行重点保护，采取措施，监测、防御、处置来源于中华人民共和国境内外的网络安全风险和威胁，保护关键信息基础设施免受攻击、侵入、干扰和破坏，依法惩治危害关键信息基础设施安全的违法犯罪活动。

《关基条例》从关键信息基础设施的范围及认定、运营者责任义务、保障和促进、法律责任等方面给出了明确的指导和要求，要求关键信息基础设施相关企业建立健全网络安全保护制度和责任制，专岗专位、制定网络安全应急预案，开展网络安全监测、检测和风险评估工作，采取安全保护措施应当与关键信息基础设施同步规划、同步建设、同步使用，违反条例规定将会受到行政处罚、判处罚金甚至要承担刑事责任。《关基条例》反映了对国内各政企加强关键信息基础设施安全保护的基本要求，强化关键数据资源保护能力，确保网络和基础设施安全稳定运行，增强数据安全预警和溯源能力，及时发现威胁并消除威胁，最大程度地避免网络攻击和数据流失。

保障和促进网络安全防护能力是针对关键信息基础设施运营的重要保障方面，其中包括：① 在进行关键信息基础设施认定工作时，网络安全保护措施必须同步考虑，即严格执行同步规划、同步建设、同步使用的"三同步"原则；② 要求运营者应当建立健全网络安全保护制度和责任制；③ 落实定期网络安全监测和风险评估机制；④ 关键信息基础设施采购网络安全产品和服务可能影响国家安全的，应当按照国家网络安全规定通过安全审查，具体内容也反映在《网络安全审查办法》中；⑤ 针对不同关键信息基础设施所属的行业和领域的差异化特征，建立符合本行业和领域特色的网络安全监测预警制度，例如针对关键信息基础设施内的工业控制系统，需部署专业的安全监测与态势感知平台，实时获取到工业企业的工业资产、网络流量、安全漏洞、安全配置、安全日志、设备运行状态、业务故障日志等信息，实现智能关联分析获取企业的安全风险和态势，指导安全告警的事件处置工作。

维护数据的完整性、保密性和可用性，履行个人信息和数据安全保护责任，建立健全个人信息和数据安全保护制度是对关键信息基础设施运营者的基础要求，相关标准中也规定了专项的数据安全防护的需求，例如，2023年5月1日实施的《信息安全技术 关键信息基础设施安全保护要求》（GB/T 39204—2022）里建议关键信息基础设施运营者：

① 应建立数据安全管理责任和评价考核制度，编制数据安全保护计划，实施数据安全技术防护，开展数据安全风险评估，制定数据安全事件应急案，及时处置安全事件，组织数据安全教育。② 应建立基于数据分类分级的数据安全保护策略，明确重要数据和个人信息保护的相应措施。③ 将在我国境内运营中收集和产生的个人信息和重要数据存储在境内。因

业务需要，确需向境外提供数据的，应当进行安全评估。④ 应严格控制重要数据的使用、加工、传输、提供和公开等关键环节，并采取加密、脱敏、去标识等技术手段保护敏感数据安全。⑤ 建立业务连续性管理及容灾备份机制，重要系统和数据库异地备份。⑥ 数据可用性要求高的，应采取数据库异地实时备份措施。业务连续性要求高的，应采取系统异地实时备份措施，确保关键信息基础设施一旦被破坏，可及时进行恢复和补救。⑦ 应在关键信息基础设施退役废弃时，按照数据安全保护策略对存储的数据进行处理。⑧ 应建立数据处理活动流程的安全能力，并符合相关国家标准关于数据安全保护的要求。

在关键信息基础设施主要涉及的行业，例如交通、能源、证券期货业、铁路等也已经以及正在进行专项规定，加快推动关键信息基础设施保护工作在本行业的落地实施。

四、与数据资产保护相关的刑事风险法律介绍

涉数据资产的典型刑事风险体现在数据的收集、使用、与第三方关联等各个阶段，主要罪名分析如下：

（一）侵犯公民个人信息罪

《中华人民共和国刑法》（以下简称《刑法》）第二百五十三条之一规定：

"违反国家有关规定，向他人出售或者提供公民个人信息，情节严重的，处三年以下有期徒刑或者拘役，并处或者单处罚金；情节特别严重的，处三年以上七年以下有期徒刑，并处罚金。

"违反国家有关规定，将在履行职责或者提供服务过程中获得的公民个人信息，出售或者提供给他人的，依照前款的规定从重处罚。

"窃取或者以其他方法非法获取公民个人信息的，依照第一款的规定处罚。

"单位犯前三款罪的，对单位判处罚金，并对其直接负责的主管人员和其他直接责任人员，依照各该款的规定处罚。"

> **案例**
>
> **解某某、辛某某等人侵犯公民个人信息案"**[①]
>
> 解某某、辛某某雇佣吴某某、郝某、李某某等50余人通过在网上刊登贷款广告、在成立公司的"点有钱"微信公众号设置贷款广告链接,吸引有贷款需求的人填写"姓名、手机号、有无本地社保和公积金、有无负债、房产和车辆持有状况、工资收入、有无保险、征信情况、借款需求、还款周期"等信息。获取上述信息后,解某某、辛某某指使员工将上述信息上传到公司开发的"点有钱"App,再通过在微信群搜集、在"点有钱"微信公众号发放广告,获取银行、金融公司信贷员的姓名和手机号,在未经信息权利人同意的情况下,将信息以每条30元至150元的价格出售给信贷员。通过出售上述信息,解某某、辛某某等人违法所得共计450余万元。2020年12月11日,昌平区人民法院采纳检察机关指控意见和量刑建议,以侵犯公民个人信息罪判处解某某、辛某某等被告人有期徒刑三年六个月至一年四个月不等,并处罚金。

(二)破坏计算机信息系统罪

《刑法》第二百八十六条规定:

"违反国家规定,对计算机信息系统功能进行删除、修改、增加、干扰,造成计算机信息系统不能正常运行,后果严重的,处五年以下有期徒刑或者拘役;后果特别严重的,处五年以上有期徒刑。

"违反国家规定,对计算机信息系统中存储、处理或者传输的数据和应用程序进行删除、修改、增加的操作,后果严重的,依照前款的规定处罚。

"故意制作、传播计算机病毒等破坏性程序,影响计算机系统正常运行,后果严重的,依照第一款的规定处罚。"

---

① 《关于印发检察机关依法惩治侵犯公民个人信息犯罪典型案例的通知》,最高人民检察院2022年12月07日印发,https://www.spp.gov.cn/xwfbh/dxal/202212/t20221207_594973.shtml。

典型体现为通过爬虫等技术手段非法获取数据信息，可能构成非法获取计算机信息系统数据罪或者非法侵入计算机信息系统罪；获取数据过程中导致计算机信息系统不能正常运行的，可构成破坏计算机信息系统罪。

> **案例**
>
> **付宣豪、黄子超破坏计算机信息系统案**[①]
>
> 2013年底至2014年10月，被告人付宣豪、黄子超等人租赁多台服务器，使用恶意代码修改互联网用户路由器的DNS设置，进而使用户登录"2345.com"等导航网站时跳转至其设置的"5w.com"导航网站，被告人付宣豪、黄子超等人再将获取的互联网用户流量出售给杭州久尚科技有限公司（系"5w.com"导航网站所有者），违法所得合计人民币754762.34元。法院生效裁判认为，根据《刑法》第二百八十六条的规定，对计算机信息系统功能进行破坏，造成计算机信息系统不能正常运行，后果严重的，构成破坏计算机信息系统罪。本案中，被告人付宣豪、黄子超实施的是流量劫持中的"DNS劫持"。二被告人使用恶意代码修改互联网用户路由器的DNS设置，将用户访问"2345.com"等导航网站的流量劫持到其设置的"5w.com"导航网站，并将获取的互联网用户流量出售，显然是对网络用户的计算机信息系统功能进行破坏，造成计算机信息系统不能正常运行，符合破坏计算机信息系统罪的客观行为要件。

（三）非法获取计算机信息系统数据、非法控制计算机信息系统罪

《刑法》第二百八十五条第二款规定：

"违反国家规定，侵入前款规定[②]以外的计算机信息系统或者采用其他

[①] 付宣豪、黄子超破坏计算机信息系统案，最高人民法院指导案例102号，2018年12月25日，https://www.court.gov.cn/shenpan-xiangqing-137071.html。

[②] 即侵入国家事务、国防建设、尖端科学技术领域的计算机信息系统。

技术手段，获取该计算机信息系统中存储、处理或者传输的数据，或者对该计算机信息系统实施非法控制，情节严重的，处三年以下有期徒刑或者拘役，并处或者单处罚金；情节特别严重的，处三年以上七年以下有期徒刑，并处罚金。"

涉及本罪名的行为常见于一些技术人员开发、销售并使用具有数据获取功能的工具性软件、代码的场景中，特别是爬虫软件的使用上，因此必须慎之又慎。

> **案例**
>
> **甘某某等非法获取计算机信息系统数据案**[1]
>
> 2016年2月至2017年5月期间，被告人甘某某在广州市某医科大学中西医结合医院，利用其担任该院网络系统管理员的职务便利，使用其编写的代码（SQL语句），非法下载获取其管理维护的该院信息化系统（HIS系统）中的医疗统方数据，并出售给被告人唐某某等人。经审计，其交易金额共计人民币13900元。2015年至2017年5月期间，被告人唐某某等人在广州市白云区等地，买卖某医科大学中西医结合医院、广东省某医院、广州中医药大学某附属医院等多家医院的医疗统方数据。

（四）非法利用信息网络罪

《刑法》第二百八十七条之一规定：

"利用信息网络实施下列行为之一，情节严重的，处三年以下有期徒刑或者拘役，并处或者单处罚金：

（一）设立用于实施诈骗、传授犯罪方法、制作或者销售违禁物品、管制物品等违法犯罪活动的网站、通讯群组的；

（二）发布有关制作或者销售毒品、枪支、淫秽物品等违禁物品、管制物品或者其他违法犯罪信息的；

---

[1] 甘某某等非法获取计算机信息系统数据、非法控制计算机信息系统案，广州市白云区人民法院（2018）粤0111刑初605号刑事判决书。

（三）为实施诈骗等违法犯罪活动发布信息的。

"单位犯前款罪的，对单位判处罚金，并对其直接负责的主管人员和其他直接责任人员，依照第一款的规定处罚。

"有前两款行为，同时构成其他犯罪的，依照处罚较重的规定定罪处罚。"

> **案例**
>
> **黄某某、陶某某非法利用信息网络案**[①]
>
> 2017年7月至2019年2月，黄某某使用昵称为"刀某阁"的微信，在朋友圈发布其拍摄的管制刀具图片、视频和文字信息合计12322条，陶某某转载他人微信朋友圈管制刀具图片、视频和文字信息6677条，均用于销售管制刀具，并从中非法获利。2018年5月至7月，宋某某（已判刑）通过微信联系陶某某，购买管制刀具。陶某某通过微信与黄某某联系，由黄某某直接发货给宋某某。宋某某购得刀具后实施了故意伤害致人死亡的犯罪行为。当地法院最终以非法利用信息网络罪分别判处被告人黄某某、陶某某有期徒刑八个月，并处罚金人民币一万元。

（五）拒不履行信息网络安全管理义务罪

《刑法》第二百八十六条之一对拒不履行信息网络安全管理义务罪作了详细规定：

"网络服务提供者不履行法律、行政法规规定的信息网络安全管理义务，经监管部门责令采取改正措施而拒不改正，有下列情形之一的，处三年以下有期徒刑、拘役或者管制，并处或者单处罚金：

[①]《网言法语｜哪些行为会涉嫌非法利用信息网络罪呢？》，载微信公众号"网信四川"，2023年6月20日，https：//mp.weixin.qq.com/s/dYV4WS_yU-pLlF L16MbWHUw。

（一）致使违法信息大量传播的；
（二）致使用户信息泄露，造成严重后果的；
（三）致使刑事案件证据灭失，情节严重的；
（四）有其他严重情节的。

"单位犯前款罪的，对单位判处罚金，并对其直接负责的主管人员和其他直接责任人员，依照前款的规定处罚。

"有前两款行为，同时构成其他犯罪的，依照处罚较重的规定定罪处罚。"

《刑法》将网络服务提供者积极、主动地履行信息网络安全管理义务正式纳入刑事规制的范围内，也预示着网络服务提供者成为维护信息网络安全的重要组成部分。

案例

王某拒不履行信息网络安全管理义务案[①]

2020年8月，武义网安大队接上级部门的涉网诈骗线索通报称：外省多起电信诈骗案件中的作案微信号、QQ号登录的宽带装机地址，均为一个名为玉环谊诚的公司在武义电信所租赁。武义网安立即启动"一案双查"工作机制，成立专案组进行调查。经查，犯罪嫌疑人王某于2017年10月成立玉环谊诚服务器租赁有限公司并担任法人，从事租赁服务器业务。该公司经常在一些QQ群和购物平台上发布关于动态ip出租的信息，联系到业务后，便通过向对方发送某远程操作软件和对应的账号密码提供动态ip，以此获利。掌握了充分证据后，武义网安于2021年1月5日收网，扣押该公司主机70余台、服务器10余台、光猫120余套，犯罪嫌疑人王某因涉嫌拒不履行信息网络安全管理义务罪被依法刑事拘留。

[①] 《浙江金华网安部门破获一起拒不履行信息网络安全管理义务案》，载微信公众号"公安部网安局"，2021年1月22日，https://mp.weixin.qq.com/s/Sk7WPLBW5Ph3EIwaofJ3Cw。

五、主要国家标准介绍

我国目前初步形成了以数据交易与要素市场标准、数据分类分级、安全规范、风险评估等安全标准为主的国家标准体系框架。数据资产建设中的管理、确权登记和运营人员能力等方面的标准建设和规范已通过团体标准①的形式逐步探索。

（一）数据交易与要素市场相关标准

1.《电子商务数据资产评价指标体系》（GB/T 37550—2019）

由中国标准化研究院主导编制的国家标准《电子商务数据资产评价指标体系》于 2019 年 6 月 4 日正式发布，该项是我国数据资产领域首个国家标准。该标准给出了数据资产评价指标体系构建的原则、指标分类、指标体系和评价过程，适用于数据的电子商务交易过程中，对数据资产价值进行量化计算和评估评价。

该项标准的发布填补了我国数据资产领域方面的标准空白，有益于促进各类组织将数据资源转化为数据资产，并在国家政策的指引下，为数据在不同组织之间交易、交换、共享、增值提供技术支撑，为数据价值的持续释放奠定基础。其构造的数据资产价值评价指标体系如图 1-3 所示。

2.《信息安全技术　政务信息共享　数据安全技术要求》（GB/T 39477—2020）

国家标准《信息安全技术　政务信息共享　数据安全技术要求》由全国信息安全标准化技术委员会（TC260）归口，主管部门为国家标准化管理委员会。本标准总结现有各种数据安全技术在应对政务信息共享过程中面临数据风险的能力，提出了具体的要求框架并规定了政务信息共享过程中共享数据准备、共享数据交换、共享数据使用阶段的数据安全技术要

---

① 例如，广州市南沙区粤港澳标准化和质量发展促进会发布《资产管理 数据资产管理指南》（T/NSSQ 023—2022）、《资产管理 数据资产建设通用要求》（T/NSSQ 024—2022）、《资产管理 数据资产确权登记导则》（T/NSSQ 025—2022）以及《资产管理 数据资产运营人员能力要求》（T/NSSQ 026—2022）。

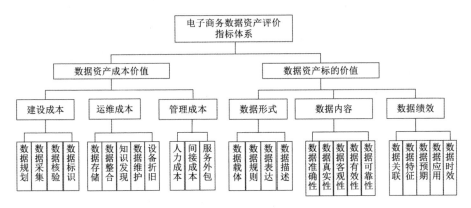

图 1-3 电子商务数据资产评价指标体系

求。本标准的制定和发布，为政务数据在资产化过程中和应用方面的安全保护提供借鉴，也为政务数据治理体系建设和政务大数据安全应用提供了指导。

数据安全技术要求涵盖共享数据准备、共享数据交换和共享数据使用三个阶段中各功能集合所需的安全技术要求。

3.《信息安全技术　数据交易服务安全要求》（GB/T 37932—2019）

《信息安全技术　数据交易服务安全要求》（以下简称《安全要求》）于 2019 年 8 月 30 日由国家市场监督管理总局、中国国家标准化管理委员会发布，自 2020 年 3 月 1 日起实施。数据交易是供需双方对原始数据或加工处理后的数据依照交易过程进行的活动。《安全要求》旨在规范数据资源交易行为，建立良好的数据交易秩序，促进数据交易服务参与者（数据供方、数据需方和数据交易服务机构）安全保障能力提升，该标准对数据交易服务进行安全规范，增强对数据交易服务的安全管控能力。

《安全要求》规定了通过数据交易服务机构进行数据交易服务的安全要求，包括数据交易参与方、交易对象和交易过程的安全要求，适用于数据交易服务机构进行安全自评估，也可供第三方测评机构对数据交易服务机构进行安全评估时参考。《安全要求》对数据要素市场反向驱动数据资产价值进一步释放具有重要意义。

数据交易服务机构依托数据交易服务平台，为数据供需双方提供数据交易服务。《安全要求》提出数据交易应遵循以下安全原则：

- 合法合规原则：数据交易应遵守我国关于数据安全管理的相关法律法规，尊重社会公德，不得损害国家利益、社会公共利益和他人合法权益。
- 主体责任共担原则：数据供需双方及数据交易服务机构对数据交易后果负责，共同确保数据交易的安全。
- 数据安全防护原则：数据交易服务机构应采取数据安全保护、检测和响应等措施，防止数据丢失、损毁、泄露和篡改，确保数据安全。
- 个人信息保护原则：数据供需双方和数据交易服务机构应采取个人信息安全保护技术和管理措施，避免个人信息的非法收集、非法获取、非法出售、滥用、泄露等安全风险，切实保护个人权益。
- 交易过程可控原则：应确保数据交易参与方的真实可信、交易对象合法、数据交付过程可控和交易的非否认性，做到安全事件可追溯、安全风险可防范。

《安全要求》还对禁止交易数据、数据质量、个人信息安全保护以及重要数据安全保护作出了特殊具体的要求，并针对数据交易的整个过程，即交易申请、交易磋商、交易实施和交易结束，进行了较全面的规范和指引。

（二）数据分类分级保护相关标准

1.《信息安全技术 网络数据分类分级要求（征求意见稿）》

2022 年 9 月 14 日，全国信息安全标准化技术委员会（以下简称"全国信安标委"）秘书处发布了《信息安全技术 网络数据分类分级要求（征求意见稿）》（以下简称《分类分级要求》）。《分类分级要求》进一步细化和落实了《数据安全法》第二十一条的数据分类分级要求，阐明了数据分类分级的基本原则、数据分类分级框架和方法以及数据分类分级实施流程，并以附录形式详细介绍了数据分级要素识别常见考虑因素、影响对象考虑因素、影响程度参考示例等数据分类分级时需关注的参考要点以及基于数据描述对象的行业领域数据分类参考示例、衍生数据定级参考、动态更新情形参考、一般数据分级参考、个人信息分类示例等常见的数据分类分级示例，为各行业、各领域、各地方、各部门和数据处理者开展数据分类分级工作提供了指导和帮助。

《分类分级要求》要求，数据处理者应当对法律法规或主管监管部门有专门管理要求的数据进行识别和分类，例如个人信息、敏感个人信息、测绘成果。这一做法有助于数据处理者落实法律法规的合规义务，例如：告知同意、单独同意、加密保护、境内存储、开展个人信息保护影响评估或数据出境评估等。考虑到数据分类在实践中落地的复杂性，《分类分级要求》同时提出如果存在行业领域数据分类规则未覆盖的数据类型，数据处理者可从组织经营角度，结合自身数据管理和使用要求对数据进行分类，这为数据处理者结合自身管理需求对数据进行创新分类留下了一定的灵活空间。

《分类分级要求》第 8 点给出了数据分类分级的实施流程建议，具体实施流程分为：数据资产梳理；数据分类；数据分级；审核上报目录；动态更新管理。

2.《信息安全技术 重要数据识别指南（征求意见稿）》

2022 年 1 月，全国信安标委发布《信息安全技术 重要数据识别指南（征求意见稿）》，明确了重要数据的识别原则、识别因素、描述格式等，为识别重要数据提供了准则。根据该指南，重要数据是指以电子方式存在的，一旦遭到篡改、破坏、泄露或者非法获取、非法利用，可能危害国家安全、公共利益的数据。重要数据不包括国家秘密和个人信息，但基于海量个人信息形成的统计数据、衍生数据有可能属于重要数据。

该指南描述了重要数据的属性，分类给出了对重要数据的标识方法，为识别重要数据提供了准则。本标准为我国重要数据安全管理和数据出境安全评估工作提供支撑，适用于关键信息基础设施运营者及其他网络运营者识别重要数据，也可供数据安全管理相关部门和数据安全保护工作其他参与者参考。

该指南针对当前网络安全主管部门和关键信息基础设施运营单位等机构对重要数据的安全管理需求，研究重要数据的概念和识别准则；提供了一种重要数据的分类和表示方法，从数据对国家安全与公共利益的影响和面临的主要安全风险等角度，将重要数据分成国民经济运行类、安保类、自然资源类、生物医疗类、敏感技术类、政府工作秘密类等，给出数据类型标识、涉及行业和分布和识别方法，形成重要数据识别准则。

（三）数据安全风险评估相关标准

根据国家市场监督管理总局、国家标准化管理委员会发布的《中华人民共和国国家标准公告（2020年第26号）》，全国信安标委归口的《信息安全技术 个人信息安全影响评估指南》（GB/T 39335—2020）（以下简称《评估指南》）正式发布，并于2021年6月1日起实施。该标准给出了个人信息安全影响评估的基本原理、实施流程，适用于各类组织自行开展个人信息安全影响评估工作，同时可为主管监管部门、第三方测评机构等组织开展个人信息安全监督、检查、评估等工作提供参考。

《评估指南》分为范围、规范性引用文件、术语和定义、评估原理、评估实施流程五个主要部分以及评估性合规的示例及评估要点、高风险的个人信息处理活动示例、个人信息安全评估常用工作表、个人信息安全影响评估参考办法四个附录。

《评估指南》第四部分从评估价值、评估责任主体、评估基本原理等方面详细介绍影响评估的评估因素。《评估指南》明确在开展个人信息处理前以及对于正在开展的个人信息处理，组织可通过影响评估，识别可能风险，持续修正安全控制措施，以确保对个人合法权益不利影响的风险处于总体可控状态。

《评估指南》第五部分规定了评估实施流程，包括评估准备工作、评估实施的具体要求及评估后应最终形成评估报告，评估报告除用于组织内部完善相关个人信息保护措施外，还可提供给个人信息主体、主管监管部门以及合作伙伴，以配合监管活动，增加客户信任，加强与合作伙伴的协作。

（四）个人信息安全相关标准

1.《信息安全技术 个人信息安全规范》（GB/T 35273—2020）

根据2020年3月6日国家市场监督管理总局、国家标准化管理委员会发布的《中华人民共和国国家标准公告（2020年第1号）》，全国信安标委归口的国家标准《信息安全技术 个人信息安全规范》（以下简称《个人信息安全规范》）完成修订并发布，于2020年10月1日起正式实施。

《个人信息安全规范》是业内公认的《个人信息保护法》中多项规定的前身。《个人信息安全规范》此前曾有四个修订版本，即《信息安全技术 个人信息安全规范》（GB/T 35273—2017）（以下简称"2017年正式版"）、2019年6月21日版《个人信息安全规范（征求意见稿）》（以下简称"2019年6月21日版"）、2019年10月22日版《个人信息安全规范（征求意见稿）》（以下简称"2019年10月22日版"），以及2020年3月6日正式发布的《个人信息安全规范》。每一个版本都有一定程度的规则修订和更新。

2020年正式发布的《个人信息安全规范》共分为十一个章节，其中包括范围，规范性引用文件，术语和定义，个人信息安全基本原则，个人信息的收集，个人信息的存储，个人信息的使用，个人信息的主体的权利，个人信息的委托处理、共享、转让、公开披露，个人信息安全事件处置以及组织的个人信息安全管理要求。其中，个人信息的收集、存储、使用及委托处理、共享、转让、公开披露是个人信息在流转过程中的常见行为。相较于此前的三次版本有部分的规则变化，主要变化如下：

在规范范围方面，2019年10月22日版规定："本标准规范了开展收集、保存、使用、共享、转让、公开披露、删除等个人信息处理活动应遵循的原则和安全要求。"较之前两版增加了删除个人信息处理活动。而2020年正式发布的《个人信息安全规范》将"保存"调整表述为"存储"。

术语和定义方面，2019年6月21日版较2017正式版新增了明示同意的情形、个性化展示的定义以及业务功能的定义。2019年10月22日版在此基础上，增加了个人敏感信息的情形、明示同意新增口头与电子声明方式、明确个人信息主体为"个人信息所标识或者关联的自然人"，以及增加授权同意定义等。2020年正式发布的《个人信息安全规范》调整了个人信息控制者的定义，将"有权"改为"有能力"，业务功能中列举的业务功能增加网络社区。[1]

---

[1] 四版详细规则变化及对比研究详见：《重要修订演进对比｜〈个人信息安全规范〉四稿交叉详细对比》，载微信公众号"享法互联网JoyLegal"，2020年3月18日，https://mp.weixin.qq.com/s/JQ4L9fTxN71cJOt3SN5N5w。

2.《信息安全技术　移动互联网应用程序（App）收集个人信息基本要求》（GB/T 41391—2022）

2022年4月15日，国家市场监督管理总局、国家标准化管理委员会发布公告，正式发布《信息安全技术　移动互联网应用程序（App）收集个人信息基本要求》（以下简称《基本要求》）。

《基本要求》适用于所有App的个人信息收集活动。App包括移动智能终端预置、下载安装的应用程序和小程序，其中，小程序指"基于应用程序开放接口实现的，用户无需安装即可使用的移动互联网应用程序"。《基本要求》提出App的基本业务功能与扩展业务功能的划分，以判断App收集个人信息的最小必要性，其中基本业务功能是指实现用户主要使用目的的业务，而除此之外的功能均归类为扩展业务功能，包括仅为实现改善服务质量、提升使用体验、定向推送信息、研发新产品目的的业务功能，外部第三方或关联公司提供的业务功能等。此外，《基本要求》对App收集个人信息提出了7项基本要求（如表1-6所示）。

表1-6　App收集个人信息基本要求

要求	内容
最小必要原则	App收集个人信息应在满足《个人信息安全规范》中5.1、5.2要求的基础上，遵守最小必要原则： a）收集的个人信息应具有明确、合理、具体的个人信息处理目的。 b）收集的个人信息应限于实现处理目的所必要的最小范围（通常涉及收集个人信息的类型、频率、数量、精度等）。 c）应采取对个人权益影响最小的方式收集个人信息。 d）收集的个人信息应与处理目的直接相关。 e）应仅在用户使用业务功能期间（用户触发或切换至该功能页面至主动关闭、退出时），收集该业务所需的个人信息。
必要个人信息收集规则	a）必要个人信息为保障移动互联网应用程序基本业务功能正常运行所必需的个人信息，缺少该信息移动互联网应用程序即无法实现基本业务功能。 b）要求用户必须提供的个人信息不应超出必要个人信息范围。 c）当无须收集用户个人信息即可提供App基本业务功能时，应确保用户在不提供个人信息的情况下可正常使用App基本业务功能。

续表

要求	内容
特定类型个人信息收集规则	App 收集特定类型个人信息，应满足《基本要求》附录 C 的要求。
告知同意	a) 应满足《基本要求》6.4.1 中的 9 项通用要求（包括显著方式、明示 App 业务基本功能、拆分 App 的必要个人信息和非必要个人信息等）。 b) 针对敏感个人信息，应满足告知用户收集使用的明确具体、通俗易懂目的，取得单独同意等特殊要求。收集不满 14 周岁未成年人个人信息应制定专门规则。 c) App 提供多种服务类型时，满足按照服务类型制定个人信息保护政策、分别获得用户同意等 4 项要求。 d) 用户拒绝或撤回同意时，App 应满足不频繁索要授权等 3 项要求。
系统权限管理	a) App 申请可收集个人信息权限，应满足限于实现 App 服务目的最小范围的系统权限等 6 项要求。 b) App 使用可收集个人信息权限，应满足申请使用设备管理器、辅助功能、监听通知栏、悬浮窗权限时具备明确业务功能需求，并向用户详细说明申请目的，取得用户单独同意等 7 项要求。
第三方收集管理	a) App 接入第三方应用，应对第三方应用收集个人信息进行安全管理并满足相应要求（包括提醒用户关注第三方应用个人信息处理规则等 4 项要求）。 b) App 嵌入第三方 SDK，应对第三方 SDK 收集个人信息进行安全管理并满足相应要求（包括向用户告知嵌入 SDK 名称、SDK 收集的个人信息种类、使用目的及申请的系统权限、申请目的，并取得用户同意等 7 项要求）。
其他要求	满足定向推送信息和用户画像场景采用唯一设备识别码标识用户时，应使用可变更的唯一设备识别码，且不应将其与用户身份信息或不可变更的唯一设备识别码关联等 7 项其他要求。

第二节　数据确权与"数据二十条"探讨

数据确权是数据资产化的必由之路。在"数据二十条"出台前,虽然各界已承认数据具有财产权益,但数据财产权益的归属及具体数据权益内容的确认仍长期面临着如下困境:① 数据本身的特性导致传统权利制度框架难以突破数据产权困境;② 法律政策对于数据财产权益的归属与分配规则尚处空白;③ 司法实践尚未形成对数据财产权益归属与分配的统一规则;④ 社会各界对数据财产权益归属与分配问题仍存在争议。

为解决上述困境,"数据二十条"应运而生,确立了"淡化所有权,强调使用权"的原则,围绕数据确权及数据资产的高效合规利用进行了顶层制度设计,推出了数据产权制度、流通交易制度、收益分配制度和数据治理制度四项制度,形成了数据基础制度的"四梁八柱"。

一、数据确权困境

数据确权是数据转化为数据资产的基础,也是数据高效合规流通利用的前提。所谓数据确权主要包括三个层面,确定数据权益属性(给予数据何种权益保护)、确定数据权益的主体(数据权益归属于谁)及确定数据权益的具体内容(享有哪些具体的数据权益)。①

虽然各界已对数据具有财产属性达成共识,承认数据财产权益应依法得到保护,但数据财产权益的归属与分配仍长期面临着四个困境。

(一)数据本身的特性导致传统权利制度框架难以突破数据产权困境

数据本身并没有实物形态,需要依托于纸、磁盘、光盘、硬盘、云盘等实物载体,不会因使用频率的增加而被磨损、消耗。② 同时,数据本身

---

① 彭云:《大数据环境下数据确权问题研究》,载《现代电信科技》,2016年第5期。

② 参见中国资产评估协会《数据资产评估指导意见》第十三条第二款。

具有低成本复制性、非竞争性的特点，可以通过数据库技术和互联网技术在数字空间中进行转移，以较低成本无限复制自身，并可同时被多个主体使用。①

因此，与物权保护的有体物不同，数据的无形性特征导致数据确权需要人为设定权利的内容和边界。② 同时，数据在生产、使用、流通等过程中往往涉及个人、企业、社会、国家等众多参与主体，不同参与主体对于数据又有着不同的利益诉求且呈现复杂共生、相互依存、动态变化等特点，③ 这就导致"数据确权需要兼顾保护个人隐私、打破平台企业数据垄断、维护国家数据安全等多元目标，而这些目标在很多情况下并不完全一致和兼容"④。

将数据归入传统知识产权保护在部分情况下可行，特别是数据所记录的信息或数据集合是经过技术开发或者智力创作后所生成的内容，比如，作为商业秘密的数据信息，作为数据库软件的计算机程序，以及大数据、分析方法等可通过知识产权保护体系予以保护。但鉴于知识产权具有独创性要求的门槛，单个原始数据本身无法直接纳入现有知识产权保护体系。"因数据自身具有涉及面广、类型多样、产业链长、主体众多等特性，很多数据集合具有公共属性和人格化隐私性，意味着需要对数据进行分类分级保护，也意味着不是所有数据都可以通过知识产权来保护。"⑤

---

① 中国信息通信研究院：《数据要素白皮书（2022 年）》，载 CAICT 中国信通院网，http：//www.caict.ac.cn/kxyj/qwfb/bps/202301/P020230107392254519512.pdf。

② 《国家知识产权局副局长何志敏：加快培育数据要素市场》，载《南方都市报》，2023 年 3 月 16 日，http：//epaper.oeeee.com/epaper/A/html/2023-03/16/content_5065.htm。

③ 《构建数据基础制度 更好发挥数据要素作用——国家发展改革委负责同志答记者问》，载中国政府网，http：//www.gov.cn/zhengce/2022-12/20/content_5732705.htm。

④ 《构建数据基础制度还需探索实践》，载国家信息中心网，http：//www.sic.gov.cn/News/612/11840.htm。

⑤ 《国家知识产权局副局长何志敏：加快培育数据要素市场》，载《南方都市报》，2023 年 3 月 16 日，http：//epaper.oeeee.com/epaper/A/html/2023-03/16/content_5065.htm。

（二）法律政策对于数据财产权益的归属与分配规则尚属空白

我国《民法典》《数据安全法》和《个人信息保护法》等法律法规仅对数据权益进行了原则性的规定，并主要通过责任规则的方式对数据的利用进行保护，具体如表 1-7 所示。

表 1-7　数据权益的法律规定

法律	涉及数据权益相关的内容
《民法典》	第一百一十一条　自然人的个人信息受法律保护。任何组织或者个人需要获取他人个人信息的，应当依法取得并确保信息安全，不得非法收集、使用、加工、传输他人个人信息，不得非法买卖、提供或者公开他人个人信息。 第一百二十七条　法律对数据、网络虚拟财产的保护有规定的，依照其规定。
《数据安全法》	第七条　国家保护个人、组织与数据有关的权益，鼓励数据依法合理有效利用，保障数据依法有序自由流动，促进以数据为关键要素的数字经济发展。 第八条　开展数据处理活动，应当遵守法律、法规，尊重社会公德和伦理，遵守商业道德和职业道德，诚实守信，履行数据安全保护义务，承担社会责任，不得危害国家安全、公共利益，不得损害个人、组织的合法权益。
《数据安全法》	第五十一条　窃取或者以其他非法方式获取数据，开展数据处理活动排除、限制竞争，或者损害个人、组织合法权益的，依照有关法律、行政法规的规定处罚。 第五十二条　违反本法规定，给他人造成损害的，依法承担民事责任。违反本法规定，构成违反治安管理行为的，依法给予治安管理处罚；构成犯罪的，依法追究刑事责任。
《个人信息保护法》	第二条　自然人的个人信息受法律保护，任何组织、个人不得侵害自然人的个人信息权益。 第六十九条第一款　处理个人信息侵害个人信息权益造成损害，个人信息处理者不能证明自己没有过错的，应当承担损害赔偿等侵权责任。

《个人信息保护法》与《民法典》肯定了个人信息数据的人格权属性，并将其归属于个人信息主体所有；《民法典》也明确了数据的财产属性，但对于数据财产权益的归属则并未进一步予以明确。在"数据二十条"出台以前，对于数据财产权益即数据的所有权、收益权、使用权等产权的归属与分配在国家立法层面尚属空白。

（三）司法实践尚未形成对数据财产权益归属统一规则

此前学术界对于数据的财产权益保护模式一直存在不同观点，其中包括债权保护模式、物权保护模式、知识产权保护模式和新型权利保护模式等。随着数据要素定性和确权基础原则的确立，我国正在逐步启动数据财产权益的司法和执法保护。2022年7月25日，最高人民法院发布《关于为加快建设全国统一大市场提供司法服务和保障的意见》（法发〔2022〕22号），要求依法保护数据权利人对数据控制、处理、收益等合法权益，以及数据要素市场主体以合法收集和自身生成数据为基础开发的数据产品的财产性权益；加快完善数据产权司法保护规则。

实践中对企业数据财产权益的保护主要通过商业秘密保护、知识产权保护及不正当竞争保护等传统司法保护路径来予以落实。

1. 商业秘密保护

若相应数据资产符合秘密性、保密性、商业价值等商业秘密构成要件，企业可以对其主张商业秘密保护。例如，杭州某公司诉汪某侵犯商业秘密案中，法院即认定杭州某公司旗下直播平台的实时打赏数据须在后台登录相应权限账号方能查看，并采取签订保密协议等一系列措施进行保护，且具有还原打赏场景、归纳中奖规律的现实价值，还具备预测用户行为、审视经营策略的深层潜在价值，构成商业秘密；汪某违反保密义务违规获取后台实时数据以择机刷奖获利的行为，干扰了打赏环节正常的运行机制，损害平台经营秩序和竞争优势，构成侵犯杭州某公司商业秘密。

2. 知识产权保护

数据经过选择或编排形成具有独创性的数据库时，企业亦可对其主张著作权等知识产权保护。例如，在佛山某公司、济南某公司著作权权属、侵权纠纷案中，法院认为济南某公司对国家商标总局《商标公告》所公告的信息进行拆分、提取、分类和整理，并对商标标志中所含的文字、数字等进行进一步提取和整理，同时还对商标信息后续的变更情况进行汇总，加入自定义的字段信息等，其对商标数据的编排和整理体现出独创性，济南某公司的涉案数据库构成汇编作品，可受著作权法保护，济南某公司对涉案数据库享有著作权。

3. 反不正当竞争保护（竞争性权益的保护）

企业在发现第三方通过爬虫、"撞库"等不正当手段盗用企业数据资产、第三方未经授权或超过授权范围不当获取或使用企业数据资源、第三方非法利用企业研发的数据产品，并对企业相关产品或服务的正常运营造成妨碍、破坏或产生实质性替代时，即可选择反不正当竞争保护路径来维护其合法权益。其法律依据主要如下：

《中华人民共和国反不正当竞争法》（以下简称《反不正当竞争法》）第二条第一款："经营者在生产经营活动中，应当遵循自愿、平等、公平、诚信的原则，遵守法律和商业道德。"

《反不正当竞争法》第十二条第二款第四项这一兜底条款，即经营者不得利用技术手段，通过影响用户选择或者其他方式，实施"其他妨碍、破坏其他经营者合法提供的网络产品或者服务正常运行的行为"。

此外，国家市场监督管理总局于2022年11月发布的《中华人民共和国反不正当竞争法（修订草案征求意见稿）》虽尚在征求意见，但其确立了实质性替代原则，该原则包括"违反约定或者合理、正当的数据抓取协议，获取和使用他人商业数据，并足以实质性替代其他经营者提供的相关产品或者服务"或"披露、转让或者使用以不正当手段获取的其他经营者的商业数据，并足以实质性替代其他经营者提供的相关产品或者服务"等。数据相关的不正当竞争诉讼已广泛见于司法实践中。例如，上海某公司诉某科技公司不正当竞争纠纷案，法院肯定了原告方上海某公司对涉案数据产品享有的竞争性财产权益，而被告方某科技公司未付出劳动成本，利用技术手段获取涉案数据并据此获得商业利益的行为已对涉案数据产品构成实质性替代，恶意破坏了原告方的商业模式，构成不正当竞争行为。某计算机公司诉浙江某网络技术公司、杭州某科技公司不正当竞争纠纷案，法院亦肯定了原告方某计算机公司对涉案数据产品的享有的竞争性财产权益，并认定被告方擅自收集、存储或使用微信平台中作为经营性用户微信好友的其他微信用户的个人数据，将导致微信用户对微信产品丧失应有的安全感及基本信任,减损微信产品对于用户关注度及用户数据流量的吸引力,实质性损害了原告方对于微信数据资源享有的竞争权益,已构成不正当竞争行为。

案例

在全国首例涉及微信数据权益认定的案件——"微信群控"不正当竞争纠纷案中,深圳市腾讯计算机系统有限公司、腾讯科技(深圳)有限公司(以下简称"两原告"),共同开发运营个人微信产品,为消费者提供即时社交通讯服务。浙江搜道网络技术有限公司、杭州聚客通科技有限公司(以下简称"两被告")开发运营的"聚客通群控软件",利用 Xposed 外挂技术将该软件中的"个人号"功能模块嵌套于个人微信产品中运行,为购买该软件服务的微信用户在个人微信平台中开展商业营销、商业管理活动提供帮助。两原告主张两被告擅自获取、使用涉案数据,构成不正当竞争,诉至法院。杭州铁路运输法院认为网络平台中的数据,以数据资源整体与单一数据个体划分,网络平台方所享有的是不同的数据权益。两被告的相关被诉行为已危及微信产品数据安全,违反了相关法律规定及商业道德,构成不正当竞争行为。杭州铁路运输法院判令两被告立即停止涉案不正当竞争行为,共同赔偿两原告经济损失及合理开支共计 260 万元。

本案中法院认可企业对于其投入大量的智力劳动成果,通过深度开发与系统整合所研发运营的数据产品享有竞争性财产权益;但同时,法院也指出,对于依附用户信息存在的单一原始数据,企业作为数据控制主体只能依其与用户的许可享有有限使用权,"单一用户数据权益的归属并非谁控制谁享有,使用他人控制的用户数据只要不违反'合法、正当、必要、不过度、征得用户同意'的原则,一般不应被认定为侵权行为。"[①]

---

① 《"微信群控"不正当竞争纠纷案——数据权益的不正当竞争保护》,载中国法院网,https://www.chinacourt.org/article/detail/2021/09/id/6288516.shtml。

> 该案为数据权属规则的构建提供了非常有借鉴价值的司法例证。

综上，当前在司法实践中，法院普遍认可数据资产所具有的财产权益，并在数据权属规则构建方面展开了探索，但尚未形成对于数据财产权益归属与分配的统一规则。

（四）社会各界对数据财产权益归属与分配问题仍存在争议

基于上述种种原因，社会各界围绕着数据财产权益的归属认定问题亦是争论不休，主要观点可分为归属于数据主体、归属于数据处理者、数据主体享有所有权与数据处理者享有用益权三种。

1. 数据产权归属于数据主体

支持者认为，从数据保护角度出发，应将数据的财产权益归属于数据主体。

反对者认为，如用户痕迹信息等单个用户数据的经济价值十分有限，对个人信息的过度保护却可能妨碍企业对于该等数据的流通使用。在无法律规定或合同特别约定的情况下，数据主体对此尚无独立的财产权益可言。

2. 数据产权归属于数据处理者

支持者认为，从数据处理者权益角度出发，应依据"汗水原则"，尊重数据处理者的创造性劳动和相关投入，将数据产权归属于数据处理者；并且，将数据归数据处理者所有也符合科斯定理，实现数据资源的最优配置[①]。

反对者认为，数据处理者的数据往往并非凭空产生，该等权属界定方式将可能导致个人信息滥用、数据垄断等问题，激化数据相关利益主体之间的冲突。

---

① 陈铭：《数据产权归属的若干思考》，载微信公众号"明德随感"，2022年5月18日，https://mp.weixin.qq.com/s/kWgm2VNgAegesL0-ZZR3mA。

3. 数据主体享有所有权，数据处理者享有用益权

申卫星等学者认为应基于数据生产、使用和流通各环节中参与主体的多元性，构建数据"所有权＋用益权"的二元权利结构。一方面，尊重数据权利源泉赋予数据主体数据的所有权，另一方面，依据洛克的财产权劳动理论，肯定数据处理者投入的资金及其他成本，赋予数据处理者数据的用益权，以此平衡各参与方的数据权益分配。①

为解决上述数据确权困境，"数据二十条"应运而生，确立"淡化所有权，强调使用权"的原则，创造性地提出了数据资源持有权、数据加工使用权、数据产品经营权等分置的产权运行机制（以下简称"三权分置制度"），通过对数据产权制度进行顶层设计建立了数据权益归属及数据权益具体内容的统一规则。

三权分置制度的提出奠定了我国对于数据资产产权界定的国际领先地位。国外尚无数据确权相关的立法，并对于数据是否需要单独确权存在质疑和长期讨论，主要集中在如下两个方面：① 考虑多个利益相关方的保障需求的权衡：单独确权将导致界定数据的复杂问题，增加了平衡各方主体的利益和保护范围界定的困难；② 自由市场竞争的考量：对经营和自由竞争的干扰，不利于其他依赖于数据的新生参与主体进入市场，可能造成不正当竞争的市场壁垒，对数字供应链产生负面影响。②

二、"数据二十条"形成数据基础制度的"四梁八柱"

2022年12月，"数据二十条"正式出台，旨在加快构建数据基础制度，充分发挥我国海量数据规模和丰富应用场景优势，激活数据要素潜能，做强做优做大数字经济，增强经济发展新动能，构筑国家竞争新优势。围绕数据资产高效合规利用这条主线，"数据二十条"推出了数据产权

---

① 申卫星、刘云：《数据确权的立法方向》，载《中国网信》2022年第5期。
② Josef Drexl et al. *Data Ownership and Access to Data - Position Statement of the Max Planck Institute for Innovation and Competition of* 16 August 2016 *on the Current European Debate*，Max Planck Institute for Innovation and Competition Research Paper No. 16-10.

制度、流通交易制度、收益分配制度和数据治理制度四项制度，初步形成了我国数据基础制度的"四梁八柱"（如图1-4所示）。

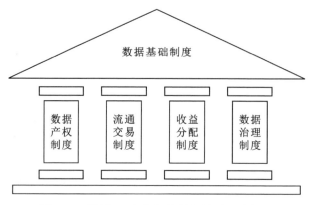

图1-4 "数据二十条"的数据基础制度框架

（一）数据产权制度

"数据二十条"主要从数据分类分级确权授权机制及数据产权三权分置机制两方面对数据产权制度进行了设计，并提出"研究数据产权登记新方式"，为数据确权及数据资产的合规利用提供了制度保障。

1. 数据分类分级确权授权机制

"数据二十条"按照数据来源将数据分为了公共数据、企业数据和个人信息数据，并提出要结合数据流通范围、影响程度、潜在风险，区分使用场景和用途用量，推动建立公共数据、企业数据、个人信息数据的分类分级确权授权机制。

（1）推进实施公共数据确权授权机制

"数据二十条"将公共数据界定为各级党政机关、企事业单位依法履职或提供公共服务过程中产生的数据。对于公共数据确权授权机制的推进，"数据二十条"主要要求如下：

① 加强公共数据的汇聚共享和开放开发。

公共数据作为我国政府基础数据资产，国家政策对公共数据的聚焦点围绕要发挥其打通数据孤岛，充分数字政府目标建设和社会化利用的功能，始终以开放共享为方向探索对公共数据的利用政策。早在2016年国家发展改革委办公厅在《关于组织实施促进大数据发展重大工程的通知》中就将重点支持大数据共享开放，建立完善公共数据共享开放制度等作为工作的重点之一；在 2021 年发布的《中华人民共和国国民经济和社会发展第十四个五年规划和 2035 年远景目标纲要》中再次明确提出要"加强公共数据开放共享"。部分省市地方也出台了专门的公共数据开放和共享管理规定，例如《山东省公共数据开放办法》《宁波市公共数据管理办法》《青岛市公共数据开放管理办法》《贵州省政务数据资源管理办法》等相关地方规定明确提出公共数据以开放共享为原则，以不开放共享为例外。

因此，"数据二十条"所提出的对于公共数据"加强汇聚共享和开放开发，强化统筹授权使用和管理，推进互联互通"的要求，其实是对我国公共数据一贯开放共享工作方针的沿袭和发展。

② 加强公共数据的安全保障。

公共数据在公共服务等过程中产生，涉及公共教育、医疗、养老、金融、交通、环境保护等多个重点行业和领域，同时也包含大量民众的个人和家庭信息，其一旦被泄露、窃取、篡改、非法使用，会导致对国家安全、公共利益及个人信息的重要威胁风险。

因此，公共数据的安全保障必须配套加强。"数据二十条"强调对于原始公共数据按照"原始数据不出域、数据可用不可见"的要求以模型、核验等产品和服务等形式向社会提供，以保护个人隐私和确保公共安全；对于不承载个人信息和不影响公共安全的公共数据，则按用途，可以加大供给使用范围；对于依法依规需要保密的公共数据不予开放；对于未能依法依规公开的原始公共数据则严格管控，避免其直接进入市场。

③ 明确公共数据收费要求。

对于用于公共治理、公益事业的公共数据，"数据二十条"依然强调可以有条件但无偿进行使用；对于用于产业发展、行业发展的公共数据，"数据二十条"则提出可以进行有条件有偿使用的探索。

（2）推动建立企业数据确权授权机制

"数据二十条"明确企业数据是指各类市场主体在生产经营活动中采集加工的不涉及个人信息和公共利益的数据。对于该等数据，企业可以依法依规享有持有、使用、获取收益的权益。换言之，企业数据财产权益归属于投入了劳动和其他要素贡献的企业。政府部门虽可基于履职需要依法依规获取企业数据，但其在开展企业数据处理活动时也必须严格遵守与企业达成的相应数据的使用限制约定。

同时，为打破数据壁垒，"数据二十条"鼓励国有企业、行业龙头企业及互联网平台企业发挥带头作用，促进前述企业与中小微企业的双向公平授权，为中小微企业的数字化转型进行赋能。上海数据交易所研究院院长、复旦大学管理学院教授黄丽华指出，这是鼓励国企、行业龙头企业、互联网平台企业带头通过合规流通途径，为市场提供高质量的供给数据。

数据的高质量能够有效保障流通授权的可靠性和收益性。"数据二十条"强调加强数据采集和质量评估标准制定，确保授权流通的企业数据来源的合法性及数据内容的真实、完整、有效性。

（3）建立健全个人信息数据确权授权机制

"数据二十条"中，个人信息数据是指承载个人信息的数据。由于个人信息数据具有人格权益和财产权益的双重属性，因此，"数据二十条"依然强调对于个人信息的采集、持有、托管和使用依然需要在保障个人信息安全及个人的隐私权等合法利益的前提下，依法依规并在个人信息主体的授权范围内予以开展，同时强调保障个人信息主体作为数据来源者享有获取或复制转移由其促成产生数据的权益。而对涉及国家安全的特殊个人信息数据，"数据二十条"亦明确了其授权使用原则，即可依法依规授权有关单位使用。

此外，为助推个人信息数据资产化，保障个人信息数据的合规利用，"数据二十条"提出了个人信息数据信托机制，即由受托者代表个人利益，监督企业对个人信息处理的机制。我国个人信息数据信托机制采纳了英国的"数据信托理论"模式，该模式的核心思路是，建立一个自下而上的第三方专业机构作为受托人在获得数据主体授权后代为进行数据管理和交易的机制；[1] 该模式在 2017 年被英国政府纳入《英国人工智能产业发展报告》，英国政府明确建议在人工智能产业领域利用数据信托制度来保障数据交换的安全和互利。[2] 但相较于英国从数据主体的利益保护视角出发，我国的个人信息数据信托机制不论是在法律政策层面还是实践层面均系从

---

[1] 丁倍颖：《数据治理双重面向之协同路径——以构建中国式数据信托为切入点》，载《海南金融》2023 年第 4 期，https://mp.weixin.qq.com/s/gikSvQ9Tg0MJj6x3ORRt7w。

[2] 席月民：《数据信托的功能与制度建构》，载微信公众号"民主与法制周刊"，2021 年 1 月 19 日，https://mp.weixin.qq.com/s/QhJdbrvrkVU1MV3BzwCYeg。

数据资产化视角出发。① 在法律政策层面，除"数据二十条"外，部分地方也已开展数据信托相关的工作探索，例如湖北省发布的《湖北省数据要素市场建设实施方案》中明确提出"探索'数据信托'等个人数据受托新模式，遴选适宜主体开展个人数据受托试点，由受托者代表个人利益，监督市场主体对个人信息数据进行采集、加工和使用"；深圳市发布的《深圳市数据商和数据流通交易第三方服务机构管理暂行办法》将数据资产信托服务纳入第三方服务机构开展数据资产化服务业务的监管范畴；贵州省发布的《贵州省数据要素登记服务管理办法（试行）》明确将数据要素信托登记纳入数据要素登记服务监管范畴。在实践层面，我国数据信托的最早实践是中航信托与数据堂于 2016 年联合发行的首单总规模为 3000 万元的基于数据资产的信托产品，该产品围绕数据资产的利用设计了如下运行机制：1）数据堂作为委托人将其持有的某一个数据资产包作为信托财产设立信托并通过转让信托收益权获得现金收入；2）中航信托作为受托人通过委托数据服务商对特定数据资产进行运用和增值产生收益，并向社会投资者进行信托利益分配。

2. "数据二十条"关于三权分置制度的设计

为解决数据确权困境，更好地保障数据处理者对其合法获得的数据资源的相关财产权益，国家发展改革委在 2022 年 3 月发布的《关于对"数据基础制度观点"征集意见的公告》中即提出"探索建立现代数据产权制度，推动数据持有权、使用权等相关权利有序分离与流通"。在同年底正式发布的"数据二十条"中则进一步明确了"淡化所有权、强调使用权"的原则，聚焦数据使用权流通，以数据处理者为主要保护主体，建立数据资源持有权、数据加工使用权、数据产品经营权等分置的产权运行机制。深圳市发展和改革委员会在 2023 年 6 月发布的《深圳市数据产权登记管理暂行办法》亦在贯彻落实"数据二十条"有关数据产权"三权分置"制度的政策规定的基础上，领先明确了数据资源持有权、数据加工使用权及数据产权经营权的定义。

（1）数据资源持有权

"数据二十条"明确"合理保护数据处理者对依法依规持有的数据进

---

① 吴雨泽、王艳梅：《英国数据信托法律体系建构对中国的启示》，载《对外经贸实务》2023 年第 2 期，第 52-60 页。

行自主管控的权益"。在此基础上,《深圳市数据产权登记管理暂行办法》对数据资源持有行为进行了界定,即"数据资源持有是指在相关法律法规或合同约定下,相关主体可对数据资源进行管理、使用、收益或处分等行为",并明确登记主体①对合法取得的数据资源享有数据资源持有权利。②

实践中,数据资源及其对应的持有权益通常包括:

① 数据处理者自身生产的企业数据:该等数据不涉及个人信息和公共利益,此时数据处理者对其所持有的企业数据享有绝对的自主管控权利,可以自主决定数据资源的持有期限、数据资源持有权的转让等。

② 数据处理者在生产经营中按照数据主体授权依法依规获取的数据(含公共数据及个人信息数据):此时数据处理者仅在数据主体授权的范围和期限内依法享有对该等数据资源的自主管控权利,且数据处理者对该等数据资源的持有权益一般不易认定为具备排他性。例如腾讯公司诉祺韵公司、优视公司侵害著作权及不正当竞争纠纷案③中,法院即认定对游戏用户的原始数据收集不是腾讯公司专属的权利,祺韵公司在获得用户授权、不破坏腾讯公司的技术保护措施且未妨害腾讯公司收集和使用数据的情况下,收集平台上游戏用户的原始数据的行为,不具有可责性,不构成对腾讯公司的不正当竞争。

(2) 数据加工使用权

"数据二十条"提出"在保护公共利益、数据安全、数据来源者合法权益的前提下,承认和保护依照法律规定或合同约定获取的数据加工使用权,尊重数据采集、加工等数据处理者的劳动和其他要素贡献,充分保障数据处理者使用数据和获得收益的权利"。简而言之,数据加工使用权是指在相关法律法规或合同约定下,相关主体以各种方式、技术手段对合法取得的数据进行采集、使用、分析或加工等的权利。④

企业对于数据的加工使用,首先应保障数据获取具备合法性基础(如基于相关数据主体的授权同意);其次,应保障对于数据的加工使用应依

---

① 《深圳市数据产权登记管理暂行办法》第七条第一款:"登记主体,是指在登记机构完成登记,取得相关登记证明的自然人、法人或非法人组织。"

② 参见《深圳市数据产权登记管理暂行办法》第七条第二款第一项。

③ 《2021年度广东法院知识产权司法保护十大案件》,载广东法院网,https://www.gdcourts.gov.cn/gsxx/quanweifabu/anlihuicui/content/post_1047441.html。

④ 参见《深圳市数据产权登记管理暂行办法》第七条第二款第一项。

法依约进行，不得侵害公共利益、数据安全或数据主体的合法权益，例如对于承载个人信息的数据需按照个人授权范围依法依规使用，不得利用"大数据杀熟"，不得利用数据、算法等优势和技术手段排除、限制竞争等。

（3）数据产品经营权

"数据二十条"明确要"保护经加工、分析等形成数据或数据衍生产品的经营权，依法依规规范数据处理者许可他人使用数据或数据衍生产品的权利"，即保护数据产品的经营权。《深圳市数据产权登记管理暂行办法》则进一步明确，数据产品经营权是在相关法律法规或合同约定下，相关主体对合法取得的数据产品享有占有、使用、收益或处分等相关权利。

"数据二十条"对数据处理者在依法开展的数据生产、流通、使用等活动中，投入劳动和其他要素贡献并获得合理回报的权益予以肯定。数据处理者对其依法通过实质性加工或创新型劳动形成的数据或数据衍生产品享有财产权益，可以依法自主使用，进行处分并获取收益。例如，淘宝公司与美景公司不正当竞争纠纷案①中，法院确认淘宝公司对大数据产品"生意参谋"数据享有竞争性财产权益，并认为，美景公司未付出劳动创造，将涉案数据产品直接作为获取商业利益的工具，这种通过他人劳动成果进行牟利的行为，明显有悖公认的商业道德，属于不劳而获的不正当竞争行为。

需要注意的是，数据产品经营权的行使依然以不得侵害公共利益、他人合法权益及不存在其他法定禁止情形为前提。

3. 数据产权登记的探索与实践

数据产权登记是实现数据资产权属确认，保障数据流通过程参与者及数据资产主体的合法权益的有效路径。我国数据产权登记主要分为数据知识产权登记及数据资源/数据产品登记两大类。

（1）数据知识产权登记

2022年11月国家知识产权局发布通知，按照《国家知识产权局办公室关于开展数据知识产权地方试点申报工作的通知》（国知办函规字

---

① 《淘宝（中国）软件有限公司诉安徽美景信息科技有限公司不正当竞争纠纷案》，载中国法院网，https://www.chinacourt.org/article/detail/2019/10/id/4591196.shtml。

〔2022〕793 号）要求，根据各地申报试点情况，经材料审核、专家评审等程序，确定北京市、上海市、江苏省、浙江省、福建省、山东省、广东省、深圳市等 8 个地方作为开展数据知识产权工作的试点地方。

截至 2023 年 6 月，北京市、浙江省、江苏省、福建省及深圳市已上线数据知识产权登记系统或平台，为经过一定规则处理、具有商业价值的非公开数据提供数据知识产权登记服务，颁发数据知识产权登记证书。目前，各省市地区的数据知识产权登记流程基本一致，即数据存证、登记申请、材料审核、公告及异议处理、发证及公告，但尚未形成统一的数据知识产权登记管理规则。除登记流程外，各省市地区针对其辖区内数据知识产权登记其他相关事项的管理，具体如下：

A. 北京市

2023 年 6 月，北京市知识产权局、北京市经济和信息化局、北京市商务局、北京市人民检察院联合发布《北京市数据知识产权登记管理办法（试行）》，随后上线了北京市数据知识产权登记平台（http://www.bjip-pc.cn），明确了北京市行政辖区内数据知识产权登记的主管部门、登记机构、登记客体、申请登记程序等（如表 1-8 所示）。

表 1-8　北京市数据知识产权登记要求

主管部门	北京市知识产权局
登记机构	北京市知识产权保护中心
登记客体	数据持有者或者数据处理者依据法律法规规定或者合同约定收集，经过一定规则或算法处理的、具有商业价值及智力成果属性的处于未公开状态的数据集合。
申请主体	依据法律法规规定或者合同约定持有或者处理数据的主体（自然人、法人或者非法人组织）或代理机构。
申请材料	1. 申请表，主要内容包含登记对象名称、所属行业、应用场景、数据来源及数据集合形成时间、结构规模、更新频次、算法规则、存证公证情况、样例数据、登记对象状态等其他需要说明的情况； 2. 必要的证明文件； 3. 授权委托书（如为代理机构）。
登记公示期	10 个工作日

续表

异议解决方式	登记机构根据双方提交的证据材料形成异议处理结果，并反馈申请人和异议人。
证书有效期	一般为3年，自登记公告之日起计算； 涉及授权运营的公共数据及以协议获取的企业、个人数据，其协议期限不超过3年的，以相关协议截止日期为有效期； 期满前1个月内按照规定办理续展登记手续，每次续展登记有效期为3年。
不予登记情形	1. 不符合法定登记适用范围及原则规定的； 2. 不符合法定的登记对象规定或存在侵犯国家安全、商业秘密和个人隐私情形等的； 3. 登记前未进行数据存证或者公证的； 4. 存在未解决的数据知识产权权属诉讼纠纷的； 5. 重复登记，或者登记申请主动撤回后无正当理由再次提出登记申请的； 6. 申请人隐瞒事实或者弄虚作假的； 7. 其他不符合相关法律规定的情形。
变更备案情形	1. 权利人对数据知识产权进行交易、质押、许可使用的，应当在10个工作日内通过登记机构申请变更或者备案。 2. 数据来源、更新频次、存证公证情况等数据知识产权登记申请信息发生变化的，应及时通过登记机构申请变更登记或备案。 3. 申请人为法人或非法人组织时发生合并、分立、解散、破产等情形的，或者申请人为自然人时发生死亡等情形的，应及时通过登记机构申请变更登记。
撤回撤销情形	申请材料不齐全或者不符合法定要求的，申请人无正当理由逾期不答复的，视为撤回登记申请。
注销登记情形	1. 期满未办理续展手续的，由登记机构注销登记并予以公告。 2. 登记主体向登记机构申请注销已登记数据知识产权（因生效法律文书等情形导致原登记主体相关权利灭失的，由新权利主体进行注销或者变更登记；如无新权利主体，则由登记机构进行注销登记并公告）。

B. 浙江省

自 2022 年 9 月起,浙江省先后发布了《浙江省知识产权保护和促进条例》《浙江省数据知识产权制度改革试点方案》及《浙江省数据知识产权登记办法(试行)》,并已于 2023 年 4 月上线浙江省数据知识产权登记平台(https://www.zjip.org.cn),从适用范围、登记申请、登记审查、登记证书的使用等方面明确了浙江省数据知识产权登记的申请办理事项(如表 1-9 所示)。

表 1-9　浙江省数据知识产权登记要求

主管部门	浙江省市场监督管理局(知识产权局)
登记机构	浙江省知识产权研究与服务中心
登记客体	依法收集、经过一定算法加工、具有实用价值和智力成果属性的数据。
申请主体	数据处理者(依法依规处理数据的个人或单位;合作处理数据的,共同申请;接受委托处理数据的,可根据协议由委托方或双方共同申请)。
申请材料	申请表及必要的证明文件,其中申请表主要包含如下内容:数据知识产权名称、所属行业、应用场景、数据来源(涉及个人数据的,应提交依法依规采集、持有、托管和使用的证明;涉及公共数据的,应提供依法依规获取的证明,包括公共数据开放利用协议或授权运营协议等)、结构规模、更新频次、算法规则简要说明、存证公证情况及其他需要说明的情况。
登记公示期	10 个工作日
异议解决方式	登记平台根据双方提交的证据材料形成异议处理结果,并反馈申请人和异议人。 涉及权属争议的,登记平台应将申请人提交的异议不成立的声明转送异议人,并告知其可向有关主管部门投诉或向人民法院起诉。登记平台在转送声明到达异议人后 15 日内,未收到异议人已经投诉或者起诉通知的,恢复登记程序。
证书有效期	一般为 3 年,自登记公告之日起计算(涉及公共数据的,其开放利用协议或授权运营协议期限不超过 3 年的,以相关协议期限为有效期;期满前 6 个月内按照规定办理续展登记手续)。

续表

不予登记情形	1. 不符合法定登记适用范围及原则规定的； 2. 不符合法定申请主体规定的； 3. 登记前未进行数据存证或公证的； 4. 数据知识产权权属存在争议的； 5. 无正当理由再次提出登记申请的； 6. 申请人隐瞒事实或者弄虚作假的； 7. 其他不符合相关法律法规规定的情形。
变更备案情形	1. 权益主体、数据来源、更新频次、存证公证情况等数据知识产权登记申请信息发生变化的，应及时通过登记平台申请变更登记； 2. 申请人为单位时发生合并、分立、注销等情形的，或申请人为个人时发生死亡等情形的，依法承继其权利义务的主体应及时通过登记平台申请变更登记； 3. 申请人通过质押、许可等方式运用数据知识产权的，应当自合同生效后 10 个工作日内通过登记平台申请备案，上传相关质押、许可合同副本、相对人身份证明等材料。
撤回撤销情形	1. 形式审查中发现登记申请表填写及证明文件不符合要求或需要作出补充说明的，申请人无正当理由逾期不答复的，视为撤回登记申请； 2. 数据知识产权登记过程中，申请人可以撤回申请并应说明具体理由； 3. 登记公告后，申请人可以主动放弃并应说明具体理由； 4. 有下列情形的，登记平台可以撤销登记： （1）登记后发现有《浙江省数据知识产权登记办法（试行）》规定的不予登记情形的； （2）登记后对数据流通、交易、使用、分配、治理及安全管理等造成严重阻碍或不利影响的； （3）其他不符合法律法规规定情形的。
注销登记情形	证书有效期满未办理续展手续的，由登记平台注销登记并予以公告。

截至 2023 年 6 月 30 日，浙江省已发放 13 张数据知识产权证书。

C. 江苏省

江苏省知识产权局在 2023 年 4 月印发了《江苏省数据知识产权登记管理规则（试行）（征求意见稿）》，并于 2023 年 5 月上线了江苏省数据知识产权登记系统(https://dataip.jsipp.cn)，明确了江苏省内数据知识产权登记的主管部门、登记机构、登记客体、申请登记程序等相关事项（如表 1-10 所示）。

表 1-10　江苏省数据知识产权登记要求

主管部门	江苏省知识产权局
登记机构	江苏省知识产权保护中心
登记客体	依法取得的数据经过实质性处理或创造性劳动获得的具有实用价值和智力成果属性的数据集。
申请主体	数据资源持有人或处理者或代理机构
申请材料	1. 申请书； 2. 申请人资格文件、自然人身份证明； 3. 证明数据知识产权归属的相关材料，如数据的获取方式、数据结构算法等； 4. 载有数据快照散列值（哈希值）、数据结构、数据更新频率、数据时间范围、数据采集范围、数据获取方式等内容的材料； 5. 数据内容真实、来源合法承诺书； 6. 授权委托书（如为代理机构）； 7. 其他材料。
登记费用	不收费
登记公示期	10 个工作日
异议解决方式	异议双方自行解决
不予登记情形	1. 提交的申请材料无法证明数据合法来源的； 2. 申请登记的数据资源存在权属争议且尚未处理完毕的； 3. 登记前未进行数据存证或保全证据公证的； 4. 异议人提出登记异议申请且经查证异议成立的； 5. 登记申请不符合法律、行政法规规定，或者可能危害国家安全、社会公共利益的。

续表

变更备案情形	1. 数据知识产权登记事项变更，包括数据集名称、数据知识产权人名称或姓名、数据快照散列值（哈希值）、数据结构、数据更新频率、数据采集范围、数据获取方式、数据状态、数据纠纷处理情况、数据获取时间范围等的变更，权利人应当向登记部门申请变更登记。 2. 数据知识产权以交易、继承、强制执行等方式转让的，依法承继其权利义务的主体应当向登记部门提供有效的证明文件申请数据知识产权变更登记。
撤回撤销情形	1. 申请人在登记申请批准之前，可以请求撤回申请。 2. 已经登记的数据知识产权存在法定的不予登记的情形的，利害关系人可以书面形式提出撤销登记申请并提交有关证明材料。
注销登记情形	申请人、权利人主体资格丧失的，依法承继其权利义务的主体应当提交相关申请材料，申请注销登记账户。

截至 2023 年 6 月 30 日，江苏省已发放 64 张数据知识产权证书。

D. 福建省

2023 年 4 月，福建省市场监督管理局（知识产权局）指导福建省知识产权中心，联合中检美亚（厦门）科技有限公司，搭建数据知识产权登记存证平台（https://140.237.73.5:53150/zscq/#/platform）和凌波联盟链共享服务，为经过算法加工、具有商业价值的非公开数据提供数据知识产权登记服务，颁发数据知识产权登记证书。据福建省数据知识产权登记存证平台披露，数据知识产权登记的申请主体是数据处理者（包括符合数据知识产权登记要求的个人和企业等）；如对拟登记数据有异议，可向数据登记机构提出异议，登记机构在审核后会将异议内容及其附件通过本系统通知登记主体，由登记主体与异议方自行协商解决，协商不成的，可以通过司法途径解决。

截至 2023 年 6 月 30 日，福建省已发放 2 张数据知识产权登记证书。

E. 深圳市

深圳市知识产权局在 2022 年 11 月发布《数据知识产权登记试点工作方案》，并上线了数据知识产权登记系统（https://sjdj.sist.org.cn）。根据数据知识产权登记系统公布的常见问题及操作指引，深圳市数据知识产权登记的主要注意事项如表 1-11 所示。

表 1-11 深圳市数据知识产权登记要求

主管部门	深圳市市场监督管理局（知识产权局）
登记机构	深圳市标准技术研究院
登记客体	经过一定规则处理的、具有商业价值的非公开数据
申请主体	数据处理者（个人、企业、社会团体等）
申请材料	申请表及必要的证明文件，包括但不限于申请人资格文件、自然人身份证明、证明数据来源合法的相关材料（如授权数据、购买数据或其他来源需要提供合同、授权文件等）。
登记费用	暂不收费
登记公示期	5 个工作日
异议解决方式	异议双方自行解决。
证书有效期	一般为 5 年

截至 2023 年 6 月 30 日，深圳市已发放 78 张数据知识产权证书。

（2）数据资源/数据产品登记

在数据资源/数据产品登记方面，北京市、山东省、深圳市等地区亦已开展了相关实践探索。

A. 北京市

北京市于 2022 年 7 月设立了全国首个数据资产登记中心——北京国际大数据交易所数据资产登记中心，致力于打通数据资产登记平台和数据资产交易平台，建立数据资产登记相关政策和制度体系，为数据资产的登记提供规则依据和流程规范等。

B. 山东省

山东省于 2022 年 7 月发布了数据登记团体标准《数据产品登记信息描述规范》《数据产品登记业务流程规范》，积极推进数据产品登记工作。

C. 深圳市

深圳市在 2023 年 6 月发布了《深圳市数据产权登记管理暂行办法》，从登记申请主体（自然人、法人或非法人组织）、登记客体（数据资源或数据产品）及登记行为等多个方面对数据资源持有权、数据加工使用权及数据产品经营权相关的数据产权登记行为予以规范。

《深圳市数据产权登记管理暂行办法》将数据产权登记划分为首次登

记、许可登记、转移登记、变更登记、注销登记和异议登记六个类型，并明确了各个类型下的登记主体、登记申请材料及登记程序等事项。

（3）数据知识产权登记与数据资源/数据产品权属登记的对比与联系（如表 1-12 所示）

表 1-12　数据产权登记与数据资源/数据产品权属登记对比与联系

登记类型	数据知识产权登记	数据资源持有权	数据加工使用权	数据产品经营权
监督管理机构	省（市）知识产权局	省（市）发展改革委（统筹协调数据产权登记管理工作）省（市）委网信办、省（市）公安局、省（市）国家安全局（在各自职责范围内承担数据产权登记监管职责）		
登记机构	数据产权登记工作主管部门管理的、提供数据产权登记服务的机构，如深圳市标准技术研究院、浙江省知识产权研究与服务中心、数据交易所等。			
登记客体	经过一定规则处理且处于未公开状态的具有实用价值和智力成果属性的数据集合。	数据资源（自然人、法人或非法人组织在依法履职或经营活动中制作或获取的，以电子或其他方式记录、保存的原始数据集合）	获得数据加工使用权等权利许可的已登记数据资源	数据产品（自然人、法人或非法人组织通过对数据资源投入实质性劳动形成的数据及其衍生产品）
审查形式	形式审查	形式审查	形式审查	形式审查
联系	—	数据知识产权登记通过对数据的区块链存证或保全公证，保障数据来源者的数据资源持有权。	通过数据知识产权登记服务，明确登记证书可以作为相应数据持有的证明，用于数据流通交易、收益分配和权益保护，保障数据处理者的数据加工使用权。	通过数据知识产权的保护运用，保障数据处理者及相关主体的数据产品经营权。

（4）全国统一的数据产权登记体系

当前在全国范围内尚未形成统一的数据产权登记操作规则。根据上海数据交易所编写的《全国统一数据资产登记体系建设白皮书》，其提出采用"七统一"原则建设全国统一数据资产登记体系和登记市场，即：统一登记依据、统一登记机构、统一登记载体（平台系统）、统一登记程序、统一审查规则、统一登记证书、统一登记效力。① 国家信息中心大数据发展专家郭明军、童楠楠在其共同撰写的《探索数据产权登记新方式，加快构建全国一体化数据要素登记体系》中也建议从法律、制度、机构和平台四个方面协同发力，加快构建全国一体化的数据要素登记体系。

据国家发展改革委透露，未来将探索建设全国一体化数据要素登记存证平台。换言之，全国统一的数据确权体系即将来临，希望届时可以借助全国一体化数据要素登记存证平台早日实现各地数据权属登记的互联互认。

（二）流通交易制度

"数据二十条"从流通规则、交易市场、服务生态、跨境等方面加强了数据流通交易顶层设计，具体如下。

1. 完善数据全流程合规与监管规则体系

"数据二十条"从建立数据流通准入标准规则、明确数据的流通方式、加强标准化建设、探索数据定价机制及加强合规体系建设等多方面提出了完善数据全流程合规与监管规则体系的要求。

2. 统筹构建规范高效的数据交易场所

"数据二十条"采用场内集中交易和场外分散交易相结合的方式，统筹优化全国数据交易场所规划布局，构建多层次市场交易体系，在国家级数据交易场所层面，突出其合规监管和基础服务功能，强化其公共属性和公益定位；在区域性数据交易场所和行业性数据交易平台层面，对相关交

---

① 《〈全国统一数据资产登记体系建设白皮书〉发布，上海"提案"引领跨区域数据要素流通探索》，载上海数据交易所网，https://www.chinadep.com/bulletin/news/CTC_20220907114816914851。

易场所进行规范,推动区域性、行业性数据流通使用,促进区域性数据交易场所和行业性数据交易平台与国家级数据交易场所互联互通。

3. 培育数据要素流通和交易服务生态

数据要素流通交易服务生态是数据要素市场健康运行的必要前提、打通全流程各环节的保障条件。① 为此,"数据二十条"借鉴证券市场交易所与券商相分离的经验,建立数据交易场所与数据商相分离的市场运行机制。围绕数据商和第三方专业服务机构两大主体进行交易服务生态建设。其中,通过数据商,为数据交易双方提供数据产品开发、发布、承销和数据资产的合规化、标准化、增值化服务,促进提高数据交易效率。通过第三方专业服务机构,为数据流通和交易提供数据集成、数据经纪、合规认证、安全审计、数据公证、数据保险、数据托管、资产评估、争议仲裁、风险评估、人才培训等全流程的服务。

4. 构建数据安全合规有序跨境流通机制

"数据二十条"主要从开放合作及跨境监管两方面来保障数据安全合规有序的跨境流通。

在开放合作方面,"数据二十条"鼓励开展国际交流合作,以《全球数据安全倡议》为基础,积极参与国际数据流通等规则和标准的制定并支持外资依法依规进入开放领域,推动形成公平竞争的国际化市场。我国一直在积极推动数据流通的国际开放合作工作,在 2020 年,我国签署了《区域全面经济伙伴关系协定》(RCEP)并在 RCEP 的全程谈判中发挥了建设性的作用;在 2021 年,我国先后申请加入《全面与进步跨太平洋伙伴关系协定》(CPTPP)和《数字经济伙伴关系协定》(DEPA),同相应协定成员开展沟通和交流,积极推动 CPTPP 及 DEPA 的加入进程。在 CPTPP 的加入进程方面,据商务部国际贸易谈判代表表示,我国对于 CPTPP 的 2300 多项条款进行了深入、全面地研究和评估,梳理了中国加入 CPTPP 需要实施的改革措施和需要修改的法律法规,并"主动对标 CPTPP 高标准,在国内主动实施了相关领域内改革开放的先行先试"。在 DEPA 的加入进程方面,据中国商务部新闻发言人透露,我国国内"多个地方都在主

---

① 刘桂清:《培育流通交易服务生态,充分释放数据要素价值》,载国家发展改革委网站,https://www.ndrc.gov.cn/xxgk/jd/jd/202212/t20221220_1343705.html。

动对接《数字经济伙伴关系协定》（DEPA），与成员方一道探索各领域合作，一些项目已取得积极进展"①。

在跨境监管方面，"数据二十条"提出将探索安全规范的数据跨境流动方式，探索建立跨境数据分类分级管理机制，依法依规开展国家安全审查，构建多渠道、便利化的数据跨境流动监管机制并健全多部门协调配合的数据跨境流动监管体系等。

（三）收益分配制度

习近平总书记在党的二十大报告中指出："坚持按劳分配为主体、多种分配方式并存，构建初次分配、再分配、第三次分配协调配套的制度体系。""数据二十条"在贯彻落实党的二十大精神的基础上，强调要建立体现效率、促进公平的数据要素收益分配制度。

1. 分配阶段与规则

首先，在初次分配阶段，以市场为主导，按照"谁投入、谁贡献、谁受益"原则，推动数据要素收益向数据价值和使用价值的创造者合理倾斜，确保在开发挖掘数据价值各环节的投入有相应回报。通过分红、提成等多种收益共享方式，平衡数据处理活动各环节相应参与主体的利益分配。对此，对外经济贸易大学数字经济与法律创新研究中心主任许可指出，"原先各方只有对数据享有权益，才能形成所谓的数据收益分配。但分红和提成并不是物权法下的收益分配方式，这是一种合同的方式。这说明，即使在数据产权仍然不清的情况下，也不影响各方共享收益。"②

其次，"数据二十条"指出，在二次分配、三次分配阶段，发挥政府的引导调节作用。政府通过征收税收和政府非税收入，在各收入主体之间进行收入再分配，以弥补初次分配的不足，并通过统筹使用多渠道资金资源、开展数据知识普及和教育培训等多种方式重点关注公共利益和相对弱势群体，防止和依法规制资本在数据领域无序扩张形成市场垄断等问题。此外，政府也将探索建立公共数据资源开放收益合理分享机制。

---

① 《商务部：中国多地都在主动对接 DEPA》，载杭州网，https://news.hangzhou.com.cn/jjxw/content/2023-06/02/content_8547870.htm。

② 《数据二十条解读：如何分配数据要素收益？向数据价值和使用价值创造者合理倾斜》，载腾讯网，https://new.qq.com/rain/a/20221221A074CT00。

2. 数据评价及价值评估

不论在哪个分配阶段，各参与主体合理利益的分配均以数据的评价及价值评估为前提。2023年8月，我国财政部发布的《企业数据资源相关会计处理暂行规定》明确规定"企业应当按照企业会计准则相关规定，根据数据资源的持有目的、形成方式、业务模式，以及与数据资源有关的经济利益的预期消耗方式等，对数据资源相关交易和事项进行会计确认、计量和报告"。同时，我国已发布《数据资产评估指导意见》《信息技术 大数据 数据资产价值评估（征求意见稿）》《资产评估专家指引第9号——数据资产评估》等相关规定和指引，各参与主体可参照前述相关规定和指引对数据进行评价和价值估算（如图1-5所示）。

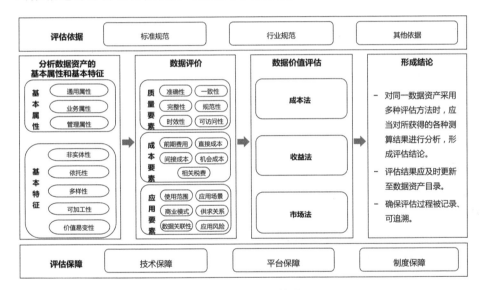

图 1-5　数据价值评估流程

（四）数据治理制度

"数据二十条"围绕数据资产的安全保障设计了政府、企业及社会多方参与的数据治理机制，从国家监管、市场自治及社会监督等层面分别明确了政府、企业、社会各方在数据治理活动中的主体责任和义务：

1. 在国家监管层面

"数据二十条"强调政府作为数据治理的首要主体,[①] 应守住安全底线、明确监管红线并建立健全监管制度,以此创新政府数据治理机制,加强数据资产的安全保障,具体如下:

① 政府应强化分行业监管和跨行业协同监管,建立数据联管联治机制及数据要素生产流通使用全过程的合规公证、安全审查、算法审查、监测预警等制度,在落实网络安全等级保护制度的基础上全面加强数据安全保护工作;

② 政府应明确监管红线,强化反垄断、反不正当竞争,加强重点领域执法司法,依法依规加强经营者集中审查;

③ 建立健全数据流通监管制度,制定数据流通和交易负面清单,明确不能交易或严格限制交易的数据项。

2. 在市场层面

"数据二十条"要求企业应牢固树立责任意识和自律意识,压实企业数据治理责任,以切实保障数据资产安全,包括但不限于:

① 严格落实相关法律规定,在数据全生命周期各环节落实企业数据安全责任;

② 落实数据要素登记和披露制、数据流通交易声明和承诺制;

③ 避免触碰垄断、不正当竞争等市场红线;

④ 规范参与政府信息化建设行为,确保政务数据资产安全可控。

3. 在社会监督层面

"数据二十条"鼓励充分发挥行业协会等社会力量多方参与数据协同治理,通过建立数据要素市场信用体系及信用奖惩机制、畅通举报投诉和争议仲裁渠道、完善数据标准体系等方式,促进不同场景下数据资产的安全可信流通。

---

① 周民:《完善数据要素治理制度,保障数据流通交易安全〈数据二十条〉解读》,载国家发展改革委网站,https://www.ndrc.gov.cn/xxgk/jd/jd/202212/t2022 1219_1343659_ext.html。

第三节　数据资产保护的质量要求

一个网店经营者为了将商品送到消费者手中，需要获取消费者的姓名、电话号码以及送达地址等数据。如果这些数据准确真实无误，自然钱货两讫皆大欢喜。但如果这些数据中的任何一个数据出现错误则可能导致这笔交易无法顺利完成，例如电话号码错其中一位甚至多位、消费者已搬离原址但送达地址未及时更新。前述两种数据一个失去了准确性、一个失去了时效性，都是数据质量低下的表现，都导致了业务目的无法达成或需要花费更多成本才能达成的低效益结果。这还仅仅只是考虑一单业务的情况，如果把业务量扩展到几千、几千万、几十亿，将给企业带来高昂的非必要成本支出。反之，如果在业务流程的各个阶段把控好数据质量，则可以极大地节省这部分非必要成本，实现企业效益升级，发挥数据的资产效益。

一、数据质量及立法和监管要求

根据《信息技术　数据质量评价指标》（GB/T 36344—2018）的定义，数据质量是指在特定条件下使用时，数据的特性满足明确的和隐含的要求的程度。此外 ISO 8000 第 1 部分规定了数据质量的定义，具体内容为：数据质量是数据适用于其预期用途的程度，其中预期用途包括数据收集、处理、交换、分发、共享、查询、分析、存储和维护；数据质量应根据特定的业务需求和技术环境进行评估，同时考虑数据本身的准确性、完整性、一致性、及时性和可信度等属性。从该定义可以判断，数据质量的高低是以特定目的与需求为锚点进行评判的，针对不同的目的与需求，对同一数据（集）质量高低的判断可能存在不同，因此企业需要结合不同部门的业务需要或分析需求，制定一套定制化的数据质量标准审核流程，以确保数据质量治理后能够满足企业的需求，赋能企业能效增长。

在国际上，数据质量的规定和标准因地区和组织而异，但是通常都共享着一些基本原则，例如完整性、准确性原则等。

对数据质量的规定最具实践性以及目前在国际范围内最被广泛认可的是国际标准 ISO 8000，该标准由国际标准化组织（ISO）制定。ISO 8000 标准分为 4 大板块对数据质量进行了规定，分别为一般原则、主数据质量、交易数据质量以及产品数据质量，为数据质量的评估、管理和控制提供了一套系统的方法和流程。该标准应用广泛，不仅在企业和组织中得到了广泛的应用，也被政府机构和科研机构所采纳和推广。ISO 共发布了 20 余个 ISO 8000 数据质量系列标准，规定了数据质量的概念原理与特征、数据质量管理评估与认证等要求，例如 ISO 8000-8：2015 Data quality-Part 8：Information and data quality：Concepts and measuring 和 ISO 8000-61：2016 Data quality-Part 61：Data quality management：Process reference model 为数据质量提供了详细指南和标准，推动了数据质量的国际化和标准化进程。

国内关于数据质量的规定见于国家标准以及各行业部门规范文件中，涵盖行业范围包括但不限于工业、民航、时序卫星影像、基础地理信息、林业、社会保险等。

2019 年实行的现行国标《信息技术　数据质量评价指标》（GB/T 36344—2018）对数据质量的定义以及评价指标、评价流程等首次进行了统一规范，但该标准属于框架性规定，尚未形成系统全面的标准体系。但值得注意的是，于 2023 年 10 月 1 日实行的《数据质量　第 8 部分：信息和数据质量：概念和测量》（GB/T 42381.8—2023）、《数据质量　第 61 部分：数据质量管理：过程参考模型》（GB/T 42381.61—2023），以及将于 2024 年 4 月 1 日实行的《数据质量 第 120 部分：主数据：特征数据交换：溯源性》（GB/T 42381.120—2023）、《数据质量 第 130 部分：主数据：特征数据交换：准确性》（GB/T 42381.130—2023）、《数据质量 第 140 部分：主数据：特征数据交换：完整性》（GB/T 42381.140—2023）、《数据质量 第 62 部分：数据质量管理：组织过程成熟度评估：过程评估相关标准的应用》（GB/T 42381.62—2023）、《数据质量 第 63 部分：数据质量管理：过程测量》（GB/T 42381.63—2023）对标 ISO 8000 国际标准，推进了国内相关规范的国际化接轨进程。

目前，国内围绕数据质量的评估和管理已出台了多项国家标准，主要如表 1-13 所示。

表 1-13　数据质量的国家标准示例

序号	标准名称	范围
1	GB/T 42381.8—2023/ISO 8000—8：2015《数据质量 第 8 部分：信息和数据质量：概念和测量》	该标准描述了信息和数据质量的基础概念[①]，以及这些概念应用于质量管理过程和质量管理体系的方式。 该标准还规定了在质量管理过程和质量管理体系中进行信息和数据质量测量的先决条件。
2	GB/T 42381.61—2023《数据质量 第 61 部分：数据质量管理：过程参考模型》	该标准规定了数据质量管理所需的过程。每个过程都由目的、结果和活动来定义，这些目的、结果和活动将被应用于数据质量保证。以下内容属于该标准的范围：数据质量管理的基本原则；数据质量管理过程的结构；数据质量管理子过程的定义；数据质量管理和数据治理之间的关系；实施要求。但实现既定过程结果的详细方法或程序不属于该标准的范围。 该标准适用于管理数字化数据集的质量，这些数据集不仅包括存储在数据库中的结构化数据，还包括非结构化数据，如图像、音频、视频和电子文档。该标准可供在组织层级管理数据质量的组织使用，例如用于多个软件应用程序正在共享和交换数据的情境。包括认证机构在内的内部和外部各方将该文件用作过程参考模型，以评估数据质量管理的过程能力或组织成熟度，并通过改进过程提高数据质量。 该标准可与质量管理体系标准（如 ISO9001）结合使用，也可独立使用。

---

① GB/T 42381.8—2023/ISO 8000—8：2015《数据质量 第 8 部分：信息和数据质量：概念和测量》第 4 条"基础概念"指出，信息和数据质量根据以下类别进行定义和测量：1）语法质量，即数据符合其特定语法的程度，即元数据规定的要求；2）语义质量，即数据与它所表示的内容相对应的程度；3）语用质量，即数据在何种程度上适合某一特定目的，并具有特定用途。语法质量和语义质量的测量是通过验证过程进行的，而语用质量的测量是通过确认过程进行的。

续表

序号	标准名称	范围
3	GB/T 36344—2018《信息技术 数据质量评价指标》	该标准规定了数据质量评价指标的框架（包括规范性、完整性、准确性、一致性、时效性及可访问性）和指标说明。 该标准适用于数据生存周期各个阶段的数据质量评价。
4	GB/T 41449—2022《时序卫星影像数据质量检查与评价》	该标准规定了时序卫星影像数据质量检查与评价的基本要求、抽样检查程序、质量元素与评价指标、质量评定。 该标准适用于时序光学卫星影像数据、时序合成孔径雷达（Synthetic Aperture Radar，SAR）卫星影像数据和时序合成孔径雷达干涉测量（Interferometric Synthetic Aperture Radar，InSAR）卫星影像数据的质量检查与评价。
5	GB/T 41149—2021《基础地理信息数据质量要求与评定》	该标准规定了基础地理信息数据的基本要求以及矢量、栅格数据的具体质量要求及基础地理信息数据的质量评定方式。 该标准适用于基础地理信息数据的检查验收与质量评定。
6	GB/T 39400—2020《工业数据质量 通用技术规范》	该标准规定了工业质量持续改进的模型，以及工业数据质量的描述、识别、评价、控制和报告的要求。 该标准适用于工业数据采集、传输、维护和使用过程中的质量管理。

二、数据质量的影响要素和提升角度

（一）数据质量的影响要素

数据质量的重要性在于数据是企业和组织决策的基础，数据质量的高低直接影响着决策的准确性和效果。数据质量的影响要素包括但不限于以下几个方面。

1. 一致性

数据质量评价的首要要点是数据的一致性。数据应保证在相同的条件下重复性执行。如果数据不一致，那么企业和组织在做出决策时可能会产生混淆和不确定性。例如，如果一个银行的客户数据中，同一个客户的姓名和地址在不同的记录中不一致，那么银行员工可能会产生混淆，导致错误的交易或客户服务。

2. 精确性

数据必须准确无误。这需要有效的数据验证、有效的数据采集和处理方法。如果数据不准确，那么企业和组织基于这些数据做出的决策就会变得不可靠。例如，如果一个企业的销售数据不准确，那么它可能会做出错误的生产计划，导致库存过多或过少。

3. 完整性

数据必须完整，并包括所有需要的信息。如果数据不完整，那么企业和组织在做出决策时可能会缺少必要的信息，从而导致错误的决策。例如，如果一个医院的患者数据不完整，那么医生可能会忽略患者的重要病史，导致诊断错误或不当治疗。

4. 时效性

数据必须及时、准确、有效地进行采集、整理和发布。数据应在有限的时间内进行发布。如果数据不及时，那么企业和组织可能会错过重要的机会或面临风险。例如，如果一个零售商的库存数据不及时更新，那么它可能会错过销售旺季，导致业绩下滑。

5. 保密性

数据的保密性必须得到保证，以防止未经授权的访问或数据泄露。

6. 可追溯性

数据必须能够追溯到源头。这意味着数据应该有一个应用程序标识符（API）和一个版本号，以便追踪数据的来源和更新历史。

7. 可靠性

数据应该是可靠的，也就是说，它应该按照客观的标准和原则进行采集和处理。数据应该保持透明，以证明其可靠性。

8. 可比性

数据应该具有可比性，也就是说，它们应该提供有关相同主题、相同公司或产品的数据。数据必须在同一组标准下收集，以使比较结果有意义。

9. 可重复性

评估数据质量是否高，数据必须能够重复。暴露在不同系统、环境和未来日期下的数据必须与原始产生的数据具有相同的质量。

综上所述，低质量的数据阻碍数据价值的释放，进而阻碍企业能效提升，数据质量的重要性正在于它直接影响企业和组织的决策和业务效果。需要确保数据的一致、精确、完整、时效、保密、可追溯、可比性与可重复性，才能保证数据资产的价值稳定，在企业和组织中发挥最大的作用。

（二）提升数据质量的多个角度

数字化时代，数据质量对企业节约成本，发挥数据资产效益至关重要，是任何企业都需要重视的问题。数据质量作为数据治理的重要环节，需要企业从制度建设、组织建设、技术建设等多个方面通力配合，形成数据治理合力，因地制宜，因时制宜地制定与动态更新制度标准、管理组织人员构成，必要时可以接入或寻求第三方数据合规专家的帮助，共同进行数据质量管理。以下是提升数据质量的多个角度：

第一，数据采集：保证数据采集的准确性和完整性。可以通过使用自动化工具收集数据，或者实时捕获数据来避免出现错误。

第二，数据清洗：在将数据用于分析之前，需要对其进行清洗和处理，例如删除重复数据、格式化数据并统一命名规范等。

第三，数据标准化：标准化数据可以让数据分析更加有效和准确。为此，需要制定规范和标准，以确保数据符合要求。

第四，数据验证：通过数据验证确保数据准确性和完整性，如校验数据是否完整，检查数据统计值与期望值是否匹配等。此外，还应当对数据进行动态核查与更新，例如针对客户年龄信息，应当根据企业业务需要设置定期更新期限进行旧数据更新。

第五，数据备份：数据灾备是确保数据质量不受影响的最佳方式。备份数据可以防止因数据意外损坏或丢失产生风险。

第六，数据安全：确保数据的安全，例如通过访问控制和身份验证等手段防止数据泄露和攻击。

第七，培训和教育：建立一个保障数据流程的文化，提高员工对数据管理和数据分析的认识和技能，让他们理解数据的价值，并知道如何正确应用数据。

第八，合作伙伴管理：确保数据共享和合作伙伴之间的数据安全和隐私，例如通过采用数据访问协议等传递数据，以确保数据受到适当的保护和控制。

综上所述，提高数据质量需要从多个角度考虑。企业可以建立一整套数据管理流程，包括数据采集、处理、标准化、验证、备份和安全性管理等，并确保员工接受培训并理解数据意义的重要性。

三、数据分类分级

数据质量治理是发挥数据资产价值的基石，数据分类分级保护则是数据资产价值实现高速行车时的"安全索"与"试金石"。具体而言，能够对标实现具体业务需求的数据方为质量优良的数据，方能发挥数据的资产价值。数据资产价值的更大发挥固然会给企业带来更多的经济效益，但仍需遵循发展与合规并重的原则，对数据资产价值的实现方式进行约束。数据分类分级保护的作用就在于其能够对数量庞杂的企业数据资产进行归纳梳理，从而赋能企业根据不同类别数据处理的不同法律要求进行区分管理，实现发展与合规并重，发挥"安全索"功能；同时在数据梳理的过程中企业能够通过去除重复数据、整理高质量数据等过程从数据池中淘洗出真正有价值的数据，也就发挥了"试金石"作用。

数据分类分级保护是指将企业数据资产中的数据进行梳理，按照数据对国家、社会、组织以及个人的重要程度，以及其遭到泄露、篡改或其他非法利用后对国家、社会、组织以及个人的影响程度对数据进行分类分级。数据分类分级保护帮助企业厘清不同数据资产的重要程度，对重要级别更高的数据采取更严格的保护要求与更审慎的使用流程，对重要级别更低的数据采取流动与使用大于合规的利用原则，在合法合规范围内最大程度地发挥数据资产的价值。

以下将结合现有的数据分类分级相关法律法规、国家标准及规范性文件等对数据分类分级的流程和注意事项进行说明，希望能为企业进行数据分类分级实践提供参考。

（一）分类分级流程

2021年12月31日，为贯彻落实《数据安全法》提出的"国家建立数据分类分级保护制度"要求，指导数据处理者开展数据分类分级工作，全国信息安全标准化技术委员会发布了《网络安全标准实践指南——网络数据分类分级指引》（以下简称《网络数据分类分级指引》），对数据分类分级原则、框架、方法以及流程进行了规定，并在附录部分对工业、电信以及金融行业的数据分类分级进行了行业示例。图1-6为该指引中关于数据分类分级流程的示意图。

企业在进行自身数据分类分级过程中，可以参照前述流程图进行，具体而言包括以下步骤：

数据分类分级的第一步是进行企业的数据资产梳理，形成数据资产清单。该步骤是企业数据治理的基础，要改善数据质量、进行数据分类分级，首先需要全面盘点、梳理企业拥有的数据有哪些。这一步需要企业的业务、技术等部门甚至第三方法律与技术专家配合进行。那么企业应当如何进行数据资产梳理？公开检索到的内容不一而足，总结而言，通常分为四个步骤。首先，要确定数据资产梳理的范围。企业的数据资产散布在各个系统甚至业务人员的工作电脑中，因此确定一个兼具全面性与可行性的数据资产盘点范围对数据资产盘点工作的推进具有决定性的意义，该范围包括待梳理的组织范围、业务范围、系统范围等。其次，需要统一数据资产梳理的标准，企业的数据大多来源于各个业务部门，根据业务需求的不同，数据的价值标准可能存在较大差异，这不利于企业整体数据资产的统一性以及可用性。因此，企业在进行数据资产盘点前，首先要根据企业所在行业的相关标准，结合企业自身的业务情况构建数据标准，形成全局统一的数据定义和数据价值体系。数据资产盘点工作将在此数据标准的指导下展开。[①] 再次，确定数据资产盘点的牵头部门，对公司的业务数据最为了解的业务部门宜作为牵头部门，结合 IT 部门组成数据资产梳理小组。最后，根据企业需求明确数据梳理的内容，例如数据的类型、数据结构、数据敏感程度、数据的开放与共享程度等。数据梳理的内容组成了数据资产目录的最终呈现形式。经过前述步骤之后，即可形成具有企业业务特性的数据资产清单。

第二步是进行数据分类。该部分可以根据企业的实际情况进行，例如根据《网络数据分类分级指引》以及图 1-6 所示要求，数据分类需要从公民个人、公共管理、信息传播、行业领域以及组织经营五大维度分别进行。但就大多数民营企业而言，其不属于具有公共管理和服务职能的企事业单位和社会团体，不属于提供公共服务的组织，如供水、供电、供热、供气、教育、医疗、公共交通、通信、邮政、养老、环保等相关组织，也不涉及为国家机关提供服务，参与公共基础设施、公共服务系统建设运维管理，利用公共资源提供服务，则该企业不涉及公共管理维度的数据，也就无需按照该维度对数据进行分类。信息传播维度的数据同理，除新闻传播类、即时通信类、社交类等相关企业涉及该类数据以外，民营企业通常较少涉及该类数据，因此也无需按照该维度进行数据分类。因此，就数据分类类别而言，还剩下公民个人维度、行业领域维度以及组织经营维度三个数据分类类别。这也是企业通常会涉及的三类类别，在下文数据分类部分将对其进行具体说明。

[①] 《企业数据资产盘点与数据标准梳理方法》，载微信公众号"数据学堂"，2023 年 1 月 10 日，https://mp.weixin.qq.com/s/Sy6NijVnqX2NiDq1RblF6Q。

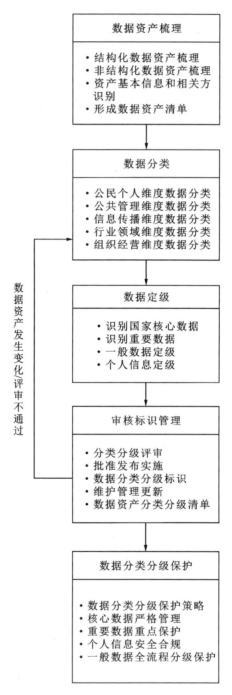

图 1-6　数据分类分级流程示意图

第三步，在根据企业涉及的行业以及是否具有公共服务属性等确定了数据的分类标准进行数据分类之后，需要进行数据分级。数据分级主要从数据安全保护的角度，考虑影响对象、影响程度两个要素进行分级。影响对象是指数据一旦遭到篡改、破坏、泄露或者非法获取、非法利用后受到危害影响的对象，包括国家安全、公共利益、个人合法权益、组织合法权益四个对象。影响程度是指数据一旦遭到篡改、破坏、泄露或者非法获取、非法利用后，所造成的危害影响大小。危害程度从低到高可分为轻微危害、一般危害、严重危害。根据影响对象与影响程度的不同形式排列组合，从高到低将数据分类为核心数据、重要数据与一般数据，数据级别越高，采取的数据安全保护措施越为严格、数据访问及使用的审批与限制措施越为审慎。在下文数据分级部分将对分级要求进行具体说明。

第四步，需要对分类分级完成的数据进行标识、形成数据分类分级清单，并根据不同数据级别，根据国家规定与组织内部的保护规范进行数据分类分级保护。形成的数据分类分级标识与清单需要报请企业相关数据合规牵头部门审批与修改，同时需要技术、业务、法务等各部门的配合。若在数据分级过程中，结合影响对象与影响程度判断存在核心数据或重要数据的，还需要向相关监管部门上报核心数据与重要数据目录。就目前的公开信息而言，除监管部门组织的关于重要数据与核心数据识别的试点企业开展了核心数据与重要数据识别与上报外，普通民营企业难以自行识别或难以出现核心数据与重要数据。

第五步，动态管理，即数据重要程度和可能造成的危害程度发生变化时，企业应当及时对数据分类分级规则、重要数据和核心数据目录、数据分类分级清单等进行动态更新管理。需进行动态更新管理的情形包括但不限于：

• 数据内容发生变化，或数据时效性、数据规模、数据应用场景、数据加工处理方式等发生显著变化导致原有数据的安全级别不再适用；

• 多个原始数据直接合并，导致原有的安全级别不再适用合并后的数据；

• 不同数据类型经汇聚融合形成新的数据类别，或不同部分数据合并形成新的数据，导致原有的数据级别不再适用于汇聚融合或合并后的数据；数据进行脱敏或删除关键字段，或者经过去标识化、假名化、匿名化处理；

• 发生数据安全事件，导致数据敏感性发生变化；

- 因国家或行业主管部门要求，导致原定的数据级别不再适用；
- 若相关单位处理的个人信息数量达到 100 万人，应当按照重要数据处理者进行管理，满足重要数据保护要求；
- 需要对数据安全级别进行变更的其他情形。

（二）数据分类与数据分级的方法论

1. 数据分类

数据分类的方法论先就数据分类时大多数企业会聚焦的三个维度进行说明，即公民个人维度、行业领域维度以及组织经营维度。根据《网络数据分类分级指引》的规定，企业应当首先按照数据处理涉及的行业领域，将数据分为工业数据、电信数据、金融数据、交通数据、自然资源数据、卫生健康数据、教育数据、科技数据等，其他行业领域可参考《国民经济行业分类》（GB/T 4754—2017）。若企业数据涉及多个行业领域，应当按照各个行业领域的数据分类分级要求进行数据分类。在存在相关行业领域的数据分类分级法律法规要求的情况下，应当首先按照该行业领域的法律法规要求进行数据分类，目前已经发布的数据分类分级行业规范或标准如表 1-14 所示。

表 1-14　数据分类分级行业规范或标准

行业	规范名称
工业	《工业数据分类分级指南（试行）》（工信厅信发〔2020〕6 号）
医疗	《国务院办公厅关于促进和规范健康医疗大数据应用发展的指导意见》（国办发〔2016〕47 号） 《信息安全技术 健康医疗数据安全指南》（GB/T 39725—2020）
金融	《个人金融信息保护技术规范》（JR/T 0171—2020） 《金融数据安全 数据安全分级指南》（JR/T 0197—2020） 《证券期货业数据分类分级指引》（JR/T 0158—2018）
电信	《基础电信企业数据分类分级方法》（YD/T 3813—2020） 《基础电信企业重要数据识别指南》（YD/T 3867—2021） 《电信网和互联网数据分类分级技术要求与测试方法》（YD/T 4244—2023） 《电信运营商大数据安全管控分类分级技术要求》（YD/T 4251—2023）

续表

行业	规范名称
车联网	《车联网信息服务 数据安全技术要求》（YD/T 3751—2020） 《车联网信息服务 用户个人信息保护要求》（YD/T 3746—2020）
邮政	《邮政快递业数据分类分级指南（试行）》①

但若企业所在的行业领域尚未发布相关数据分类分级要求，则应当从组织经营维度进行数据分类，先将个人或组织用户的数据单独划分出来按照公民个人维度数据进行数据分类，用户数据之外的其他数据从便于业务生产和经营管理角度进行分类。《网络数据分类分级指引》给出的组织经营维度数据分类参考包括用户数据、业务数据、经营管理数据、系统运行和安全数据。企业也可以根据自身的实际情况，对具体类别进行定制化修改。以金融数据分类为例（如表1-15所示）。

表1-15 金融数据分类示例②

分类	定义
客户数据	提供金融产品或服务过程中直接（或间接）采集的自然人对象的相关数据和单位组织对象（如政府机关、企事业单位、社会团体、民间组织等）的相关数据，包括通过柜面以及纸质协议签署或收集，并经信息处理后在计算机系统内流转或保存的数据，以及通过信息系统收集的电子信息。
业务数据	在提供金融产品或服务过程中产生的数据，如交易信息、统计数据等。
经营管理数据	在履行职能与经营管理过程中采集、产生的数据，如营销服务数据、运营数据、风险管理数据、技术管理数据（如程序代码、系统以及网络等）、统计分析数据、综合管理数据等。
监管数据	向监管机构报送的各项信息，以及监管机构发送的评价、处罚、违规、统计、预警及安全审计等信息。

---

① 根据2023年3月《中共国家邮政局党组关于十九届中央第九轮巡视整改进展情况的通报》，未来将出台该指南。

② 本表资源来源于CCIA数据安全工作委员组织编制的《数据分类分级实施参考案例集》金融领域部分。

2. 数据分级

企业在进行数据分级时，应当先按照国家和行业领域的核心数据目录、重要数据目录，依次判定数据资产清单上的数据是否为核心数据、重要数据，如不是则按照对影响对象的影响程度判定为一般数据。影响对象、影响程度与数据级别的对应关系如表 1-16 所示。

表 1-16　不同分类数据分级影响程度判断

基本级别	影响对象			
	国家安全	公共利益	个人合法权益	组织合法权益
核心数据	一般危害、严重危害	严重危害	—	—
重要数据	轻微危害	一般危害、轻微危害	—	—
一般数据	无危害	无危害	无危害、轻微危害、一般危害、严重危害	无危害、轻微危害、一般危害、严重危害

根据表 1-16，一般数据的影响对象原则上不包括国家安全及公共利益，即若某数据发生数据安全事件后，可能影响到国家安全或公共利益，即使影响程度仅为轻微危害，也至少会被认定为重要数据。若遵循该认定标准，则无疑会扩大重要数据以及核心数据的认定范围，该认定尺度是否过于严格，是否会被不同行业领域监管部门发布的分类分级标准采纳，还需要根据随后出台的分类分级标准具体确定。根据 2022 年 9 月全国信安标委发布的《信息安全技术　网络数据分类分级要求（征求意见稿）》，对社会稳定和公共利益造成危害的，也可能仅被认定为一般数据。由于该标准尚未生效，核心数据与重要数据的判断标准尚待监管部门与规范标准进一步明确。

目前各行业虽尚未发布过生效的核心数据与重要数据目录。但值得注意的是，上海市委网信办、上海市政府办公厅于 2022 年 7 月至 12 月，组织开展了数据分类分级、制定重要数据目录试点，完成 16 家单位的试点工作。2023 年 2 月，上海市通信管理局指导企业开展数据认定、分类分级和安全保护相关工作，审核确定了上海市电信和互联网行业首批重要数据和核心数据目录并报送工信部。上海市通信管理局作为全国首批开展行业领域重要数据和核心数据目录认定与报送的行业主管部门，为全国各地、各行业领域主管部门积极推进重要数据与核心数据目录的制定进程提供了参考，也预示着核心数据与重要数据识别将不再是纸上谈兵，要求企业尽快做好合规准备。

在根据规范与标准进行核心数据与重要数据的定级后，应当依照一般数据分级规则或所属行业共识的数据分级规则对一般数据进行定级。根据一般数据遭到篡改、破坏、泄露或者非法获取、非法利用后对个人合法权益与组织合法权益的影响程度不同，将一般数据从低到高分为 1 至 4 级，企业可以根据实际需要对一般数据的级别进行增减，例如可以将最高级别 4 级分为 4-1 级与 4-2 级，对 4-2 级采取更严格的保护措施等。一般数据分级原则上应当分析其影响程度确定属于何种等级，影响对象与分级对应关系如表 1-17 所示。

表 1-17　一般数据分级影响判断

安全级别	影响对象	
	个人合法权益	组织合法权益
4 级数据	严重危害	严重危害
3 级数据	一般危害	一般危害
2 级数据	轻微危害	轻微危害
1 级数据	无危害	无危害

但《网络数据分类分级指引》针对部分特殊的数据或特定情形下的数据规定了特殊定级要求，下列特殊数据应当按照《网络数据分类分级指引》规定进行数据分级：

① 若存在敏感个人信息，则定为一般数据 4 级，一般个人信息不低于 2 级；

② 组织内部员工个人信息不低于 2 级；

③ 有条件开放/共享的公共数据级别不低于 2 级，禁止开放/共享的公共数据不低于 4 级；

④ 脱敏数据级别可比原始数据集级别降低，去标识化的个人信息不低于 2 级，匿名化个人信息不低于 1 级；

⑤ 标签数据级别可比原始数据集级别降低，个人标签信息不低于 2 级；

⑥ 统计数据如涉及大规模群体特征或行动轨迹，应设置比原始数据集级别更高的级别；

⑦ 融合数据级别要考虑数据汇聚融合结果，如果结果数据汇聚了更多的原始数据或挖掘出更敏感的数据，级别需要升高，但如果结果数据降低了标识化程度等，级别可以降低。

（三）部分行业数据分类参考[①]

1. 工业数据分类参考

《工业数据分类分级指南（试行）》（工信厅信发〔2020〕6号）由工业和信息化部于2020年2月发布，提出了工业数据分类分级的方法以及分级管理要求，适用于工业和信息化主管部门、工业企业平台企业等开展工业数据分类分级工作。《工业数据分类分级指南（试行）》中定义的工业数据是工业领域产品和服务全生命周期产生和应用的数据，包括但不限于工业企业在研发设计、生产制造、经营管理、运维服务等环节中生成和使用的数据，以及工业互联网平台企业（以下简称平台企业）在设备接入平台运行、工业App应用等过程中生成和使用的数据。工业数据的分类示例如表1-18所示。

表1-18 工业数据分类示例

一级子类	二级子类	三级子类
工业企业工业数据	研发数据域	研发设计数据
		开发测试数据
	生产数据域	控制信息
		工况状态
		工艺参数
		系统日志
	运维数据域	物流数据
		产品售后服务数据

[①] 本部分主要参考全国信息安全标准化技术委员会秘书处编制的《网络安全标准实践指南——网络数据分类分级指引》（TC260-PG-20212A）附录C：部分行业数据分类分级参考示例。

续表

一级子类	二级子类	三级子类
工业企业工业数据	业务综合数据域	系统设备资产信息
		产品信息
		产品供应链数据
		业务统计数据
	外部数据域	与其他主体共享的数据
平台企业工业数据	平台运营数据域	物联采集数据
		知识库模型库数据
		研发数据
	企业综合数据域	组织客户数据
		业务合作数据

2. 电信数据分类参考

《基础电信企业数据分类分级方法》（YD/T 3813—2020）提出了基础电信企业数据分类分级的原则，明确了分类分级方法和工作流程，并给出了基础电信企业数据的分类分级示例。

《基础电信企业数据分类分级方法》所规定的数据范围包括基础电信企业生产经营和管理活动中产生、采集、加工、使用和管理的网络数据和非网络数据。根据基础电信企业业务运营管理和数据安全管理的特点，将企业数据分为用户相关数据和企业自身相关数据两大类，表1-19给出了这两大类数据的详细分类示例。

表1-19 基础电信企业数据分类示例

一级子类	二级子类	三级子类	四级类别
用户相关数据	用户身份相关数据	用户身份相关数据	自然人身份标识、网络身份标识、用户基本资料、实体身份证明、用户私密资料
		用户网络身份鉴权信息	用户密码及关联信息

续表

一级子类	二级子类	三级子类	四级类别
用户相关数据	用户服务内容数据	服务内容和资料数据	服务内容数据、联系人信息
	用户服务衍生数据	用户服务使用数据	业务订购关系、服务记录和日志、消费信息和账单、位置数据、违规记录数据
		设备信息	终端设备标识、终端设备资料
	用户统计分析类数据	用户使用习惯和行为分析数据	—
		用户上网行为相关统计分析数据	—
企业自身相关数据	网络与系统的建设与运行维护类数据	建设类数据	网络规划类、投资计划类、项目管理类
		网络与系统资源类数据	公共资源类数据、传输资源类数据、承载网资源、核心网资源、接入网资源、IT系统资源、云资源
		网络与系统运维类数据	信令、路由信息、网段、网址、VLAN划分、设备监测、告警、信令监测、流量监测、运维日志、运维系统账号密码等、系统运行状况统计分析
		网络安全管理类数据	安全审计记录、网络安全应急预案、违法有害信息监测、核心区域监控、网络威胁数据
	业务运营类数据	业务运营服务数据	产品信息、渠道信息、客户服务信息、营销信息
		公开业务运营服务数据	—

续表

一级子类	二级子类	三级子类	四级类别
企业自身相关数据	企业管理数据	发展战略与重大决策	发展战略、重大决策与重要会议
		业务发展类	市场策略、营销管理、资费管理、产品发展策略
		技术研发类	技术管理、技术研究报告、专利工作
		运行管理类	—
		生产经营类	财务预算、业绩披露、考核相关信息、生产经营数据
		综合管理类	人力资源、财务信息、办公自动化、采购
	其他数据	合作方提供数据	—

3. 金融数据分类参考

金融行业中，《个人金融信息保护技术规范》（JR/T 0171—2020）、《金融数据安全 数据安全分级指南》（JR/T 0197—2020）和《证券期货业数据分类分级指引》（JR/T 0158—2018）三个行业标准对金融数据分类分级给出了具体指导。《个人金融信息保护技术规范》中规定的个人金融信息是指金融业机构通过提供金融产品和服务或者其他渠道获取、加工和保存的个人信息。个人金融信息的分类分级可以参考该标准提出的方法执行。该标准同时给出了个人金融信息生命周期技术要求和管理要求。《证券期货业数据分类分级指引》中针对证券期货行业经营和管理活动中产生、采集、加工、使用或管理的网络数据或非网络数据提出了分类分级的原则、方法和流程，并给出了六种行业内典型机构的数据分类分级模板。

《金融数据安全 数据安全分级指南》是在前两者基础上的进一步拓展，将数据分类分级的范围扩大至金融数据。该标准中定义的金融数据是金融业机构开展金融业务、提供金融服务以及日常经营管理所需或产生的各类数据。标准内容包括金融数据的定级原则、定级要素、定级规则和定级流程，并在附录中提出了金融数据的分类示例（如表1-20所示）。

表 1-20　金融数据分类示例

一级子类	二级子类	三级子类
客户	个人	个人自然信息、个人身份鉴别信息、个人资讯信息、个人关系信息、个人行为信息、个人标签信息
	单位	单位基本信息、单位身份鉴别信息、单位资讯信息、单位关系信息、单位行为信息、单位标签信息
业务	账户信息	账户信息
	法定数字货币钱包信息	基本信息
	合约协议	合同通用信息、存款业务信息、贷款业务信息、中间业务信息、资金业务信息、投资理财业务信息、信用卡业务信息、非银行支付业务信息、商户签约信息、保险业务信息、再保险业务信息、信托业务信息、金融资产管理公司业务信息
	金融监管和服务	反洗钱业务信息、国库业务信息、货币金银业务信息、存款保险业务信息、身份核查业务信息、征信管理业务信息、非银行支付机构非现场监管业务信息、支付结算业务信息、管理业务信息、机构管理业务信息、再贷款业务信息、利率报备业务信息、房地产监测分析业务信息、舆情监测业务信息、行政预审批业务信息、跨境收付业务信息、金融消费权益保护业务信息、金融稳定分析业务信息
	交易信息	交易通用信息、保险收付费信息
经营管理	营销服务	产品信息、渠道信息、营销信息
	运营管理	安防管理信息、业务运维信息、客户服务信息、单证管理信息、合作单位信息、音影像信息
	风险管理信息	风险偏好信息、风险管控信息
	技术管理	项目管理信息、系统管理信息
	综合管理	战略规划信息、招聘信息、员工信息、机构信息、财务信息、资产负债信息、行政信息、内控合规信息

续表

一级子类	二级子类	三级子类
监管	数据报送	监管报送信息
	数据收取	评级、处罚与违规信息、监管统计及预警信息、外部审计信息

第四节 数据资产交易阶段的政策与监管实践

国家标准《信息安全技术 数据交易服务安全要求》中称，数据交易是"数据供方和需方之间以数据商品作为交易对象，进行的以货币或货币等价物交换数据商品的行为"。数据交易源于对数据资源的价值挖掘需求，是数据要素市场化的重要体现。本节将针对我国数据资产在交易阶段的政策以及发展现状进行介绍。

一、数据交易的背景及发展现状

随着数据资源的国家基础性战略地位形成，畅通数据资源大循环和数据要素市场化的发展要求已经上升为国家整体建设规划布局。

2020年4月，中共中央、国务院发布了《关于构建更加完善的要素市场化配置体制机制的意见》，将数据称为与土地、劳动力、资本和技术并列的第五种要素；同年5月，其发布的《关于新时代加快完善社会主义市场经济体制的意见》进一步提出要"加快培育发展数据要素市场"；此后，工业和信息化部正式发布了《"十四五"大数据产业发展规划》；2022年1月，国务院办公厅发布《要素市场化配置综合改革试点总体方案》，作为中央第一份关于要素市场化配置的文件，"探索建立数据要素流通规则"，将数据作为生产要素进行前瞻性布局。据不完全统计，自2014年以来，国家部委累计发布大数据相关政策文件40余份。

2022年4月，中共中央、国务院在《中共中央 国务院关于加快建设全国统一大市场的意见》中再次提出："加快培育统一的技术和数据市场。"特别是2022年6月22日由中央全面深化改革委员会第二十六次会议审议通过的《关于构建数据基础制度更好发挥数据要素作用的意见》，强调一方面应建立数据产权制度，推进各类型数据分类分级确权授权使用，明确要建立数据资源持有权、数据加工使用权、数据产品经营权等产权运行机制，并且要健全数据要素权益保护制度；另一方面，要建立合规高效的数据要素流通和交易制度，完善数据全流程合规和监管规则体系，建设规范的数据交易市场。同年 7 月 25 日，国务院办公厅出台《国务院办公厅关于同意建立数字经济发展部际联席会议制度的函》，为协调推进数字经济领域重大政策实施，探索适应数字经济发展的改革举措提供了具体可落地的路径指引和政策保障。

在政策和市场的牵引下，数据要素流通正迎来加速期，来源多样、类型丰富、形态复杂的数据投入生产和服务，数据价值加速释放。在数据流通利用过程中，海量、多元、非结构化数据成常态，数据融合汇聚更为频繁，引发数据类别、级别、形态发生新变化，流通数据的开发程度更高。目前，各地开展积极实践，推进数据要素市场规则制定、行业生态建设、基础平台搭建工作。

（一）北京市数据交易政策与实践

北京市在 2023 年 3 月 17 日发布《关于推动北京互联网 3.0 产业创新发展的工作方案（2023—2025 年）》，助力北京加快建设国际科技创新中心和全球数字经济标杆城市。2023 年 6 月 20 日，中共北京市委和北京市人民政府印发《关于更好发挥数据要素作用进一步加快发展数字经济的实施意见》的通知，该实施意见提出推进社会数据有序流通。北京市大数据主管部门会同市金融监管部门研究制定数据交易场所管理制度，支持数据交易场所制定便于数据流通的数据交易规则。推动建立健全数据要素市场的价格形成机制，支持建立数据交易机构预定价、买卖双方协议定价、按次定价等数据产品定价模式。推动建立数据交易范式及合同模板。

北京市数据交易建设主要围绕公共数据、行业数据形成"政府监管＋企业运营"的公共数据市场化应用模式，推进数据要素市场化建设。在金融、工业领域，形成政府通过授权界限向运营单位进行数据提供，对数据资源进行开发和运营的模式。探索出了"建立公共数据交易市场机制，搭建数据交易联盟特色生态，建设技术驱动的安全交易平台"的公共数据市场化路径。

在市场机制方面，2022年11月，《北京市数字经济促进条例》颁布，重点围绕公共数据开放共享提出指导意见。同时，以金融公共数据为试点，《北京市金融公共数据专区管理办法（征求意见稿）》《关于推进北京市金融公共数据专区建设的意见》等系列文件发布，明确数据汇聚、管理、应用、安全、监管等金融公共数据专区的建设规范。

在交易生态搭建方面，北京提出了建立以北京国际大数据交易所为核心，数据交易联盟协同发展的产业生态：北京国际大数据交易所承担数据登记、评估、共享、交易、应用等服务，由国有控股企业北京国际大数据交易有限公司运营。北京国际数据交易联盟则是以大型商业银行、电信运营商、头部互联网企业以及数据中介服务企业为主体，重点发展数据运营商、经纪商，培育数据托管、法律事务、资产评估、审计等中介服务机构。

在维护安全交易方面，针对数据权属、泄露风险、隐私风险等方面的问题，北京率先探索基于区块链和隐私计算技术的数据交易平台和交易模式。建立"可用不可见"的公共数据交易范式，促进数据交易的权属变化从所有权转向使用权。

（二）上海市数据交易政策与实践

凭借智囊优势，上海市成立数据交易专家委员会，设立法律合规、金融交易、数据产业、数据安全领域专家组，开展数据要素市场规范化发展探索，完善数据基础制度。目前上海市累计发布《上海数据交易所数据交易合规管理规范（试行）》《上海数据交易所数据交易安全规范（试行）》《上海市政务数据资源共享管理办法》《上海数据交易所数据交易安全合规指引》等制度规则文件，覆盖数据产权、交易流通、安全规范等领域。

同时，上海市以上海数据交易所为发展主体，以上海数商协会为协同生态推进数据要素市场发展。上海数据交易所由国有控股企业上海数据交易所有限公司运营，推进数据要素流通制度建设、基础设施建设，提供数据产品登记和交易服务。2022年，上海市数商协会成立，以《国际数据流通合作伙伴上海倡议》凝聚企业共识，首批签约100家数商企业，在数据交易主体、数据合规咨询、质量评估、资产评估、数据交付等领域推进数商企业培育。

上海数据交易所建立集数据产品登记系统、智能数据交易系统、数据市场服务商系统于一体的基础平台体系，覆盖数据登记、挂牌、交易、交付、清结算和凭证发放六大业务环节，支持数据产品一体化交易。同时，开展技术与业务的探索创新，利用区块链存证和智能合约等技术，建立数据交易链，保障业务各环节交易安全；通过引入多方安全计算、数据沙箱等技术，采取交易、交付分离的模式，让数据交易实现"可用不可见"。推进金融、交通、制造交易服务板块建设，聚焦行业开展定制化交易服务。

（三）深圳市数据交易政策与实践

深圳市发挥建设中国特色社会主义先行示范区的政策优势，凝聚数字经济产业资源，加快推进数据要素市场发展政策创新、模式创新，推动数据要素市场发展步入快车道。据深圳数据交易所信息，截至2022年12月，深圳数据交易所累计交易规模突破12亿元，收录超过600个数据产品，实现国内首单场内跨境数据交易。

在制度支持方面，深圳市发布《深圳经济特区数据条例》系列文件，同时，围绕数据确权、数据交易、数据安全出台《深圳市数据产权登记管理暂行办法》等14项标准规范制度。2023年3月，深圳市发展和改革委员会印发《深圳市数据商和数据流通交易第三方服务机构管理暂行办法》，确定数据商、数据流通交易第三方服务机构为数据要素市场化产业链主体，合规开展数据收集、维护、出售、承销等交易服务，以及提供法律、数据资产化、安全质量评估等第三方服务，通过搭建制度框架支持数据交易业务规范化运营。

在基础平台建设方面，深圳数据交易所规划建设数据交易、数据商务服务、综合运营管理、全局信息存证、数据安全保障"五位一体"的新型数据交易信息化平台。现已上线数据交易信息化平台，涵盖数据要素登记、数据交易撮合、数据公证等业务。深圳数据交易所还在全国率先创立了"数据合规服务工作站"模式，将服务从线上延伸到线下，赋能数据流通交易"最近一公里"，直接面向园区、企业，助力其合规有序地开发利用数据资源，拓展应用场景，释放数据生产力潜能。截至2023年1月31日，已完成登记备案的数据交易总计505笔，累计交易金额超过14亿元。

在数据交易安全方面，深圳数据交易所推动合规体系建设。在全国首创动态合规体系，推动数据流转及交易共识计划，构筑数据交易四道防线。动态合规创造性地引入信用工具，打造动态信用评级，构建可信交易环境，实现数据交易的包容审慎监管，这有利于降低数据流通成本，促进更多场外交易转入场内。同时，深圳数据交易所在福田区支持下，设立了数据交易的公共法律服务中心。通过该中心，为数据交易的企业、数据商提供嵌入式的法律服务、互动式的普法宣传、动态式的合规体验等多维度现代化公共法律服务事项。此外，同步引入国家商事调解模式，以多元化、便捷化解决数据交易争端、纠纷。

二、大数据交易市场

市场在资源配置中起决定性作用，因此，数据资源要像产品与服务一样具有商品属性，有价格、有产权、能交易。由于数据流动载体的特殊性，要建立专有的数据交易平台，便于监管，尤其在跨境传输和安全保护等方面，要有严格的制度、规范和有效的监管手段。

数据要素市场正在形成包含数据交易主体、数据交易手段、数据交易中介、数据交易监管的"四位一体"发展格局。其中，数据交易平台作为数据交易中介的主要形式，在促进数据资源流通、实现数据商业化利用方面发挥了不可替代的基础性作用。

（一）现状介绍

目前各地积极开展探索，打造数据交易中心（所），以构建数据交易市场的物理载体，围绕数据交易、流通和开发利用推动制度建设和服务创新，更好激发市场供需两端积极性、更深度参与数据要素市场建设，运用市场化手段加快推动数据要素价值转化。[①] 自2015年4月贵阳首家大数据交易所挂牌成立后，北京、上海、深圳、山东、江苏等地相继成立数据交易机构，其中北京、上海、深圳、天津、贵州等地在数据立法、确权、交易等方面已取得较大进展。除综合数据交易平台外，还存在以交通、零售、金融等领域的行业机构为代表的行业领域的数据交易市场。2015年11月，中国科学院深圳先进技术研究院北斗应用技术研究院与华视互联联合成立全国首个交通大数据交易平台，旨在利用大数据解决交通的痛点，助力智慧城市建设，未来将逐步组建交通大数据供应商联盟，构建良性的交通大数据生态系统。在领域范围小的情况下，数据流动更加频繁，基于

[①] 《多地探索成立大数据交易平台——加快数据要素价值转化》，载中国政府网，https://www.gov.cn/zhengce/2021-12/06/content_5656038.htm。

行业数据标准更容易实现对行业领域交易数据的统一采集、统一评估、统一管理、统一交易。

数据交易机构交易的数据产品主要包括基础信息产品、数据处理服务产品和数据应用服务产品三种。

1. 基础信息产品

基础信息产品是指以原始数据或对原始数据经过简单处理分析的产品。基础信息产品从产品形态上主要分为数据集（文件）、API 接口两种形式，从服务方式上主要分为标准数据产品和定制数据产品。传统的数据交易业务主要交易基础信息产品。

2. 数据处理服务产品

数据处理服务产品是指围绕数据交易，提供相关的数据治理、数据加工、数据挖掘等基础支撑服务。如数据标记技术可针对企业间的数据流通、交易和应用场景提供实时数据流通安全合规化服务。

3. 数据应用服务产品

数据应用服务产品是指将原始数据应用于新兴的应用场景中，提供核验、评估、分析等增值服务。如在普惠金融服务中，交易中心通过向银行提供整合工商登记信息、行政处罚信息、社保缴纳信息、税务缴纳信息、生产经营信息、财务信息、公积金缴纳信息、房产抵押信息、涉诉信息、专利信息、商标信息、科创认定、环评信息等多维度、高质量的数据应用服务，帮助银行识别评估中小企业信用风险。相比基础信息产品和数据处理服务产品，数据应用服务产品的出现，进一步推动了大数据与电信、金融、医疗、制造业等领域融合应用，催生越来越多的新业态、新模式，为激发数据要素价值提供更多可能。提供数据应用服务产品是数据交易机构发挥促进数据要素流通和市场化配置、释放数据价值作用的重要手段。

（二）交易合规审核

数据交易流程中包括数据源（数据生产者、拥有者）、第三方数据交易平台以及最终的应用对象（数据需求方、最终用户），交易平台作为中立的第三方负有用户资格审查、数据安全等审核义务。目前部分成熟交易平台已经建立自己的评估审核标准，从交易主体的合规性、交易授权链的完整性、数据产品数据来源的合法性、数据产品可交易性、数据产品流通风险等多角度审核,确保交易的合规性,具体包括以下几个方面。

1. 交易主体的合规性审核

交易主体的合规性审核主要从四个方面展开:交易方的基本情况、合规经营能力、数据保护和风险管理制度以及公司涉诉及处罚情况。对公示的基本情况的审查主要是核查数商公司组织治理结构是否完善、是否合法经营。而公司的合规经营能力维度,集中对数据安全保护能力进行审查,包括审查等保资质、安全认证以及近三年是否发生数据安全事件等情况,并结合公司的信用情况进行综合判断。需要重点关注的是公司的数据保护和风险管理制度。此环节基于数据保护和风险管理,从数据保护、网络安全、事故处理等角度切入,对交易内部数据的全流程安全管理制度进行评估,确定是否具备与其所处理数据相匹配的安防能力。

2. 交易授权的完整性审核

此环节通过对数据流转中所涉及的各环节的授权、许可进行认定,以对数据产品权属风险进行控制。一方面,从数据资源持有权、数据加工使用权、数据产品经营权入手,对数据流转中所涉及的不同类型的数商、数商与各主体所签订的协议文本进行审查,确定数据交易中的数据产品的权属。另一方面,通过在此环节对数据的授权是否合规确定数商进行数据处理的行为是否具备有效的合法性基础,以防止后续数据交易违法违规。

3. 数据来源的合法性审核

数据来源的合法性需要从数据的收集方式、数据类型、安全等级以及合法性基础方面进行审查。交易数据的来源有以下几种:第一,政府公开数据;第二,企业内部数据,该类型的数据一般是由企业内部产生、沉淀下来的数据;第三,数据供应方提供数据,该类型的数据一般是由数据供应方在数据交易平台上根据交易平台的规则和流程提供自己所拥有的数据;第四,网页爬虫数据,该类型的数据都是企业利用一定的技术手段,在各个网页爬取有效的数据;第五,合作伙伴数据,该类型的数据主要是指企业的合作伙伴产生、沉淀的数据,提供给该交易平台。

数据的收集方式主要可分为合法及非法的直接获取或间接获取四类,证明数据来源的合法文件包括完整的购买协议、合作协议或许可使用协议等。对数据类型的认定,则是通过对数据进行分类分级,同时确保数商按照数据应受保护的等级采取保护措施,例如对于个人信息应匿名化处理。对数据来源的合法性基础的审查,数商须明确其采取何种合法性基础进行数据处理。

4. 数据产品交易性审核

此环节首先须考虑交易中的阻碍因素:第一,是否存在违法违规的情况,数据产品是否对国家安全、公共安全、社会秩序造成损害,是否属于或含有禁止获取、持有、对外提供的数据。第二,数据产品是否存在侵犯其他主体的合法权益的情形,包括商业秘密、数据使用利益、许可使用利益等。第三,要保证对数据进行达标的处理,保证经过脱敏、加密等措施处理的数据无法识别特定个人且不能复原。其次,要关注数据中注入劳动情况,即数据产品生产过程中进行的实质性加工,经过了哪些主体的处理、经过了什么处理,且须有如服务器日志的佐证材料。再次,要关注知识投入的情况,即数据的处理过程被加入了哪些创造性劳动,例如采用的算法、设计的平台等。最后,是对知识产权的查验,确认数据产品是否附有软件著作权等知识产权。

5. 数据流通风险审核

在这个环节,第一,需要关注数据产品是否存在应符合国家强制性规定、行业特殊性规定的情况,以防止因缺少行政许可等资质而无法交易。第二,要确定特定行业中是否存在对数据的特殊要求,例如征信数据、生物数据都存在较为严格的限定的行业规定。第三,要确定是否存在其他利益相关方,并就利益相关方情况作出风险提示。第四,需要对数据的交付模式和应用场景进行审查,通过数据产品的应用场景确定具体的交付手段、使用条件、限制使用的情况、使用期限等约束机制,防止出现滥用、泄露等事件,以规避数据产品在交易后引发的法律风险。

(三)面临的主要问题

1. 数据要素交易规范体系不健全

在全国各地大力推进以数据要素为基础的行业应用的同时,应该看到我国除《数据安全法》之外，少有关于规范数据活动、数据安全的法律、行政法规，只是在促进大数据发展、公共数据开放共享、数字经济促进发展等方面的地方立法中涉及部分数据相关规范，尤其体现在"数据二十条"之前的数据要素产权不清晰、权利属性不明确而导致开放共享受限。

2. 平台定位不清晰，缺乏监管和指导

国内数据交易平台普遍存在市场定位、功能定位和职责定位不明晰的问题。

市场定位方面，行业发展缺少整体规划和指引。市场出现重复建设、服务领域雷同、市场割裂、交易规模小等现象。在缺乏科学市场定位的前提下，盲目跟风建设，势必会造成社会资源和资金成本的浪费，也不能充分发挥平台应有的效能。

功能定位方面，行业监管机制缺失。部分平台独立性定位不足，存在数据清洗、分析和定制的服务，自营业务缺少应有的外部监管，平台既当裁判又当运动员。

职责定位方面，平台法律责任尚不明确。数据交易平台发布的服务协议通常强调数据供应商和需求方的权责，对于平台责任避重就轻，以"无法控制数据供应商资源""存在或源于此类数据供应商资源之任何内容、商品或服务的真实性，亦不予保证或负责"等理由为平台免责，责任的不清晰有损平台的公信力和可信度。

3. 缺乏科学的数据质量评价体系和统一的规则

各平台的审核评价体系正在初步搭建，距离科学成熟的评判标准建设完成仍有一段距离。质量评价机制的构建是维护市场健康发展的必要条件，目前数据交易过程中缺乏对数据评判、定价的统一标准，决定数据价值的原始数据的质量和转化加工方法具有不确定性，难以科学准确衡量数据的应有价值。

另外，各家平台目前只关注建立自己的评估和定价体系，如始终无法完成认定的互通和规则的统一，则会形成数据交易壁垒，增加供应商数据流通的成本，反而不利于数据的交易共享。

4. 平台专业化程度和灵活的交易机制有待提升

国内数据交易平台涉及领域宽泛，可为客户提供多样化的数据资源，

降低客户搜索成本，但在单一领域的深耕度不够。政府参与型数据交易平台表现得尤为明显，其数据来源和服务领域都是以政府资源为核心特点，平台之间的相似度较高，没有体现比较优势。少有类似于美国 Kuberre Systems 和 Factual 的公司，总体不够专注于特定领域，缺乏明确的行业定位。国内数据产品的深加工程度不够，平台提供的产品以基础数据和数据包为主，数据的潜在价值没有得到充分挖掘，数据算法和衍生品的开发刚起步，数据资产评估、大数据质押、大数据融资等创新业务尚未有序开展，平台交易量偏低，市场活跃度不够。

第五节　中国数据资产保护立法和监管趋势与展望

如何将庞大的数据资源资产化，并进行有效管理、保护和利用，释放数据所蕴含的价值，是完善我国数据要素交易市场建设的关键步骤。"数据二十条"已经界定了数据资产的特殊产权属性，但我国还缺乏数据确权和产权保护的统一落地立法，以明确划分数据所有者、持有者、处理者、使用者等不同主体之间的权利界限，立法缺失给司法实践、企业合规、行政监管均带来诸多不便。从"数据二十条"等政策规划来看，我国正从促进数字经济的实用角度出发，对数据确权和数据资产化的法律监管制度进行建设。

（一）数据资产保护立法趋势

一方面，立法将延续对数据安全和个人信息保护的重点关注。根据《国务院 2023 年度立法工作计划》，2023 年内拟制定、修订的行政法规包括：《网络数据安全管理条例》《商用密码管理条例》和《未成年人网络保护条例》。2021 年 11 月，国家网信办发布了《网络数据安全管理条例（征求意见稿）》，该条例涵盖了个人信息保护、互联网平台运营者义务等多方面，首次提出平台制定隐私政策需公开征求意见。2022 年 3 月，国家网信办发布《未成年人网络保护条例（征求意见稿）》，时隔五年再次向社会公开征求意见。对未成年人沉迷网络游戏、天价充值打赏、网络欺凌、应援集资等问题予以规制。另外，根据《工业和信息化部 2023 年规章制定工作计划》，2023 年内工业和信息化部完成起草适时提请审议的项目包括

《电信和互联网用户个人信息保护规定（修订）》，将强化应用程序关键责任链的管理，进一步健全个人信息保护制度体系。① 另一方面，立法将在数据产权、流通交易、收益分配、安全治理等方面细化规则。2022 年 12 月 19 日，"数据二十条"出台，以维护国家安全、保护个人信息和商业秘密为前提，围绕促进数据合规高效流通适用、赋能实体经济这一主线，聚焦数据产权、流通交易、收益分配、安全治理四个要点，并针对四个要点分别提出具有创新性的制度构建方案，标志着我国数据治理工作将迈入新阶段。

1. 以数据资产评估作为制定政策及立法的"抓手"

财政部于 2023 年 8 月 1 日正式发布了《企业数据资源相关会计处理暂行规定》（以下简称《暂行规定》），该规定明确了数据资源的相关会计处理规定，是数据资源资产化和数据要素市场建设的重要制度性安排，也是"数据二十条"中明确提出的，在不断探索完善数据基础制度过程中加大统筹推进力度、创新政策支持的重要举措。《暂行规定》由适用范围、数据资源会计处理适用的准则、列示和披露要求三个主要部分及附则组成，于 2024 年 1 月 1 日正式实施。

（1）适用范围

《暂行规定》不仅适用于符合《企业会计准则》资产定义且满足资产确认条件的数据资源，还适用于企业合法拥有或控制且预期会给企业带来经济利益，但不满足资产确认条件而未确认为资产的数据资源。也就是说，在符合资产定义的前提下，既包括了符合资产确认条件能入表确认为资产的数据资源，也覆盖了尚未满足资产确认条件的数据资源。

（2）数据资源会计处理适用的准则

《暂行规定》要求企业按照《企业会计准则》相关规定，根据数据资源的持有目的、形成方式、业务模式，以及与数据资源有关的经济利益的预期消耗方式等，对数据资源相关交易和事项进行会计确认、计量和报告。即按照会计上的经济利益实现方式，根据企业使用、对外提供服务、日常持有以备出售等不同业务模式，明确相关会计处理适用的具体准则，例如，对符合《企业会计准则第 6 号——无形资产》（财会〔2006〕3 号）（以下简称《无形资产准则》）规定定义和确认条件的确认为无形资产，

---

① 《工信部：正修订〈电信和互联网用户个人信息保护规定〉》，载中国新闻网，https://www.chinanews.com.cn/cj/2022/06-14/9779419.shtml。

对确认为无形资产的数据资源进行初始计量、后续计量、处置和报废等相关会计处理。对符合《企业会计准则第1号——存货》（以下简称《存货准则》）规定的定义和确认条件的数据资源，应当确认为存货。

（3）披露要求

企业在编制资产负债表时，应当根据重要性原则并结合本企业的实际情况，在"存货"项目下增设"其中：数据资源"项目，反映资产负债表日确认为存货的数据资源的期末账面价值；在"无形资产"项目下增设"其中：数据资源"项目，反映资产负债表日确认为无形资产的数据资源的期末账面价值；在"开发支出"项目下增设"其中：数据资源"项目，反映资产负债表日正在进行数据资源研究开发项目满足资本化条件的支出金额。

《暂行规定》以表格的方式详细规定了确认为无形资产或存货时的数据资源的具体披露要求，并提出其他披露原则，即企业对数据资源进行评估且评估结果对企业财务报表具有重要影响的，应当披露评估依据的信息来源，评估结论成立的假设前提和限制条件，评估方法的选择，各重要参数的来源、分析、比较与测算过程等信息。

2. 制定数据交易所规范促进数据资产化

2015年《促进大数据发展行动纲要》明确提出要"引导培育大数据交易市场，开展面向应用的数据交易市场试点，探索开展大数据衍生产品交易，鼓励产业链各环节的市场主体进行数据交换和交易，促进数据资源流通，建立健全数据资源交易机制和定价机制，规范交易行为"等一系列健全市场发展机制的思路与举措。"数据二十条"提出，要建立合规高效、场内外结合的数据要素流通和交易制度。数据要实现资产化，需要建立规范的交易市场。因数据的复杂性和高度敏感性，国家要对交易市场进行严格管理。

地方层面对数据交易所的规范已经有了立法尝试，例如，《上海数据交易所数据交易规范（试行）》是由上海数据交易所制定的有关数据交易的基本规范，旨在规范数据交易行为，明晰数据交易程序，建立合法、公平、可信的数据交易秩序，培育数据要素市场，促进数字经济高质量发展。

可以看出，今后在数据交易所方面的规范将会是关注的重点。数据交易规范主要涉及数据交易基本规则、数据交易服务和管理等内容，数据交易所将为数据商开展数据期货、数据融资、数据抵押等业务，建立交易双方数据信用评估体系，增加数据交易流量，加快数据流转速度。

3. 构建全国一体化数据要素登记体系

"数据二十条"提出研究数据产权登记新方式、建立健全数据登记机制，就是要在登记确权过程中逐步攻克数据要素确权的规范缺失、标准不一、技术支撑不完善等核心难点，逐步形成完善的数据产权界定与保护体系。

目前，浙江、江苏、北京等地发布数据知识产权登记管理办法是地方层面的先试先行，探索数据知识产权登记制度如何落地。其中，2023年5月30日，北京市知识产权局印发了《北京市数据知识产权登记管理办法（试行）》（以下简称《北京数据知产登记办法》），于2023年6月19日起试行三年。《北京数据知产登记办法》从登记内容、登记程序及管理监督等方面，对北京市行政辖区内数据知识产权登记行为进行了规范。《北京数据知产登记办法》规定，数据知识产权的登记对象，是指数据持有者或者数据处理者依据法律法规规定或者合同约定收集，经过一定规则或算法处理的、具有商业价值及智力成果属性的处于未公开状态的数据集合。数据知识产权登记应当遵循数据发展规律，把握数据要素基本属性，按照依法合规、自愿登记、安全高效、促进流通、公开透明、诚实信用的原则，确保国家安全、商业秘密和个人隐私不受侵犯。

除此之外，上海、广东、深圳先后开展了"数据资产登记""数据产品登记""数据资产凭证""数据生产要素统计核算"等有益探索。其中，《深圳市数据产权登记管理暂行办法》（以下简称《深圳数据产权登记办法》）作为我国第一部关于数据产权登记制度的地方立法于2023年7月1日正式实施。《深圳数据产权登记办法》共七章三十四条，较为全面地对登记主体、登记机构、登记行为、管理与监督等内容作出了规定，具有重要的意义和参考价值。《深圳数据产权登记办法》明确了数据产权登记的六种类型，即首次登记、许可登记、转移登记、变更登记、注销登记和异议登记，并对数据产权登记监管部门、监管方式以及安全保密管理等内容作出具体规定。

（二）对我国数据资产保护立法的展望

虽然国家已通过"数据二十条"解决了多年的数据产权争议问题，但距离实现数据真正资产化的目标目前还存在多项挑战。其中包括：针对各项数据产权权益的属性、归属以及各相关主体的对应权利义务尚未明确；

现有反不正当竞争保护的救济途径不能完全适配于数据资产权益的特殊性要求，且《反不正当竞争法》兜底条款的适用对法官的主观心证和在先案例依赖性较强，导致适用标准的不明确和不稳定性问题，以及可能出现的数据伦理和道德问题。由此，我们对未来的数据资产保护立法做出以下展望。

1. 建立"三权"评价和权责体系

"数据二十条"在三权分置划分中已经考虑到参与主体权益的多样性，但对各项数据产权权益的属性、归属以及各相关主体的对应权利义务尚未明确。"数据二十条"提出"分别界定数据生产、流通、使用过程中各参与方享有的合法权利"的原则，因此按数据生命周期的权责要求进行比对考量，应该是与现有的数据保障立法和监管体系融合的有效途径：

第一，数据持有权是数据生成和采集阶段的权利基础，为数据流转、数据处理和其他数据权利的构建奠定了基础。数据处理者对其所持有的企业数据享有绝对的自主管控权利，可以自主决定数据资源的持有期限、数据资源持有权的转让等；针对主体授权而获得的数据持有权，数据处理者在数据获取的授权范围和期限内依法享有对该等数据资源的自主管控权利，且数据处理者对该等数据资源的持有权益一般不易认定为具备排他性。[①] 在责任承担上，主要集中于因授权而获得的数据持有权方面，数据处理者应确保在授权范围内对数据的持有和使用，并对数据的安全性负有保管责任和保密责任（针对保密信息）。

第二，数据加工使用权是确保数据处理者对数据的加工和使用阶段的权益，也是将数据资源转变为可利用的数据资产的关键权益。处理者应在确保数据依法持有或合法取得基础上，对数据依法依约地加工使用。过程中数据处理者对数据安全负有保障义务，应当采取加密、去标识化、匿名化等技术措施和其他必要措施，同时确保数据安全不得侵害公共利益、数据安全或数据主体的合法权益，例如不得利用"大数据杀熟"，不得利用数据、算法等优势和技术手段排除、限制竞争等。

---

① 例如腾讯公司诉祺韵公司、优视公司侵害著作权及不正当竞争纠纷案中，法院即认定对游戏用户的原始数据收集不是腾讯公司专属的权利，祺韵公司在获得用户授权、不破坏腾讯公司的技术保护措施且未妨害腾讯公司收集和使用数据的情况下，收集平台上游戏用户的原始数据的行为，不具有可责性，不构成对腾讯公司的不正当竞争。

第三，数据产品经营权是处理者对其依法通过实质性加工或创新型劳动形成的数据或数据衍生产品享有财产权益，可以依法自主使用，进行处分并获取收益。但是该等权利的享有依然以不得侵害公共利益、他人合法权益及不存在其他法定禁止情形为前提。数据经营权是数据处理者对其研发的数据产品进行开发、使用、交易和支配的权利，是数据处理者主张数据竞争性权益的基础。

基于数据驱动经济的关联性和合作价值性，创设新的数据权利会产生不同参与主体权益界定的不确定性，因此应特别针对供应链上权益主体交叉的管理和监督合规性，三权和现有管理规则（例如达到一定数量的重要互联网平台的守门人监管要求）衔接和融合等细化问题尽早出台配套规则进行澄清。

2. 形成专有司法救济途径

对于数据流通的规制方式，总体可以分为权利法以及行为法的规制方式。权利法的规制方式是通过确定权属以明确数据流通规则；行为法的规制方式则主张并不需要确定数据的权利归属，而是通过《反不正当竞争法》等法律去规制数据流通行为。在数据产权未被确定的当时，法院为解决司法实践当中出现数据权属争议问题，采用了行为法的规制方式，即通过《反不正当竞争法》等法律来判定。① 在我国目前数据产权已经界定的背景下，数据流通权责纠纷的解决方式将从行为法规制转变为权利法规制。为了确保权益保障落地，应尽快结合三权的权属特性，界定清晰权责分配，配套完善特定司法救济途径。

3. 探索与市场道德规范等数据伦理的融合

数据资产化的保障中除了法律和法规要求外，也需要考虑数据伦理和道德问题，避免滥用数据对个人权利和其他方权益产生负面影响。针对向数据价值和使用价值创造者合理倾斜和分配的问题，国家发展改革委负责人答记者问时指出，在初次分配阶段，按照"谁投入、谁贡献、谁受益"原则，推动数据要素收益向数据价值和使用价值创造者合理倾斜，在二次

---

① 实践多用《反不正当竞争法》第二条一般条款进行规制，并且司法判决在成文法国家并不能代替立法，因此，司法实践采用行为规制方式并不代表我国明确此种产权安排。

分配、三次分配阶段，重点关注公共利益和相对弱势群体，防止和依法规制资本在数据领域无序扩张形成市场垄断等问题。

数据资产的合规治理中应综合考量市场道德规范等数据伦理要求，包括数据资产权益的保障不得突破现有法律已经奠定的对个人数据主体的权利的基础保障防线，不应因此动摇数据处理者的问责机制；确保数据权属分配和资产评估定价的透明性和公平性，不歧视规模和角色，给予各主体平等参与机制；尽快建立健全我国以互联网重要平台为重点的守门人管理机制，增强大量数据资产汇集方的道德规范和社会责任，防止不正当竞争和市场垄断的风险；针对一些特殊数据资产应用行业，例如人工智能行业，更易产生事实错误、边缘决策和歧视等伦理风险，需要政府、市场和从业方共同探讨配备建立负责任的、值得信赖和符合道德的创新机制。

4. 促进中国数据资产治理理念的国际共识

目前，虽然各国和地区数据保护的立法的部分原则有一定趋同，但由于不同的法律法规、文化背景和隐私保护观念等因素的影响，各国和地区的法律和监管要求一定是结合了对本国或地区的数据战略和数据应用的侧重点，因此在数据资产合规的要求上存在国别和地区的差异性。

我国对数据产权界定的创新规则需要被国际认同，才能使参与国际交往的中国企业和实体组织的数据权益获得海外保障，例如数据资产评价规则的统一，对于国际贸易中的定价共识和境外上市公司的资产评价标准非常重要；又如三权司法保障途径的互认，才能确保企业数据资产的海外权益救济的有效性。

我国政府和官方组织应向国际积极推广数据资产的"三权分置"原则，牵头和参与数据资产合规治理的国际规则和标准制定，通过共享经验和最佳实践，相互借鉴，推动国际合作与共识建立，加强数据资产合规治理的能力和机制。通过推动国际标准的制定和落实，增加不同国家之间的协调性和合作性，提升数据资产合规的国际一致性。另外，积极促进跨国数据司法合作机制的建立和发展，包括与其他国家签订双边司法合作协议、推动互助法律程序的改进，以便更有效地处理涉及跨境数据资产的司法事务。

5. 加速推进数据资产管理工具和技术应用，完善数据资产管理机构的职能

随着数据的快速增长和跨境流动的加剧，传统的数据管理和治理方法

已经无法完全适应现代数据资产的复杂需求。因此,创新的技术手段和解决方案是推动数据资产合规治理的关键,数据分类标记、数据资产管理、隐私保护技术等技术和工具产品已经逐步研发和进行市场应用。配合"数据二十条"实际操作的核心——可信管理工具的应用和推广,提供数据资产合规的解决方案和工具,协助解决可信授权、数据清洗、数据存储、流通共享、安全防护等涉及多主体的多层面技术问题,确保数据资产的合法合规管理和利用。同时,应鼓励行业标准和规范的制定,促进数据资产合规治理技术的标准化,为技术创新和应用提供统一的参考框架和指导。

我们认为,需要加快以数据交易市场为主体的数据资产交易管理机构的建设,以"三权分置"原则为基础,完善数据资产合规评估机制和交易规则。包括推动数据交易市场和数据资产合规评估机构的职能完善,制定明确的交易规则和标准,提供安全、高效和透明的数据资产交易环境。现阶段,各交易市场已经在启动针对本市场数据交易的合规安全评估的规则和机制建设,但需要看到数据资产的持有和交易本身就不应具有排他性,而不同市场拥有不同评估标准反而不利于数据的流通。建议同步考虑评估和交易规则的打通和统一,为数据供应方和需求方提供更多的机会和选择,促进数据资产的合法合规流通。

第二章

全球数据保护立法和监管要求

数据作为一种独立的资产以立法形式进行资产保护在国际上尚未有先例。对比传统的资产而言，数据的权属以及可控性缺少判定标准，对数据单独确权将面临界定数据的复杂问题，增加平衡各方主体的利益和保护范围界定的困难，对经营和自由竞争造成干扰，不利于其他依赖于数据的新生参与主体进入市场，可能造成不正当竞争的市场壁垒，对数字供应链产生负面影响，等等。目前各国对利用数据形成的有价值的产品、服务和应用的资产保护大部分还是沿用知识产权、商业秘密、不正当竞争等传统民事法律角度。尽管如此，随着数据重要性以及生产要素属性被不断认知，世界各国以及区域性国际组织对个人数据提出隐私保护要求，设立数据开放、共享和流动规则，对数据交易以及数据安全治理开展不同形式的立法要求和政策指引，这些角度的立法和监管要求，对于保证数据来源合规与数据处理安全，从而发挥数据价值有重要的意义。因此本章将从国际上挑选几个典型国家和区域性组织，分析有关数据的立法现状，框架性介绍全球数据保护立法和监管的重点要求。

第一节 欧 盟

英国航空公司遭到恶意攻击导致数据泄露，因未满足 GDPR 个人数据保护要求遭受 2000 万英镑罚款

2018 年 9 月 6 日，英国航空公司（以下简称"英航"）首次披露称，公司的网站遭到了黑客的恶意攻击。2019 年 7 月，英国信息专员办公室（以下简称 ICO）公布了英航乘客信息泄露事件的调查结果。结果显示，此次英航的数据泄露事件始于 2018 年 6 月，英航在电脑系统安全管理措施方面的不力，使得黑客有机会将登录英航网站的用户秘密转移到另一个欺诈型的虚假网站，从而实现整个信息的盗取。ICO 表示，在这次英航乘客信息泄露案件中，黑客总共收集了大约 50 万名乘客的详细信息。其中，被非法窃取的乘客资料包括用户姓名、地址信息、电子邮件地址、登录账号、银行卡信息及旅行预订信息等。2020 年 10 月 16 日，ICO 正式发布处罚通知，认为英航未能保护超 40 万客户的个人信息及财务信息，结合英航的书面陈述材料及其他情况，最终宣布根据欧盟《一般数据保护条例》（General Data Protection Regulation，以下简称 GDPR）对英航处以 2000 万英镑的罚款。

因英航信息泄露事件发生在 2018 年 6 月 22 日至 9 月 5 日，是在欧盟 GDPR 生效之后、英国脱欧之前，因此 ICO 认为对英航信息泄露事件的处理应适用 GDPR。

> ICO 认为英航违反了 GDPR 第 5 条（1）（f）"数据完整性与保密性"要求①和第 32 条"处理安全"②的规定，ICO 指出英航在其信息系统中存储和处理个人信息（包括英航网站中的个人信息）的过程中没有采用适当的技术手段和组织措施来确保个人信息的安全，也没有使用合理的技术手段、组织措施来保障个人信息主体的权利，不满足个人信息保护的原则。

在数据保护的法律实践方面，欧盟是最早关注个人数据进行区域性统一保护的区域性组织。欧盟的个人数据保护严格，以隐私人权保障为出发点，对个人数据尽可能给予最大限度的保护。同时，欧盟建立数字主权和数字经济发展战略，通过一系列立法促进数据共享，规范数据利用，将建立统一数字市场治理规则作为目标。

欧盟采用两个层次的立法模式：欧盟统一立法和欧盟成员国的国内立法。

---

① General Data Protection Regulation（GDPR），Article 5（1）（f），2016，available athttps://eur-lex.europa.eu/legal-content/EN/TXT/PDF/? uri=CELEX:32016R0679. GDPR 第 5 条（1）（f）参考翻译：处理过程中应确保个人数据的安全，采取合理的技术手段、组织措施，避免数据未经授权即被处理或遭到非法处理，避免数据发生意外毁损或灭失。

② GDPR，Art. 32. GDPR 第 32 条"处理安全"参考翻译：（1）在考虑了最新水平、实施成本、处理的性质、处理的范围、处理的语境与目的之后，以及处理给自然人权利与自由带来的伤害可能性与严重性之后，控制者和处理者应当采取包括但不限于如下的适当技术与组织措施，以便保证和风险相称的安全水平：（a）个人数据的匿名化和加密；（b）保持处理系统与服务的保密性、公正性、有效性以及重新恢复的能力；（c）在遭受物理性或技术性事件的情形中，有能力恢复对个人数据的获取与访问；（d）具有为保证处理安全而常规性地测试、评估与评价技术性与组织性手段有效性的流程。（2）在评估合适的安全级别的时候，应当特别考虑处理所带来的风险，特别是个人数据传输、储存或处理过程中的意外或非法销毁、丢失、篡改、未经授权的披露或访问。（3）遵守第 40 条所规定的已生效的行为准则，或者遵守第 42 条所规定的已生效的验证机制，这可以被作为证据之一，证明已经遵守了本条第（1）款的要求。（4）控制者和处理者应当采取措施确保，除非接到控制者的指示，任何有权访问个人数据的处理者或任何代表控制者和处理者的自然人都不得处理个人数据，欧盟或成员国法律要求进行处理时除外。

一、欧盟统一立法

（一）个人数据保护

1995年10月，欧盟发布《个人数据保护指令》（European Union Data Protection Directive）。这项指令几乎涉及个人数据处理的所有相关问题，成为欧盟各成员国调整或制定本国的个人数据保护法的指南，这使得欧盟成员国间个人数据保护的实体法规范基本统一。1996年9月，欧盟通过了《电子通信数据保护指令》，对1995年《个人数据保护指令》进行补充和特别规定。1998年10月，欧盟制定的电子商务领域的《私有数据保密法》开始生效。1999年欧盟先后制定了《互联网上个人隐私权保护的一般原则》《关于互联网上软件、硬件进行的不可见的和自动化的个人数据处理的建议》《信息公路上个人数据收集、处理过程中个人权利保护指南》等相关法规，为网络服务商与用户间的隐私权保护提供了清晰的原则，并在欧盟各成员国内建立起统一的网络隐私权保护法律体系。[1]

随着信息技术的快速发展，个人数据也不断面临着新的挑战，为了确保欧盟数据保护规则的前瞻性，欧盟委员会重新审视现有的法律框架，于2012年11月制定了具有更强包容性和合作性的《一般数据保护条例》（GDPR）。GDPR在2016年4月27日经欧盟理事会通过，并于2018年5月25日生效，一经生效就被欧盟各行政当局执行。GDPR取代1995年欧盟《个人数据保护指令》，着重强调个人隐私权利以及欧盟内部的隐私和安全法律，客观上统一了欧盟各成员国的个人数据保护标准，也为世界各国的数据治理提供了一个范本。GDPR在如下几方面进行重点创新：

第一，GDPR对相关概念进行了界定。GDPR对"个人数据"的概念进行了规范，将其定义为"任何与已识别或可识别的自然人（数据主体）相关的信息"，不仅包括数据主体的姓名、身份证号等基本信息，还将数据主体的生理性、精神性、文化性、社会性身份信息纳入其中。GDPR将个人数据"处理"行为界定为"任何一项或多项针对单一个人数据或系列

---

[1] 王归超：《个人信息保护模式的国际借鉴和建议》，载《金融经济》2013年第6期，第115-117页。

个人数据所进行的操作行为，不论该操作行为是否采取收集、记录、组织、构造、存储、调整、更改、检索、咨询、使用、通过传输而公开、散布或其他方式对他人公开、排列或组合、限制、删除或销毁而公开等自动化方式"，可见，GDPR对"处理"行为采取了广义的界定方式。GDPR采取了数据"控制者-处理者"的模式，其中，"控制者"指的是那些单独或共同决定个人数据处理目的与方式的自然人、法人、政府当局、机构或其他实体，"处理者"指的是那些替控制者处理个人数据的自然人、法人、政府当局、机构或其他实体。

第二，GDPR对数据主体的权利进行了规范，主要权利有以下六项：一是信息知情权，知情权的内容主要包括处理目的、个人数据类别、信息接收方信息、储存时限等。二是数据更正权，即数据主体应当有权完善与其相关的不充分的个人数据。三是数据删除权，即被遗忘权，其主要包括两方面的权利：数据主体主动要求控制者对其个人数据进行删除的权利，数据控制者在特定情况主动及时删除个人数据的义务。据此可知，被遗忘权并非单纯的一种权利，而是一种数据主体无条件权利及数据控制者有条件义务的结合：在数据主体主张权利时，数据控制者必须配合，但在数据主体不主张权利时，数据控制者仍有谨慎归类、适时删除义务。四是限制处理权，即在某些情形下，数据主体有权要求控制者对其个人数据处理行为进行限制。五是数据携带权，即在特定情形下，数据主体有权获得其提供给控制者的相关个人数据。六是反对权，即数据主体有权要求立即停止某些数据处理行为。

第三，GDPR在程序上有所创新。GDPR对个人数据进行分类保护，针对不同的信息类型，其保护程度也有所差别。第一类是一般信息，该类信息保护最为宽松，可以根据数据主体的同意、公共利益、第三人利益等理由获取。第二类是儿童信息，GDPR通过一定程序加强了保护，但仍较为宽松。对于儿童信息，数据处理者在满足一般信息要求的基础上，还要经监护人同意才能处理，并应尽合理努力核实监护人的授权情况。第三类是特殊种类个人信息，GDPR对其保护程度非常严格。原则上，数据处理者禁止处理此类信息，但有"数据主体同意且欧盟及成员国法律均不禁止获取此类信息"等十项例外情形的可以处理。第四类是刑事犯罪的个人数据，GDPR要求，数据处理者仅能够在政府机关控制下或经欧盟或成员国法律授权才可处理，没有例外的空间。

第四，GDPR创新了数据处理的限制模式。根据GDPR的相关规定，首先，数据处理行为不存在默认合法的情况，只有先满足了"合法数据处理行为的六项前提条件"之一，数据处理行为才具有合法性，包括已取得数据主体的同意等；其次，在处理过程中，数据控制者还必须遵循数据处理行为的七大原则，包括合法性、合理性和透明性原则、目的限制原则、数据最小化原则、数据准确性原则、数据限期存储原则、数据完整性与保密性原则以及可问责性原则；最后，数据控制者与处理者在从事个人数据处理行为时，还需遵守各项细则，只有这样，数据处理行为才不至于是违法的。总的来说，GDPR对数据处理行为的限制，是一种监管机构主导与消费者参与、事前达标与事后反对并重的限制模式。

（二）促进非个人数据自由流动

非个人数据与个人数据的性质不同决定了二者的自由流动要遵循不同的规则，即个人数据的自由流动侧重于个人数据的保护，非个人数据的自由流动侧重于数据的利用。2019年5月欧盟颁布了《欧盟非个人数据自由流动框架条例（EU）2018/1807》（以下简称《非个人数据自由流动条例》）及其指南，着眼于二者的差异，明确指出"非个人数据"的内涵，即与已识别或可识别的人无关的任何数据，例如匿名数据和设备到设备的数据。同时制定了非个人数据与个人数据不同的流转规则体系。该条例旨在消除各成员国的数据本地化要求、确保成员国有权机关能够及时获取数据、鼓励欧盟层面制定自律行为准则，保障专业用户能够自由地迁移数据。配套条例的指南帮助用户，特别是中小企业了解《非个人数据自由流动条例》与《一般数据保护条例》之间的相互关系，如数据集由个人和非个人数据组成的情况等。通过企业处理个人和非个人数据组成的数据集时应用规则的实际案例，阐释了个人和非个人数据的概念，包括混合数据集等；罗列了两条例中数据自由流动的原则和防止数据本地化的规定，涵盖了《非个人数据自由流动条例》规定的数据可携带性概念。

（三）数据治理相关法案

近年来全球数字经济飞速发展，与美国和中国相比，欧盟的数字规模和数字技术都较为落后。面对激烈的竞争压力，欧盟在2020年2月发布《欧洲数字战略》，战略全文包括背景介绍、关键点、愿景、问题、战略、国际路径、结论以及附录（欧洲战略部门和公共利益领域公共数据空间创建计划）等八个部分，概述了欧盟未来五年实现数据经济所需的政策措施和投资策略。欧盟委员会的目标是创建一个单一数据空间——一个真正的数据单一市场且面向世界开放，其中个人和非个人数据（包括敏感的业务数据）都是安全的，企业也可以轻松访问无限的高质量工业数据，并利用数据促进经济增长、创造价值，同时最大程度地减少人为碳排放和环境破坏。

为此，欧盟在 GDPR 出台后，又相继出台一系列法案，来助力数字经济的发展。其中，数字治理领域的法案主要包括《数据治理法》《数字市场法》《数字服务法》《数据法》。

1.《数据治理法》

《数据治理法》（Data Governance Act，简称 DGA）于 2022 年 5 月得到欧盟理事会批准，该法案旨在鼓励欧盟成员国内部和跨部门之间的数据共享，提高数据的利用价值。DGA 在一般条款和相关部门的程序制度之外，重点搭建了一套数据共享的政策框架，主要包括公共数据再利用机制、数据中介服务机制、数据利他主义。[①] 第一，公共数据的再利用机制，指自然人或法人将公共部门机构持有的数据用于商业或非商业目的，而非用于产生数据的公共任务中的初始目的。该机制给予自然人和法人在公共部门所提供的允许安全环境内访问和再利用公共数据的权利，但是涉及商业机密、第三方知识产权保护等数据将受到额外保护。第二，数据中介服务机制。DGA 中对数据中介服务的定义是"旨在通过技术、法律或其他方式，包括为行使数据主体和个人数据相关权利的目的，在数量不明的数据主体和数据持有者与数据用户之间建立起数据共享关系，从而确立商业关系的服务"。DGA 指出适用于数据中介服务的要求，并创设配套的通知制度，要求数据服务商向所在地方的主管部门提交通知，履行相应的通知义务。第三，数据利他主义。数据利他主义指在数据主体同意处理与其相关的个人数据的基础上自愿共享数据，或允许数据持有人使用非个人数据，而无须寻求或获得超出补偿范围的报酬。该机制可协助数据主体自愿提供公共部门机构持有的与其有关的个人数据，以实现数据共享。DGA 也规定一系列程序要求对数据利他主义组织进行规范。

---

① 杨晓伟、李文婷、张誉馨：《关于欧盟数据治理立法的研究与思考》，载《工业信息安全》2022 年第 11 期，第 13-18 页。

2.《数字市场法》

《数字市场法》（Digital Market Act，简称 DMA）于 2022 年 7 月得到欧盟理事会批准，该法案着眼于数字经济领域反垄断，在制度层面对"守门人"提出要求，以强化对大型在线平台的规制。DMA 规定，"守门人"的认定标准有三项，分别为：第一，对欧盟内部市场有重大影响，即过去三个财年内在欧盟地区的年均营业额达到 75 亿欧元或者市场估值在过去一个财年达到 750 亿欧元，并在至少三个成员国提供核心平台服务（核心平台服务类型包括在线中介服务、在线搜索引擎、在线社交网络服务、视频分享平台服务、号码独立的人际通信服务、操作系统、云计算服务、广告服务、网络浏览器和虚拟助手等 10 类）；第二，提供核心平台服务且用户量巨大，上一年度在欧盟地区拥有 4500 万以上月活跃用户或 10000 家年活跃商业用户；第三，拥有稳固和持久的市场地位或者可预期将获得类似地位。DMA 进一步规定"守门人"的义务。积极义务包括，允许企业商户在其他平台以不同价格或条件向最终用户提供相同的产品和服务；允许企业商户要求，并向其提供与特定广告有关的定价和报酬信息，以确保广告中介服务的价格和费用透明度；允许终端用户删除预安装的软件；允许企业商户接触守门人辅助服务相同的操作系统及软硬件等。消极义务包括不得将源于"守门人"平台的用户数据与用户于平台上的其他数据合并使用；不得搭售核心平台服务；当"守门人"与企业商户存在竞争关系时，不得以企业商户或其终端用户于使用核心平台服务所生成的未公开数据与之竞争等。

3.《数字服务法》

《数字服务法》（Digital Services Act，简称 DSA）于 2022 年 10 月得到欧盟理事会批准，在欧盟境内建立了大型数字平台的监管新框架，旨在通过系统化规定在线平台的义务来聚焦网络信息内容的管理。在线平台在 DSA 中被表述为"托管服务的提供者"，而大型在线平台则是指有着显著社会和经济影响的在线平台，即其在欧盟的月平均活跃服务接收者的数量至少为 4500 万人，约为欧盟居民人数的 10%。大型在线平台的义务主要包括如下几个方面：第一，大型在线平台如在欧盟境内未设有机构，需要设立一个单一联络人或一个法定代表，以便能与成员国有关当局、欧盟委员会、欧洲数字服务委员会以及服务接收者以电子方式直接沟通；第二，大型在线平台必须遵守某些附加义务，如设立通知和行动机制、陈述对服务接收者施加限制的理由,刑事犯罪的通知等;第三,大型在线平台仍须遵守一般在线平台提供者的附加条款;第四,大型在线平台必须掌握和消费者签订合约的贸易商的确切信息,以做到对其的可循踪性;第五,大型在线平台须遵守被施加的管理系统性风险的附加义务。由于欧盟目前尚未出现符合DSA认定标准的大型在线平台,因此该法在未来一段时间内主要针对的是国际数字巨头企业,而非本土企业。2023年度欧盟委员会公布了两批共计22家大型在线平台,包括阿里巴巴、亚马逊商店、苹果应用商店、Facebook、Tik-Tok、YouTube等,以及必应和谷歌搜索两家大型在线搜索引擎。

4.《数据法》(Data Act)

欧盟委员为促进跨领域的横向数据共享,于2022年2月23日公布了《数据法》提案。该提案于2023年11月27日正式通过,预计将在2024年5月生效。《数据法》是对《数据治理法》的进一步补充,旨在为数据共享、公共机构的访问条件、国际数据传输、云转换和互操作性提供一个统一的法律框架。该法案将企业间的数据共享作为重要内容,主要涉及企业对用户、对其他企业、对公共部门三种场景下的数据共享规则。第一,企业对用户的数据共享。法案明确数据持有企业的相关义务,如企业应以清晰易懂的格式向用户提供信息,向用户说明采用何种方式可以获取信息等。法案赋予用户信息知情权、准入、使用和共享数据的权利。第二,企业对其他企业的数据共享。该规则力图解决大小企业间力量差距悬殊的问题,规定数据接收方不能是大型"守门人"企业,数据义务提供主体不包括小微型企业。在企业间的数据共享过程中,须遵循数据必要性原则、数据最小化原则以及公平、合理和非歧视原则。第三,企业对公共部门的数据共享。法案所规定的对公共部门共享数据的义务主体不包括小微企业。公共部门在请求共享数据时,应证明请求共享的数据是为了实现公共利益之必要,同时要向企业履行相应的说明义务和安全保障义务。公共部门在履行相应义务之后,企业须及时向公共部门共享数据。

二、欧盟成员国的国内立法

(一)概述

欧盟内的主要国家的个人数据立法情况如表2-1所示。

表 2-1 欧盟国家个人数据立法情况

国家	立法情况
德国	为实施 GDPR，通过了 2017 年 6 月 30 日的《联邦数据保护法》； 《电信和电信媒体数据保护法》合并了电信媒体和电信法中的数据保护法规。
法国	2018 年 6 月 20 日第 2018－493 号关于个人数据保护的法律《个人数据保护法》，对 1978 年 1 月 6 日第 78－17 号《信息技术、文件和自由法》作了修改，该法案系法国落实欧盟 GDPR 的立法举措，目的在于保护公民的个人数据信息安全； 2020 年 6 月 26 日，法国更新《数字经济信任法》，该法令是法国对欧盟《电子商务指令》（2000/31/EC）的国内法转化版本，最新修订版于 2021 年 2 月 20 日生效。
意大利	意大利《个人数据保护法典》在 2003 年通过并于 2004 年 1 月 1 日正式生效实施，该法典整合了自 1996 年以来所有涉及数据保护的法典、法令和规定。
西班牙	2018 年 12 月 6 日，西班牙政府公报（BOE）公布了经参议院 11 月 21 日全体会议通过的《2018 年 12 月 5 日第 3/2018 号法律，个人数据保护和数字权利保障组织法》落实 GDPR 要求。
比利时	《2018 年 7 月 30 日，关于个人数据处理行为方面保护自然人的法案》（简称《隐私法案》）； 《2018 年 3 月 21 日，摄像机安装和使用的法案的修正案》（简称《监控摄像法案》）； 《2018 年 9 月 5 日，关于设立信息安全委员会的法案》（简称《信息安全委员会法案》）； 《2017 年 12 月 3 日，设立数据保护机构的法案》（简称《数据保护机构法案》）。

续表

葡萄牙	《GDPR执行法》于2019年8月8日正式公布生效，旨在确保葡萄牙执行GDPR。
荷兰	1989年颁布的《个人数据保护法》是荷兰关于数据保护的第一部法律。后来，该法数次修订，如荷兰根据《欧洲数据保护指令》（95/46/EC）在2000年7月6日进行修订并于2001年9月1日生效；2016年和2017年又分别进行了修订。

（二）德国个人数据保护

德国在2003年通过《联邦数据保护法》，该法案在德国个人信息保护领域起着基本法的作用，确立了公私二元制的立法保护模式，设置了较为完整的数据保护原则，建立了内部监督和外部监督两套机制，赋予了数据保护官和数据保护机构专职权能。

《联邦数据保护法》第2条规定了该法的三类适用主体：联邦机构、州内不受州法管辖但受联邦法管辖的公共机构、私主体。第3条对个人数据作了明确界定："个人数据是指关于一个特定或者可特定化之自然人（数据主体）的身份或事实情况的各项信息。"《联邦数据保护法》规定了个人数据保护的五项基本原则。第一，直接原则。在收集个人数据时，原则上应向个人数据主体收集。第二，修正原则。为确保个人数据在特定目的范围内完整、准确和及时更新，个人数据主体有权要求修改不正确、不完整的个人数据。第三，目的明确原则。收集个人数据应当有明确特定的目的，在没有法律规定的特殊情况下，不允许公务机关和私人组织等超出目的范围收集、储存、利用个人数据。第四，知情原则。个人数据的收集、处理、利用应当保持公开。信息主体有权知悉其自身个人数据被收集、处理及利用的情况。第五，限制使用原则。个人数据应在收集目的范围内使用，法律有特殊规定除外。

《联邦数据保护法》详细规定了个人数据主体的权利，包括个人数据的获取权；个人数据的更正权；个人数据的删除权；个人数据的封存权等。封存权特指对于因法律规定无法删除或者删除成本过大的个人数据，个人数据主体可以要求进行封存。同时，《联邦数据保护法》通过在联邦和州两级设立数据保护局和数据保护专员进行个人数据保护的执法监督。

针对通讯、媒体、艺术等领域涉及数据保护的特殊性，德国颁布了《通讯法》和《媒体法》等专门法规。随着信息通信新技术的应用，例如在远程媒体出现后德国又制定了《远程媒体法》。此外，德国《税法》和《社会保障法》对公民在征税和社保方面的数据保护也作出了专门规定。这些法规构成了一个严密的法律体系，规范着德国的数据保护工作。

第二节 美 国

LinkedIn 诉 hiQ 案：数据爬取中财产性权益保护和公共利益平衡

2022 年 12 月 6 日，LinkedIn 发布新闻，称其在与 hiQ 的长期斗争中取得了法庭胜利，hiQ 已接受被永久禁止在 LinkedIn 上爬取数据或使用虚假账户的行为。①

这是一场长达 5 年的诉讼。LinkedIn 是微软旗下的职业社交平台，用户可以在 LinkedIn 网站建立个人档案和公开个人信息，包括教育背景、工作经历、技能等信息。hiQ 则是一家数据分析公司，从 LinkedIn 爬取公开数据，进行整理分析后出售给相关企业提供招聘信息服务。LinkedIn 发现后向法院提起诉讼，认为 hiQ 的做法违反了 LinkedIn 的用户协议，也违反了《计算机欺诈和滥用法》（Computer Fraud and Abuse Act）。自此以后，此案一直在反复的判决和上诉中。此前的第九巡回上诉法院认为平台只是依据用户的授权才使用这些数据，而不能完全拥有这些数据。其在裁决中指出："公共网站的一大基本特征，就是其中公开可见的部分不受访问限制；换言之，这些部分将对任何拥有网络浏览器的访问者开放。"最后第九巡回上诉法院禁止 LinkedIn

---

① *LinkedIn wins hiQ lawsuit*，LinkedIn（Dec. 6，2022），https：//news.linkedin.com/2022/december/hiqlinkedinlawsuit.

> 继续干扰 hiQ 收集其公开网站数据，并表示不支持 LinkedIn 根据《计算机欺诈和滥用法》对 hiQ 的分析业务索赔。
>
> LinkedIn 最后取得的胜利，是平台反对个人数据爬取以及其他滥用行为方面的重要判例。法院裁定，LinkedIn 的用户协议明确禁止爬取和未经授权使用爬取的数据以及虚假账户，并且支持了 LinkedIn 主张 hiQ 违反了《计算机欺诈和滥用法》。数据爬取是现代互联网生态的重要组成部分，本案中对数据抓取行为是否违法的多轮庭审交锋，涉及数据权属与授权、数据的财产性权益的保护、公共利益平衡等诸多问题，做出了有启发的判例探索。

整体上，与欧盟采取统一的数据保护立法体制不同，美国在联邦层面并没有统一的数据保护基本法，而是采取了分行业式的分散立法模式，而且美国法院有关数据保护的司法案例具有很大的影响力。在地方层面，美国各州也纷纷出台各州层级的数据立法来进行隐私保护，尤以加利福尼亚州的《消费者隐私法案》影响力最大。

此外，由于美国在国际数字经济中的重要地位以及出于保护已有本土互联网企业的经济利益的考量，美国也特别重视数据跨境流动方面的策略，这些政策和案例对国际数据合作和流动产生了深远影响。

一、联邦层面的立法现状

在"水门事件"的背景下，美国国会在 1974 年颁布《隐私法案》（Privacy Act of 1974），该法案是第一部个人隐私保护领域的综合性联邦立法，是美国最重要的一部保护个人信息的法律。《隐私法案》对政府机构收集储存个人信息的方式，相关数据的开放，以及信息主体的权利等方面，都作出了比较详细的规定。2002 年《联邦信息安全管理法案》（Federal Information Security Management Act of 2002，简称 FISMA）出台，该法案通过规定各个机构的责任来确保联邦政府的数据安全。前述两个法案主要是针对政府行为的立法。此外，美国在金融、健康、视频、教育、证券等领域的专门立法都涵盖了个人信息的保护内容，并且在儿童在线隐私领域进行专门的数据保护立法。

(一)《金融服务现代化法案》

《金融服务现代化法案》(Gramm-Leach-Bliley Act)及其实施细则规定,除非金融机构告知用户能够选择退出,否则金融机构不得将非公开个人信息共享给第三方,更禁止将用户账号或信用卡号分享给第三方用于直接营销。金融机构应当向用户提供清晰明确的隐私政策。同时,金融机构确保客户数据安全保密,规定数据必须保存在隐蔽的媒介中,必须采取特定的安全措施来保护数据存储及传输安全。

该法案对于金融数据的共享、使用和保护有重要价值,更多介绍见本书第五章金融行业场景部分。

(二)《健康保险流通和责任法案》

美国《健康保险流通和责任法案》(Health Insurance Portability and Accountability Act)要求,未经患者同意医疗机构不得让第三方使用或者向第三方共享患者的受保护的健康信息,个人有权要求机构提供其受保护的健康信息的副本。此外,医疗机构应当加强对于受保护的健康信息的安全保护,在发生数据泄露时,应当在60日内告知受影响的患者。

(三)《公平信用报告法》

美国《公平信用报告法》(Fair Credit Reporting Act)旨在保护消费者信用信息。它规定了消费者信用信息的准确性要求,保护消费者免受错误信用信息的危害。同时,还规定了对消费者信用信息的披露条件。如果金融机构因疏忽大意而没有遵守规定,给消费者造成实际损害,需要就诉讼费用和合理的律师费用承担相应责任。如果该错误是故意的,金融机构则要支付实际损害金额、律师费用和法院判决的惩罚性赔偿金。

(四)《视频隐私保护法》

美国《视频隐私保护法》(Video Privacy Protection Act)制定的主要目的是保护个人在租用、购买录像带或其他视听材料时的隐私信息。该法案禁止受到管辖的厂家未经消费者事先同意而泄露个人可识别信息,但是正常营业活动中的附带性披露不受此限制。受到侵害的个人可请求民事诉讼中的禁令或损害赔偿，但该法案并无关于刑事救济的规定。

（五）《家庭教育权和隐私权法案》

美国《家庭教育权和隐私权法案》（Family Educational Rights and Privacy Act，简称 FERPA）保护教育机构收集的学生教育信息或教育记录，包括任何与学生直接相关且由教育机构或接受联邦资助的机构进行维护的信息。FERPA 同时还规定了教育信息的共享规则和披露规则，除非例外规定，任何教育机构不得未经家长或者年满18岁的学生本人许可而公开学生教育信息，如果出现违反上述规定的行为，联邦机构将不给予任何性质资助作为惩罚。

（六）《儿童在线隐私保护法》

美国《儿童在线隐私保护法》（Children's Online Privacy Protection Act）保护的对象是13岁以下儿童的个人信息。根据法律规定，网络服务商必须制定清晰明了的隐私政策，在收集、使用和存储儿童个人信息时必须通知并征得父母可验证的同意，同时需建立配套的安全程序。如果网络服务商违反《儿童在线隐私保护法》，法院可以追究其法律责任，并处以民事罚款。影响民事罚款数额的因素包括信息的违规使用方式、结果的严重性、网络服务商先前的违规行为、案涉泄露信息的儿童人数、是否不当与第三方共享等。

（七）《金融消费者保护法》

美国《金融消费者保护法》（Consumer Financial Protection Act）是《华尔街改革与消费者保护法案》（Dodd-Frank Wall Street Reform and Consumer Protection Act）的一部分，主要目的是禁止金融机构从事欺诈或不公平行为。该法新设立了消费者金融保护局，规定消费者金融保护局的权力包括一般权力、特定权力和执行权，并明确其在消费者保护方面的义务和责任。

（八）《联邦证券法》

《联邦证券法》（Federal Securities Laws）并非专门的数据保护法律，

但是要求公司在涉及证券相关事项时，采取防止数据泄露的控制措施，如设置内部监控系统。同时，该法要求企业在从事必要的申报时必须关注数据外泄相关的风险事项并予以解释。

美国有多个联邦机构负责数据保护执法工作，包括联邦贸易委员会（FTC）、金融消费者保护局、联邦通信委员会、卫生部等。这些机构中，FTC通常被视为领先的数据保护执法机构，其执法依据在于《联邦贸易委员会法》（Federal Trade Commission Act of 1914）旨在禁止不公平或欺骗性贸易行为。如果企业的数据实践活动构成了不公平或欺骗性贸易行为，例如企业违反其对数据隐私和数据安全承诺的约束时，或者当企业未能充分保护个人数据免受未经授权的访问时，企业即进行了欺骗性行为，违背自我承诺，FTC因此开展调查和执法活动。

二、各州层面的立法现状

> **丝芙兰因违反CCPA"不要出售我的个人信息"条款支付120万美元和解金**①
>
> 2021年6月，美国加利福尼亚州总检察长办公室（the Office of the Attorney General，简称OAG）针对各大在线零售商开展执法检查，发现丝芙兰存在多项违规问题。首先，丝芙兰未能在隐私政策中向消费者披露其向第三方出售个人信息的事实，允许不具备"服务提供商"资格的第三方广告和分析提供商通过cookies和其他追踪技术追踪丝芙兰官网和应用程序上的消费者行为。其次，丝芙兰未能向消费者提供退出个人信息出售的相关渠道，未以显著的方式提供"不要出售我的个人信息"的选项。根据《加利福尼亚州消费者隐私法案》（CCPA）规定，如果企业在30天整改期内完成整改，则可免于被提起执法诉讼，但丝芙兰未能在收到OAG警告通知后的30天内纠正涉嫌违法的行为。因此OAG以加利福尼亚州居民的名义向该州高级法院提起针对丝芙兰的诉讼。

---

① 《赔了800万，"AR试妆"侵权了》，载今日头条网，https：//www.toutiao.com/article/7140558656877101571/。

> 2022年8月，OAG 与丝芙兰达成和解协议，以 120 万美元的和解金及多项整改承诺为条件，解除对丝芙兰违反 CCPA"不要出售我的个人信息"条款的指控。达成的和解协议中，丝芙兰的整改承诺包括：① 在隐私政策中向消费者披露公司向第三方出售个人信息的事实；② 为消费者提供包括全球隐私控制（Global Privacy Control，简称 GPC）功能在内的退出（opt-out）个人信息出售的有效渠道，如果响应存在错误或技术问题，应采取措施进行补救；③ 调整其与服务提供商的协议以满足 CCPA 的要求；④ 向监管机关提供有关其出售个人信息、其与服务提供商的关系等情况的报告。

丝芙兰被处罚体现了美国加利福尼亚州个人数据保护中对"不要出售我的个人信息"条款的执法力度，也生动地展现了 CCPA 之下，美国加利福尼亚州总检察长办公室被赋予代表消费者集体提起诉讼和达成和解的权力，诉讼收益将作为"消费者隐私基金"按确定比例被用于 CCPA 执行目的。由此可见，在美国州级别上，个人数据保护立法以及实践执法上走在了联邦的前列。

（一）各州立法概况

如上所述，美国在数据保护方面的联邦立法进程较为缓慢。现行个人隐私相关的联邦立法都成立较早，大多数法规于 2000 年以前建立，普遍不涉及互联网领域隐私保护问题，目前仍缺乏统一的互联网数据保护监管法规。目前所有州都已制定了违规通知法，要求企业在发生个人数据泄露时通知消费者，且已有几个州产生了若干部较为严格、全面的隐私保护州法，例如加利福尼亚州的《消费者隐私法案》和《隐私权利法》，特拉华州的《在线隐私和保护法》，弗吉尼亚州的《消费者数据保护法》，科罗拉多州的《隐私法》，康涅狄格州的《数据隐私法案》，伊利诺伊州的《知情权法案》，新泽西州的《个人信息和隐私保护法》，华盛顿州的《生物识别隐私法》等。而在所有州级别的个人数据保护立法中，最具有突破性、对美国联邦产生最大冲击的，当属加利福尼亚州的两部代表性的法律——《消费者隐私法案》和《隐私权法》。

（二）《加利福尼亚州消费者隐私法案》简介

加利福尼亚州于 2018 年通过并施行了《加利福尼亚州消费者隐私法案》（California Consumer Privacy Act，简称 CCPA）。CCPA 详细地规定了数据保护相关事项，也被认为是美国国内最严格的隐私保护立法。CCPA 采用"个人信息"的概念，将其定义为直接或间接地识别、关系到、描述、能够相关联或可合理地连结到特定消费者或家庭的信息。个人信息不包含可从政府部门合法获取的公开信息，也不包含去标识化的消费者信息。从数据主体的权利角度来看，简单地说，CCPA 赋予了该州消费者三项权利，一是信息知情权，即消费者有权要求收集消费者个人信息的企业向其披露企业收集的个人信息的类别和具体要素；二是选择退出权，即反对数据控制者将其个人数据进行出售的权利；三是数据删除权，即消费者有权要求企业删除从该消费者处所获得的个人信息。在限制模式方面，CCPA 采取的限制模式主要是"告知消费者—消费者反对—数据控制者与处理者停止行为"，是一种依赖于消费者监督与事后反对的限制模式。数据控制者只要进行了信息披露，且未受到消费者的反对，那么其数据处理行为就被默认为合法的——数据处理行为本身不需符合某些标准，也不需要取得消费者的同意；只有在缺少信息披露，或未对消费者的反对在规定期限内作出回应时，数据处理行为才是不合法的。

（三）《加利福尼亚州隐私权法》简介

CCPA 在出台后的两年内经历了两次重大修正。2020 年 11 月 3 日，加利福尼亚州公民投票通过了"第 24 号提案"，即《加利福尼亚州隐私权法》（California Privacy Rights Act，简称 CPRA），CPRA 对 CCPA 进行了数项实质性的修正，于 2023 年 1 月 1 日正式施行，并取代 2018 年的 CCPA。与 CCPA 相比，CPRA 修改的关键性内容为：

① 在个人信息领域下细分出敏感个人信息，赋予消费者额外的权利限制企业对该类信息的使用和揭露。

② 在跨场景行为广告中，在消费者意图与特定企业从事互动之外，厂家必须提供消费者有事先选择退出的机会。

③ 消费者可以接触、取用该企业所占有的、关于其本身的相关信息，并可要求修改其中不正确的内容。

④ 强化对 16 周岁以下消费者的个人信息保护，任何企业在没有获得消费者本人（13 周岁及以上）或者其家长或监护人（消费者在 13 周岁以下）的确认同意，不得出售或分享 16 周岁以下消费者的相关信息。

⑤ 明确"同意"的定义为表示对为特定狭义定义的目的而处理关于其个人信息的内容的认同。同时明确不构成同意的具体情形。

⑥ 执法机构可以要求企业在 90 天内不得删除消费者的个人信息。

⑦ 成立专门执法机构，设置了加利福尼亚州隐私保护局（California Privacy Protection Agency，简称 CPPA）作为专门负责执行的机构。

⑧ 扩展适用范围从"销售"（sale）扩展到"分享"（share），不论其是否涉及金钱或其他对价。

⑨ 扩展对"公开可用"的定义，凡是可以公开合法取得的信息或是"公众所关切、以合法途径获得的真实信息"[①] 都不再构成个人信息。

三、美国数据跨境流动策略

长期以来，美国以所谓"自由、开放、安全、可信"的跨境数据流动观自居，其实是看重数据自由流动带来的经济利益，希望促进数据流向美国，依托其互联网巨头企业及产业垄断优势尽可能掌握和控制全球数据。[②] 本质上，美国利用其技术和数据优势，在全球推行两面性的数据政策。在数据跨境自由流动的口号之下，一旦数据要离开美国或者脱离美国控制，美国又以国家安全和数据主权长臂管辖为由进行监管或打击。

2018 年 3 月，《澄清境外数据合法使用法案》（以下简称《云法案》）出台，规定凡美国电子通信服务商或在美国运营的外国服务商，无论其数据是否存储在美国境内，均有对数据保存、备份以及向美国政府提供的义务。《云法案》赋予美国执法机构向企业调取存储在美国境外服务器数据的权力，打破了原有的国家间司法协助机制，成为数据跨境调取的"长臂管辖"。

在和欧盟这一重要数字经济伙伴有关数据跨境流动的关系中，欧盟行政命令和司法判决中的分分合合，无不体现了欧盟与美国围绕数据经济利

---

① 孙远钊：《论数据相关的权利保护和问题——美国与欧盟相关规制的梳理与比较》，载《知识产权研究》2021 年第 1 期，第 3-90 页。

② 李艳：《大国博弈下的跨境数据流动国际规则构建》，载中工网，https://www.workercn.cn/c/2023-05-22/7847366.shtml。

益与人权隐私的需要和平衡。从2000年到2015年，欧美跨境数据流动一直依托"安全港"协议确保美国企业无须采取额外措施实现欧美之间的数据自由流动。2015年，奥地利维也纳大学研究生马克斯·施雷姆斯（Max Schrems）针对脸书（Facebook）不当传输欧洲公民数据至美国向欧洲法院提起诉讼，导致"安全港"协议被欧洲法院宣布无效。

2016年美国与欧盟签订《隐私盾协议》允许获得"隐私盾"认证的公司自由地在欧盟与美国之间传输个人数据，从而实现企业从欧盟向美国跨境传输数据不必采取进一步的保护措施。但在施雷姆斯等人的密切"追击"之下，《隐私盾协议》在2020年又被正式宣布作废。

通过近三年的长久谈判和强力的政治行政手段，2023年7月10日，欧盟与美国在跨境数据流动领域达成"欧盟—美国数据隐私框架"协议，恢复了欧美跨境数据流动的规制体系。当然，这一框架协议发布后也有不同的声音，跨国企业尤其是美国数字科技巨头表达了热烈的欢迎，最终前途是否能如欧美政客表述的那样乐观也受到质疑，并将被各利益相关方持续高度关注。

第三节　俄　罗　斯

多家大科技公司未履行数据存储本地化义务被罚

2018年12月，俄罗斯数据保护主管部门，即俄罗斯联邦电信、信息技术和大众传媒监管局要求美国社交媒体网站Twitter和Facebook，在法院规定的9个月时间内，将俄罗斯用户的网络数据库本土化，否则将会受到行政处罚。在法律规定期限内，Twitter和Facebook未就数据库本地化与俄方进行沟通。2019年4月16日，莫斯科地方法院根据相关法律条款，分别对Twitter和Facebook处以3000卢布（约合人民币314元）罚款，并要求两家企业将俄罗斯用户的个人数据本地化存储。这一罚款金额是对违反相关条款进行处罚的最低罚款额。2020年2月，因仍未将

> 数据库本地化，莫斯科塔甘斯基法院再次对 Twitter 和 Facebook 作出处罚，每家公司都被处以 400 万卢布的罚款。
>
> 　　据新闻报道，自俄乌冲突以来，俄罗斯在数据、内容等方面与国际化的科技公司的冲突更加严重。例如莫斯科塔甘斯基区法院裁定苹果公司未能本地化俄罗斯人的数据，并对该公司处以 200 万卢布（34000 美元）的罚款。
>
> 　　美国视频会议平台 Zoom 也因同同样原因被处以 100 万卢布（17115 美元）的罚款。
>
> 　　亚马逊旗下的视频流媒体服务 Twitch、社交网络 Pinterest、度假租赁公司 Airbnb 和联合包裹服务公司 UPS 都被莫斯科法院罚款，因为它们涉嫌拒绝在俄罗斯存储俄罗斯公民的个人数据。

这些处罚案例都体现了俄罗斯相对保守的数据战略。俄罗斯强调保护优先，从维护国家安全的角度出发高度重视数据安全，强化数据主权，对数据安全、网络安全与国家安全治理尤为重视，通过数据本地化解决数据治理与本地执法问题，从而对数据流通有较严格限制，总体呈现出相对封闭的"孤岛"态势。

一、俄罗斯数据治理的规范框架

俄罗斯网络与数据保护的规范框架表现出"两大类、双层次"的分布特征，也即在个人数据保护和网络安全方面颁布专项法律，在传统部门法领域和政策性文件中增补与网络、数据相关的内容。迄今，俄罗斯已发布了近 50 部国家层面的规范性法律法规与政策性文件，形成了以《俄罗斯宪法》及已经缔结的国际条约为基础，以《信息、信息技术和信息保护法》《个人数据保护法》和《俄罗斯联邦主权互联网法案》为准则，以其他联邦法律与规范性文件为补充的数据与信息安全法律体系。[①] 本书重点介绍如下几部法律。

[①] 孙祁：《俄罗斯强化数据主权保护》，载《检察风云》2021 年第 4 期，第 2 页。

(一)《俄罗斯宪法》

《俄罗斯宪法》第二十三条规定:"每个人都有私生活、个人和家庭秘密不受侵犯、维护其荣誉和良好声誉的权利。每个人都有通讯、电话交谈、邮政及电报和其他交际秘密的权利。只有根据法庭决定才可限制这一权利。"此外,《俄罗斯宪法》还规定:"未经本人同意不得搜集、保存、利用和扩散有关其私生活材料。"这体现了宪法对于个人信息和隐私权的保护。

(二)《个人数据保护法》

《个人数据保护法》主要调整与个人数据处理和保护相关的法律关系。该法共六个章节二十五条,以个人数据处理行为为规制对象,强调对个人数据的保护。该法规定了法律适用范围、数据处理规则、数据主体权益、数据监管机构、数据本地化储存、数据跨境流动等方面,并明确规定个人数据专属于数据主体,对未授权的个人数据处理行为明确予以禁止,赋予数据主体一系列数据权益。该法内容主要涉及数据处理的规则、数据主体权益、数据监管机构、数据跨境流动以及数据的本地化储存。该法还确立了五大数据处理原则:合法公平原则、目的限制原则、安全保障原则、准确充分原则、及时删除原则。

(三)《信息、信息化和信息保护法》

《信息、信息化和信息保护法》于 1995 年发布,对信息领域中的基本概念、信息资源及其利用、信息主体权益等法律问题作出规定。2015 年 7 月,俄罗斯对《信息、信息化和信息保护法》作出修订,确立了被遗忘权制度。2021 年 2 月,《信息、信息化和信息保护法》的一项修正案正式生效,进一步加强了对网络社交平台的监管。该法规定了关于信息收集、处理和保护的八大基本规则:1) 在无特别规定的情况下,任何人可以任何方式自由地收集、处理和传播信息;2) 只有联邦法律能对信息的访问作出限制;3) 除非联邦法律特别规定,关于联邦政府机构和地方自治机构活动的信息应当被公开且可自由访问;4) 各民族语言平等;5) 保障俄罗斯联邦的安全;6) 确保信息的真实性以及信息传播的及时性;7) 确保私人生活的不可侵犯性;8) 禁止优先某些信息技术。

(四)《俄罗斯关键信息基础设施安全法》

《俄罗斯关键信息基础设施安全法》主要规定了适用范围、基本概念、安全保障原则、安全保障体系、关键设施主体权利和义务、安全保障系统、关键设施重要客体等方面内容。该法通过确立关键设施安全保障原则，通过建立监测、预防和应对计算机攻击的信息系统，明晰关键设施主体的权利义务，以及划分国家机构在关键设施安全保障方面的职权，构建起关于信息基础设施安全的法律规范体系。

(五)《俄罗斯主权互联网法》

2018年12月俄罗斯发布《俄罗斯主权互联网法》[①]。该法通过域名自主、定期演习、平台管控、主动断网以及技术统筹这五个方面的立法，确立了俄罗斯网络自主可控的网络主权。其中，域名自主是指俄罗斯须建立可接收域名信息的全国系统和自主地址解析系统；定期演习是指政府、电信运营商和技术网络所有者定期演习的必要性，以识别威胁并制定应对措施；平台管控是指规范互联网流量管理；主动断网是指由俄罗斯联邦的电信、信息技术和大众传媒监督局负责维持网络的稳定性；技术统筹是指法案定义路由选择的原则，提出用之于追踪监控的方法，并要求俄罗斯联邦的电信、信息技术和大众传媒监督局下设公共通信网络监测和管理中心。

(六)《数字金融资产、数字货币法》

《数字金融资产、数字货币法》于2020年通过，2021年1月生效。该法通过后，自2021年起在俄罗斯开展数据金融资产交易是被允许的，但在俄罗斯境内将加密货币作为支付手段仍然为该法所禁止。该法将数字金融资产（DFA）定义为一种包括货币债权、行使证券权利的能力、参与非公开股份公司资本的权利、要求转让证券的权利在内的一种数字权利，其发行、核算和流通只能通过在基于分布式登记册的信息系统中以及在其他信息系统中进行（改变）记录来实现。数字金融资产可以被作为抵押物、买卖对象，可以用一种数字金融资产交换另一种，或者交换另一种数字金融

---

① 该法案具体由《〈俄罗斯联邦通信法〉及〈俄罗斯联邦关于信息、信息技术和信息保护法〉修正案》组成，统称为《俄罗斯主权互联网法》。

资产的数字权利,包括货币索取权、证券权利、要求转让证券的权利、参与非上市股份公司资本的权利。但数字金融资产不是支付手段。① 根据该法规定,数字货币(DC)是指所有可作为支付手段使用,但不是任何国家的货币单位的电子数据(数字代码)。② 比特币等加密货币属于数字金融资产的一种形式,其在俄罗斯境内被禁止用于支付商品和服务,流通受到限制。

二、数据流通监管制度

(一)禁止流通数据的范围

根据《信息、信息技术和信息保护法》规定,信息是指不限于其传播方式的消息或数据。俄罗斯通过多个立法明确划分了可流通数据和禁止流通数据的范围,③ 具体类型如下。

1. 内容违法之数据流通的绝对禁止

内容违法包括利用大众传媒实施刑事犯罪活动的内容;有害于社会秩序和个人权益的数据信息,以及有害的计算机程序信息。

2. 内容合法之数据流通的相对禁止

根据俄罗斯的相关立法,相对禁止流通的数据信息包括保密型数据信息、公民个人数据信息和知识产品型数据信息。

① 保密型数据信息。禁止披露国家秘密或者法律所保护的特别秘密。根据《信息、信息技术和信息保护法》的规定,为了保护基本的宪政制度,保护他人的道德、健康、权利和合法利益,保卫国防及国家安全,联邦法律规

---

① 孙祁:《反洗钱:世界各国收紧数字资产审查》,载《检察风云》2021年第19期,第58-59页。

② 数字货币(DC)和数字金融资产(DFA)定义和区分的合法性基础可见《俄罗斯民法典》。根据《俄罗斯民法典》,数字金融资产(DFA)作为数字权利的一种类型,是民事权利的对象,因此是民事交易的合法对象。而数字货币(DC)没有被明确承认为民事权利的对象。

③ 米铁男:《俄罗斯网络数据流通监管研究》,载《中国应用法学》2021年第1期,第202-217页。

定限制存取的信息，联邦法律限制存取的信息必须遵守信息的保密性。①

② 公民个人数据信息。对于公民个人数据信息，传播信息应以合法的方式进行，未经本人同意不得传播与个人私生活有关的信息，禁止要求公民（自然人）提供与其私生活有关的、构成其私人及家庭秘密的信息，或违背公民（自然人）意志获取该信息，联邦法律有其他规定的除外。俄罗斯特别强调了对未成年人隐私数据的保护，未经其本人及法定监护人的同意，一般不得传播关于该未成年人的个人信息。

③ 知识产品型数据信息。知识产品型的数据信息通常表现为网络空间中的各种数字化作品，其权利归属于作者或其授权许可的人。《俄罗斯民法典》及《反盗版法案》对网络空间中作品的传播进行了明确规定，侵犯著作权的电影、电视剧、视频作品等各类作品不得传播。

（二）数据流通的合法方式

俄罗斯对于数据流通的法律规制采取的是双重标准：一是特殊领域的绝对法定标准，具体是指针对特殊社会群体——包括未成年人在内的青少年群体所采取的信息产品分级制度，未达法定标准者绝对不得流通；二是常规领域法律允许范围内的知情同意标准，该标准适用范围最广，是一般性的合法标准，要求数据信息的流通应事前取得数据主体或数据权利人的同意，包括对数据的处置亦应满足数据主体的知情权并经其同意方为合法，同时知情同意标准原则上不得违背特殊领域的绝对法定标准。

（三）个人数据跨境转移的监管

基于数据主权的安全以及应对数据威胁的需求与立场，俄罗斯是推动数据存留本地化、限制跨境数据流动的代表，一方面对数据存储提出本地化的要求，另一方面也要求跨国公司如在俄罗斯开展业务或者服务的，应当在俄罗斯境内建立数据中心，采取跨境和境内限制性措施相结合的方式。

1. 俄罗斯数据存储本地化

数据本地化是跨境传输的前提。自 2014 年，俄罗斯逐渐加强对信息跨

---

① 肖秋会：《近五年来俄罗斯信息政策和信息立法进展》，载《图书情报知识》2010 年第 4 期，第 96-101 页。

境传输的监管，修改了《信息、信息技术和信息保护法》，要求互联网信息运营者需要在产生、传播和处理数据的 6 个月内，将相关主体信息存储到俄罗斯境内，包括文字、语音、图像等信息；出台并实施《个人数据保护法》，通过立法手段确立了数据本地化留存与处理制度，即明确了数据处理人所收集的俄罗斯公民的个人信息或数据，必须存储于俄罗斯联邦境内的服务器或数据中心的基本原则。

《信息、信息技术和信息保护法》明确了信息、数据处理人的法律释义，指出数据主体具有知情权，更正、中止、删除权，可携带权，被遗忘权，防止自动化决策权以及诉权。此外，该法还要求信息拥有者、信息系统运营方有义务在产生、传播和处理数据的 6 个月内，将收集、记录、整理、保存、核对（更新、变动）、提取的俄罗斯公民信息存储到俄罗斯境内，包括文字、语音、图像等信息。同时，将境内留存的要求扩展纳入到互联网信息传播组织者的义务中。

《个人数据保护法》也对数据本地化处理进行了规定，要求收集个人数据（包括使用互联网手段）时，除为履行国际条约或者法定职能、权限和义务，为诉讼或履行司法文书以及为从事新闻行业或个人创作等少数特例外，必须保证使用位于俄罗斯境内的数据库，方能收集、记录、整理、保存、核对（更新、修改）和提取俄罗斯公民的个人信息。此外，该法还要求数据处理者在处理数据前，要告知数据保护机关——联邦通讯、电信技术和大众传媒监管服务局，包含俄罗斯公民个人信息的数据库所在地的信息，并对违反《个人数据保护法》的信息限制访问。

2. 允许数据跨境传输的情形

俄罗斯数据存储本地化的要求，并不等同于禁止数据跨境传输。《个人数据保护法》根据外国对个人数据的保护程度不同，对个人数据跨境流动规制作出差异性规定。

对于充分保护个人数据主体权利的国家可以流动。充分保护个人数据主体权利的国家包括《欧洲委员会在个人数据自动处理方面保护个人公约》（通常简称为"108 号公约"）缔约国，以及满足一定条件的非缔约国，即该国关于处理个人数据时保证数据保密性和安全性的现行法律和措施符合公约规定。

2022 年 9 月 23 日，俄罗斯联邦监管部门公布了其批准的为个人数据主体的权利提供充分保护的外国名单。该名单共包括 89 个国家，奥地利、墨西哥、意大利、阿尔巴尼亚等国家位居前列；澳大利亚、中国、白俄罗斯和日本等国家则位于第二组。①

针对未对个人数据提供充分保护的国家，符合以下情形的，个人数据才可以跨境传输：

① 经数据主体的书面同意；

② 基于俄罗斯联邦签署的相关国际性条约的规定；

③ 基于维护俄罗斯联邦宪法制度、保障俄罗斯联邦国家安全和运输系统安全的目的；

④ 执行合同时，数据主体为履行合同义务；

⑤ 在无法得到个人信息主体书面同意的情况下，基于保障数据主体或他人生命、健康和其他切身利益的目的等。

3. 数据跨境传输的通报与审查

个人数据的传输主体需要向接收主体获取信息，需要经历向俄罗斯联邦通信监管局通报和通过审查的程序。

通报的内容具体包括：数据传输主体的姓名或名称、地址；数据传输主体先前向俄罗斯通信监管局通报其计划处理个人数据的日期和通报号码；处理个人数据的负责人或单位的姓名或名称、联系电话、地址和邮箱；数据跨境传输以及对传输的数据进一步处理的法律依据和目的；传输的个人数据的类别和列表；个人数据的数据主体类别，如员工、消费者等；目的国或地区的列表；评估数据接收主体对个人数据保密性和安全性的措施的日期。

为了确认通报内容的正确性，俄罗斯联邦通信监管局可能要求通报主体提供从数据接收主体处获取外国主体信息如下：

① 数据接收主体为保护所传输的个人数据采取的保护措施，以及终止传输个人数据的条件；

② 如果目的国是不充分保护个人数据主体权利的国家，则需要提供该目的国个人数据领域的法律法规信息；

③ 该数据接收主体的信息，包括姓名或名称、电话、地址、邮箱。

通报主体如果接到要求通知，应当在收到要求通知后的10个工作日内提供，并在说明理由的情况下，可以请求延长5个工作日。

---

① 《俄罗斯更新个人数据充分性保护国家名单，中国被列入其中》，载安全内参网，https://www.secrss.com/articles/47407。

与允许数据跨境传输的条件相适应，同样根据对个人数据的保护程度不同，俄罗斯联邦通信监管局适用两种严格程度不同的审查程序：

第一种通知模式，即如果目的国是充分保护个人数据主体权利的国家，数据传输主体在通报后即可跨境传输个人数据。当出现下列情况时，数据传输主体应当停止或限制跨境传输：俄罗斯联邦通信监管局审查通报内容后，以保护公民道德、健康、权利及合法利益为目的做出禁止或限制跨境传输个人数据的决定；俄罗斯联邦通信监管局依照《个人数据保护法》第12条第12款的规定，做出禁止或限制跨境传输个人数据的决定，该决定需要在收到通报之日起5个工作日内作出。

第二种许可模式，即如果目的地国为不充分保护个人数据主体权利的国家，除为了保护数据主体或他人生命、健康或其他重要利益的目的，需要由俄罗斯联邦通信监管局审查通报内容后方可进行传输。审查时限为10个工作日，若该局要求数据传输主体提供数据接收主体的相关信息，将相应延长审查时限。审查时限结束后，若未收到禁止传输个人数据的决定，数据传输主体可跨境传输个人数据。若禁止或限制传输个人数据，数据传输主体应确保数据接收主体销毁此前接收的个人数据。

第四节 东　　盟

> 第5届中国—东盟信息港论坛以"共建数字丝路　共享数字未来"为主题，围绕数字经济发展和智能互联、数据互通、合作互利开展交流研讨[①]
>
> 2022年9月16日，由中国国家互联网信息办公室、中国国家发展和改革委员会、中国工业和信息化部、广西壮族自治区人民政府联合主办的第5届中国—东盟信息港论坛在南宁举行。本届论坛以"共建数字丝路　共享数字未来"为主题，设置1个主

---

① 《第5届中国—东盟信息港论坛在南宁举行》，载光明网，https://difang.gmw.cn/gx/2022-09/17/content_36031202.htm。

> 论坛和中国—东盟"双千兆"发展论坛、2022 中国—东盟卫星应用产业合作论坛、2022 中国—东盟丝路电商论坛、中国—东盟数字安全论坛等 4 个分论坛,以及中国—东盟数字技术成果展。
>
> 此次论坛的数字安全分论坛,以"筑牢数字安全屏障 护航数字丝绸之路"为主题,在网络安全领域,搭建一个中国与东盟国家交流合作的平台,促进中国与东盟国家开展更广泛更深入的网络安全合作。通过保障数字安全更好地促进数字经济发展,在相互信任、相互尊重的基础上,在技术研发、标准制订、风险预警、应急处置等领域持续加强合作交流,建立健全数字安全协作机制。要坚持创新驱动,通过持续的理论创新、技术创新、体制创新和产业发展,有效防范新风险、新危险。要构建多边、民主、透明的全球互联网治理体系,积极推进中国—东盟网络安全交流机制建设,共同应对网络安全威胁,提升数字安全防护能力。

中国与东盟(Association of Southeast Asian Nations)是亚洲最大的两个经济体,在地缘政治、贸易投资、人文交流等方面有着密切而深厚的联系,有必要对东盟的个人信息和数据保护情况予以充分关注,特别是在跨境数据转移方面,助力建立安全畅通的数据跨境伙伴关系。

在数字经济发展和东盟区域一体化的趋势下,东盟从统筹数字经济发展与数据保护入手,着眼于提升东盟国际竞争力和话语权,制定并完善跨境数据流动治理机制。这一机制的构建始于新加坡对数据保护规制的探索,基于《东盟个人数据保护框架》,在东盟数字一体化总体框架下制定《东盟数字数据治理框架》,并以东盟示范合同条款和东盟跨境数据流动认证两大关键手段促进机制落实,旨在灵活适应成员国在数据和隐私保护监管方面的不同的成熟度,但不具有国内和国际的约束力。

一、东盟区域性数据保护立法和实践概况

(一)《东盟个人数据保护框架》

2016 年《东盟个人数据保护框架》(ASEAN Framework on Personal Data Protection)旨在推动区域一体化与合作加强个人数据保护,其通过确立一系

列原则,指导成员国和区域层面的数据保护实践,推动东盟成员国之间的数字贸易和信息流动,建设安全、可持续、转型升级的数字经济。

总体而言,《东盟个人数据保护框架》主要从两方面对东盟域内的数据治理做出规制:第一,在个人数据保护方面,该框架规定企业在未经许可的情况下不得收集、使用和披露个人数据,如获同意,企业应在保障数据准确无误的前提下正当使用个人数据;第二,在数据跨境流动方面,该框架规定企业跨境转移个人数据应提前获得当事人的同意,或采取合理措施确保数据接收者将按照框架中确定的原则保护个人数据。

需要注意的是,作为东盟出台的首个专门针对个人数据保护区域层面的规制,该框架仅为各成员国提供了数据治理合作的框架基础,对于成员国并不具有法律约束力。《东盟个人数据保护框架》中规定了不适用的例外情况,即与各成员国国内法律相冲突时,应当以各国国内法为执行依据。[①]

(二)《东盟数字一体化框架》

2018年,东盟批准《东盟数字一体化框架》(ASEAN Digital Integration Framework,简称 DIF)。框架提出推动实现东盟地区数字互联互通的"六个中期优先领域":促进无缝贸易、保护数据,同时支持数字贸易和创新、实现无缝的数字支付、拓展数字人才、培养创业精神、协调行动。在促进无缝贸易方面,国家对内需要重视物流体系的建设,加强基础设施建设,国家对外需要推出便利的贸易政策;在保护数据方面,东盟通过制定相关政策如《东盟个人数据保护框架》《东盟数字数据治理框架》等,逐渐构建起有利于数字贸易和创新的数字法律、经济环境;在数字支付方面,东盟各国需要实施兼容的框架,引入统一的全球标准、信息和规则,与金融机构合作开发应用程序接口(API)标准和路线图;在数字人才方面,东盟通过制定《东盟信息和通信技术(ICT)总体规划 2020》《东盟中小微企业技术培训蓝图 2025》等文件,加强与私营部门的合作,具体表现为支持中小微企业采用新技术,提高从业人员技能;在培养创业精神方面,通过不断出台相关支持政策,帮助初创的数字中小微企业融入数字经济;在协调行动方面,东盟指定东盟电子商务协调委员会(ACCEC)作为框架的协调机构,由其他东盟机构予以支持。

---

① 吴希贤:《东盟数据治理:全球背景、规制框架与中国合作》,载《亚太经济》2022年第4期,第1-10页。

(三)《东盟数字数据治理框架》

为了落实数字一体化框架下的数据治理,《东盟数字数据治理框架》(ASEAN Framework on Digital Data Governance)于 2018 年发布,该框架从战略重点、原则和倡议三个方面对东盟成员国数据治理(包括个人和非个人数据)的政策和监管方法给予指导,为东盟数据治理规制的发展提供了制度支持。

第一,该框架确立了东盟数据治理的四个战略重点,分别是数据生命周期系统,跨境数据流动,数字化和新兴技术,法律、法规和政策。数据治理贯穿数据生成、收集、存储、处理、传输和删除的全生命周期。目前东盟各成员国在数据治理层面监管标准不一,导致企业跨境数据流动成本较高。因此,东盟呼吁各成员国尽量减少限制跨境数据流动。此外,运用数字化新兴技术有助于提升东盟整体的数字基础设施水平,相关监管政策的合理运用也有助于改善商业环境。

第二,在四个战略重点之下,该框架分别制定了具体的数据治理指导原则。在数据生命周期系统方面,数据治理应符合数据完整性和可信性原则、数据使用和访问控制原则、数据安全原则,即数据应是准确可靠的,数据的使用和访问应不违反法律和国家政策,同时应始终确保数据处于安全无风险状态。在跨境数据流动方面,数据治理的原则是最大限度地促进数据在东盟内部自由流动和确保传输的数据得到必要的保护。在数字化新兴技术方面,数据治理遵从能力发展原则,即提倡能力建设,为东盟的数字从业者提供必要的资源,以适应新的趋势和技术。在法律法规政策方面,东盟数据治理提出了个人数据保护及隐私监管原则,呼吁各成员国积极发布国内个人数据保护的法律法规。

第三,该框架还依据四大战略重点分别提出了四大战略优先事项,即《东盟数据分类框架》(已调整为新发布的《东盟数据管理框架》)、东盟跨境数据流动机制(ASEAN Cross Border Data Flows Mechanism)、东盟数字创新论坛(ASEAN Digital Innovation Forum)、东盟数据保护和隐私论坛(ASEAN Data Protection and Privacy Forum)。其中,数据分类框架的倡议考虑到数据生命周期的治理措施可能因数据类型不同而有差异,该框架将对数据的类别、每种类别的含义以及每种类别的安全要求给出具体规定。跨境数据流动机制的初衷是促进东盟各成员国间数据安全自由地流动,但该机制也将考虑各成员国当地法律的差异。该框架的战略重点与战略优先事项对应关系如表 2-2 所示。

表 2-2　东盟数字数据治理框架①

战略重点	目标	倡议
数据生命周期系统	1. 数据生命周期中的数据治理(例如收集、使用、访问、存储等)。 2. 为不同类型的数据提供足够的保护。	《东盟数据分类框架》(ASEAN Data Classification Framework),后更名为《东盟数据管理框架》。
跨境数据流动	1. 跨境数据流动的业务确定性。 2. 对数据流动没有不必要的限制。	东盟跨境数据流动机制(ASEAN Cross Border Data Flows Mechanism)。
数字化和新兴技术	1. 数据能力(基础设施和技能)提升。 2. 发展和利用新技术。	东盟数字创新论坛(ASEAN Digital Innovation Forum)。
法律、法规和政策	1. 东盟统一的法律和监管环境(包括个人数据保护)。 2. 制定和采用最佳方案。	东盟数据保护和隐私论坛(ASEAN Data Protection and Privacy Forum)。

总之,《东盟数字数据治理框架》是东盟数据治理进程中关键的一步,其详细的战略规划与完善的实施原则为东盟加强数据治理提供了具体方向与做法,这一框架也成为东盟坚持至今的数据治理规制指南。

(四)《东盟跨境数据流动机制的关键方法》

2019 年 11 月,东盟在第 19 届电信和信息技术部长会议上通过了《东盟跨境数据流动机制的关键方法》,提议东盟应重点建设东盟示范合同条款和东盟跨境数据流动认证两个机制。

---

① 2018 *ASEAN Framework on Digital Data Governance*,18th ASEAN Telecommunications and Information Technology Ministers Meeting(TELMIN),https://cil.nus.edu.sg/databasecil/2018-asean-framework-on-digital-data-governance/.

东盟将东盟示范合同条款作为实施东盟跨境数据流动机制的第一步，鼓励企业在成员国之间进行数据传输时广泛使用，以期建立区域性数据传输的最低标准，而无论相关成员国是否有数据保护法。遵守东盟示范合同条款及其项下的基本义务可以使数据主体及其数据受到2016年《东盟个人数据保护框架》的充分保护。

除了东盟示范合同条款以外，东盟也承认其他的数据跨境流动机制，如自评估、个人信息主体的同意、行为规范（Codes of Conduct）、有约束力的企业规则（BCR）、其他认证如ISO体系或APEC跨境隐私规则（CBPR）和处理者隐私识别体系（PRP）等。

2021年1月，东盟第一届数字部长会议（ADGSOM）批准发布了《东盟数据管理框架》（ASEAN Data Management Framework，简称DMF）和《东盟跨境数据流动的示范合同条款》（ASEAN Model Contractual Clauses for Cross Border Data Flows，简称MCCs），以指导东盟成员国建立国内数据管理系统，同时确保数据在成员国间安全地跨境流动。

1.《东盟数据管理框架》

《东盟数据分类分级框架》已经正式更名为《东盟数据管理框架》（DMF）。因为公司需要建立整体数据治理框架和采取贯穿数据全生命周期的保护措施，数据分类分级只是其中的一个重要环节。数据分类分级可以指导下游决策，对数据提供适当级别的访问权限和保护措施，贯穿数据识别、评估、管理和保护的各个流程。为此，企业应当充分了解自身拥有数据的机密性、完整性、可用性和相应的保护措施。为了支持数据分级分类，企业还应当发布适当的政策和程序文件，履行管理和监督职能，对数据管理活动进行监控并持续改进现有实践。

DMF是为数据全生命周期和数字生态系统这一战略重点而量身打造的，旨在帮助在东盟境内运营的所有企业深度参与数字经济，建立有效的数据全生命周期管理系统，实现有效治理。一方面，DMF将通过减少数据泄漏和破坏、促进经济增长和创新、鼓励企业间数据流动、支持东盟内部的跨境数据流动等方式促进东盟数字经济蓬勃发展。通过建立数据管理通用术语，鼓励企业成为受信任的数据合作伙伴，增强企业数据管理、使用、共享的透明度和信心，帮助在东盟境内经营的所有企业深度参与数字经济，创造新的业务增长点。另一方面，DMF可为企业提供内部规则制定的实践指导，制定基于风险防范且性价比最高的数据管理流程。通过使用 DMF，企业可以更好地实现数据保护，赢得客户信任，培育企业信心，拓展创新业务。在 DMF 的指导下，东盟预期形成一个具备分类定性、用途界定、保护措施制定等多种能力的数据管理结构。对于数据控制方，该框架能够提升东盟各类机构的数据管理水平，促使他们按照管理要求妥善对待个人数据。同时，对于数据接收方，该框架可以对接国际数据管理标准，使管理方式符合国际客户及其所在国家或地区的有关要求，以更加规范的管理、更加良好的环境对接国外数字经济合作，抓住数字经济机遇。

该框架包含六大核心要素：

第一，治理和监督方面（governace and oversight）。企业应当通过完善数据管理职能、业务评估职能、风险控制职能来细化分工。数据管理职能包括设计包含六要素的数据治理框架、制定规则和流程、明确责任人、数据分级分类等。业务评估职能包括识别数据、完成数据清单、安全事件上报等。风险控制职能包括风险管理实践监测、措施有效性评估、向管理层报告调查结果等。

第二，政策和程序方面（policies and procedural documents）。企业应当通过领导力承诺，明确数据管理的目标、范围和考量，完善数据管理手段。企业还应当明确问责制，围绕数据管理的政策和程序开发，在企业内部实施数据管理框架并持续监测和审查企业的数据管理实践。

第三，数据清单方面（data inventory）。企业应当建立对包含多数据元素、多业务线资源的数据集的综合管理能力，整合现有数据、识别新进数据、更新数据清单。由于相同的数据字段可能出现在多个不同的数据集中，企业在定义时应充分了解不同部门的数据管理实践，以建立最符合企业业务需求的数据清单结构。应纳入考量的因素包括企业提供服务的性质和类型（信息收集的目的、使用方法、目标客户等）、现有法律规定（法律、行业规定等）、市场竞争格局（专利、研发等）、成本收益分析（数据集中度、数据量等）、客户期望（数据主体、合同义务等）。

第四，影响和风险评估方面（impact/risk assessment）。企业应对照数据清单，评估各类数据遭到破坏的后果和影响，完善分级保护标准。数据受损的影响参数包括机密性、完整性和可用性三个维度，对企业的影响包括财务影响、声誉影响、运营影响和合规影响四个方面。

第五，数据保护控制方面（controls）。企业应当从事前预防、事中监测和事后纠正三个方面实施保护措施以防止数据遭到破坏。与此同时，员工应当遵守适当的技术、程序和物理保障措施要求，确保数据全生命周期的机密性、完整性和可用性。数据保护措施的变化取决于数据所处的生命周期阶段，还应根据业务性质、服务类型、数据敏感性等因素加以调整。

第六，监测和持续改进方面（monitoring and comtinuous improvement）。监测、分析和评估是保证基础架构处于最新版本和最佳状态的关键。企业应当健全管理和监督职能，明确监测内容、监测方法、评估流程和负责人等。

上述六个部分共同组成 DMF，该框架对于企业加强数据管理和降低合规成本具有重要的参考价值，也有利于促进东盟域内数据治理规制的进一步完善，推动东盟数字经济发展。

2.《跨境数据流动示范合同条款》

《东盟跨境数据流动示范合同条款》（MCCs）以合同模板的形式为数据传输者的责任义务列明条款，各方可以直接使用其中的条款达成符合东盟成员国法律要求的、具有约束力的个人数据跨境传输合同，从而促进数据在东盟各成员国间跨境流动。

MCCs 中关于企业的数据保护业务沿袭了《东盟个人数据保护框架》，规定企业义务有：收集、使用和披露数据的合法要求，若没有此类法律，则需告知数据主体使用目的并取得同意；数据保护的基本要求，即与数据收集、通知、使用、准确性、安全保障等相关的要求；数据泄露的通知要求，如出现数据丢失、非法访问、复制、修改、披露、销毁等情形，数据接收方应及时通知有关部门和合同缔约方。MCCs 要求数据出口商应该履行数据收集、使用和披露义务，数据进口商应该遵守《东盟个人数据保护框架》（2016）中有关数据安全保障、访问与更正等基准数据保护条款。

MCCs 要求，除可选条款外，合同中必须包含数据保护的全部条款。根据传输场景的不同，MCCs 还提供数据控制者传输至数据控制者、数据控制者传输至数据处理者这两类模板。前者是指数据出口商将数据传输至数据进口商后，进口商出于自身目的对数据进行处理，并可能在收到数据后对数据拥有完全控制权；后者是指数据进口商在接收到数据后，仅代表数据控制者对数据加以处理，包括向下游数据处理者的继续传输。但无论哪种模板，除标有"可选条款"的内容外，合同中都必须包含关于数据保护的全部条款。

值得注意的是，MCCs 属于自愿性条款，不要求东盟成员国修改现有的数据保护立法或引入额外的法规。此外，MCCs 参考了 APEC《隐私框架》和 OECD 的《隐私保护与个人数据跨境流动指南》，所以企业也可以通过适当调整将其用于东盟成员国以外的数据跨境传输合同中。①

二、东盟部分国家的数据保护立法情况

东盟十国中文莱、老挝、缅甸和柬埔寨尚未对个人数据保护进行专门的立法，其他国家分别介绍如下。

（一）新加坡

新加坡的数据保护一直走在亚洲的前沿，通过《网络安全法》《个人数据保护法》以及个人数据保护的附属立法，来加强本国的数据保护。同时，新加坡在国内立法建立了一套与欧盟类似的数据跨境传输要求，满足一定条件下鼓励数据自由流动，积极加入区域性的国际组织数据跨境规则，签署双边贸易协定并适时更新个人信息保护条款，成为亚洲高水平的数据保护和数据自由流动相结合的典型代表。

1. 《个人数据保护法》（Personal Data Protection Act, No. 26 of 2012）

2012 年的《个人数据保护法》（PDPA）规定了组织收集、使用和披露个人数据的方式，承认个人保护个人数据的权利，以及组织收集、利用、以合适的目的披露个人数据。

2020 年 11 月 2 日 PDPA 进行了首次全面修订，正式颁布为 2020 年《个人数据保护法（修订）》。该法引入了强制性数据泄露通知制度，要求遭受数据泄露的组织向个人信息保护委员会（PDPC）和受影响的个人通知该数据泄露，除非例外情况。《个人数据保护法（修订）》的大部分条款于 2021 年 2 月 1 日生效。其中，强化的财务处罚制度于 2022 年 10 月 1 日起生效，该制度使 PDPC 能够对组织（如果该组织在新加坡的年营业额超过 1000 万新元）处以高达其在新加坡的年营业额 10% 的罚款，或者 100 万新元，以较高者为准。

---

① 吴希贤：《东盟数据治理：全球背景、规制框架与中国合作》，载《亚太经济》2022 年第 4 期，第 1-10 页。

《个人数据保护法（修订）》的内容要点如表 2-3 所示。

表 2-3　新加坡《个人数据保护法（修订）》的内容要点

目的限制	仅为定义的目的使用或披露个人数据。
通知	在收集过程中，告知个人收集、使用和披露个人数据的目的。
同意	确保在收集、使用或披露个人数据之前已获得个人的同意。
访问和更正	应要求提供该个人的个人数据，以及该个人的个人数据在过去一年中如何被使用或披露的信息。应要求更正个人数据。
准确性	确保个人数据在收集过程中或在做出影响个人的决定时准确完整。
保护	确保个人数据安全，防止未经授权的访问、修改、披露、使用、复制，无论是硬拷贝还是电子形式。
保留限制	仅出于商业或法律目的保留个人数据，并在不再需要时安全销毁个人数据。
转让限制	确保海外外部组织提供的保护标准与新加坡 PDPA 的保护标准相当。
开放性	指定一名数据保护官并公布其业务联系信息。向公众和员工提供个人数据保护政策和做法，包括投诉流程。
请勿致电	不要通过语音、短信或传真向在国家禁止呼叫（DNC）登记处登记的个人发送营销信息，除非已获得他们明确的同意或有持续的关系（对于文本或传真）。

2. PDPA 的附属立法

PDPA 赋予个人信息保护委员会制定条例的权力。委员会围绕着 PDPA 制定条例，对 PDPA 中的具体事项进行规范，已颁布的附属条例如下：

- 《2021 年个人数据保护条例》；
- 《2013 年个人数据保护（法定机构）公告》；
- 《2014 年个人数据保护（规定执法机构）通告》；
- 《2020 年个人数据保护（规定的执法机构）通知》；
- 《2015 年个人数据保护（规定医疗机构）公告》；
- 《2021 年个人数据保护（执行）条例》；
- 《2013 年个人数据保护（不致电登记处）规例》；

- 《2021年个人数据保护（罪行构成）条例》；
- 《2021年个人数据保护（数据泄露通知）条例》；
- 《2021年个人数据保护（上诉）条例》；
- 《制定数据保护管理方案指南》；
- 《数据保护官指南》；
- 《电子媒介中的个人数据安全指南》；
- 《管理数据泄露指南》；
- 《中小企业网站建设指南》；
- 《TRM 指南》；
- 《网络卫生通知》；
- 《物联网网络安全指南》；
- 《网络安全标签计划》《制定数据保护管理方案指南》。

（二）马来西亚

1. 个人信息保护立法

马来西亚 2010 年通过《个人数据保护法》（以下简称 PDPA）及其附属立法建立了相对完整的个人信息保护法律体系。2010 年 PDPA 于 2013 年 11 月 15 日生效，三个月的宽限期于 2014 年 2 月 14 日结束。

于 2015 年 12 月 23 日生效的《2015 年个人数据保护标准》包括安全标准、存储标准和数据完整性标准，适用于以电子方式和非电子方式处理的个人数据。2015 年标准旨在成为最低要求，并将适用于所有数据使用者，即处理、控制或允许处理与商业交易有关的任何个人数据的任何人。

2013 年 11 月 15 日马来西亚实施了附属立法。这些条例处理的问题包括个人数据保护专员的委任、数据使用者的登记以及根据 PDPA 可能收取的费用，这些附属立法与 PDPA 同时通过，以促进 PDPA 的执行。

迄今为止已通过的附属立法包括：
- 《2013年个人数据保护条例》；
- 《2013年个人数据保护（数据使用者类别）令》；
- 《2013年个人数据保护（数据使用者登记）条例》；
- 《2013年个人数据保护（费用）条例》；
- 《2016年个人数据保护（罪行加重处理）条例》；

- 《2016 年个人数据保护（数据使用者类别）令（修订）》；
- 《2021 年个人数据（上诉审裁处）条例》等其他有关委任专员的附属法例。

2. 其他相关数据保护的立法

1997 年《计算机犯罪法》和 1998 年《通信和多媒体法》是马来西亚的主要的网络法律，确保马来西亚的信息安全和网络的可靠性、完整性。除了立法措施外，政府还发布了国家网络安全政策，以加强马来西亚的关键国家信息基础设施（CNII），建议所有 CNII 部门都通过 ISO/IEC27001 信息安全管理系统（ISMS）认证。

数字经济发展领域，马来西亚早在 1997 年颁布《数字签名法案》允许通过使用数字签名提供安全在线交易的途径发展电子交易。2006 年《电子商务法》明确在商业交易中承认电子讯息的法律地位，利用电子讯息履行法律规定，以及促进以电子方式进行的商业交易。

（三）印度尼西亚

1.《个人信息保护法》

2022 年 9 月 20 日，印度尼西亚通过的《个人信息保护法》（Personal Data Protection Law，简称 PDPL）。PDPL 的正式实施和适用将有两年的过渡期，其主要包含了以下内容：

① 任何个人数据的收集和使用者都是 PDPL 下的数据控制者或者数据处理者。数据控制者必须有一些公认的数据处理原则，例如：数据主体对于数据收集的目的通知表示明确同意；履行数据主体作为合同一方应履行的义务；履行数据控制者的应履行的法律义务；保护数据主体的切身利益；为公共利益执行任务，或根据适用法律执行数据控制者的权限；通过平衡数据控制者和数据主体的权利，来实现其他的合法利益。

② 如果个人数据处理内容对数据主体具有较高的潜在风险，则数据控制者需要进行数据保护影响评估。

③ 在某些特定情况下，数据控制者和数据处理者可能需要任命一名数据保护官（DPO）。

④ PDPL 允许在以下情况下，将个人数据跨境传输到印度尼西亚境外的数据控制者或数据处理者处：接收方所在国家/地区的个人数据保护水平高于印尼 PDPL 规定的保护水平；存在足够程度的具有约束力的个人数据保护机制；已获得数据主体对跨境数据传输的同意。跨境数据传输的具体实施将由政府法规进一步进行规范。

2. 其他相关数据保护的立法

鉴于数字技术的快速发展，印度尼西亚在 2008 年出台了一项专门规范电子信息和交易的法律，即《电子信息和交易法》。2016 年第 19 号《电子信息和交易法》修订规定，除另有规定外，通过电子媒介使用涉及个人数据的任何信息均需征得本人同意。《电子信息和交易法》规定，保护个人信息是隐私权的一部分，包括以下内容：享有不受任何干扰的私人生活的权利；在不从事间谍活动的情况下与其他人进行交流的权利；有权监视有关个人生活和数据的信息的获取。

在医疗卫生领域，个人数据受到卫生部关于医疗记录的 2022 年第 24 号条例的管辖，该条例规定了与医疗记录的存储、删除和保密有关的义务。

在银行金融领域，个人数据受《印度尼西亚银行法规第 22/20/PBI/2020 号关于印度尼西亚银行消费者保护》的监管，该法规规定了印度尼西亚银行监管下的银行或非银行实体保持其消费者数据保密性和安全性的义务，例如在转移其个人数据之前要求消费者同意。此外，《金融服务管理局第 6 号/POJK7/2022 关于金融服务部门的客户和公共保护条例》也要求保护客户个人数据的保密性和安全性。

（四）菲律宾

菲律宾现行的个人信息保护法律以 2012 年《数据隐私法》及 2016 年《数据隐私法实施细则和条例》为主，这两份文件制定了较为完整的个人信息保护要求[①]、个人数据主体权利与保护要求、特许保密信息和敏感个人信息保护要求、跨境合规要求、处罚与罚则。

---

① 包括个人信息定义、个人信息处理合规要求（包括个人信息控制者与个人信息处理者任命数据保护专员的义务、个人信息保护影响评估、特定处理者向国家隐私委员会（National Privacy Commission）登记其数据保护专员和数据处理系统的义务、组织性安全措施、技术性安全措施、物理性安全措施等。

根据 2022 年发布的《关于行政罚款指南》，菲律宾国家隐私委员会通知第 2022-01 号在确定违反 2012 年的《数据隐私法》的罚款方面将采用一种全新的方法。该指南规定了严重、重大和其他违规行为三类违规行为。违规行为根据受影响的数据主体的数量、违规频率和违规原因（例如疏忽、大意或故意行为）进行区分。严重违规的行政罚款为违法者年总收入的 0.5% 至 3%，重大违规为违法者年总收入的 0.25% 至 2%，其他违规行为将被处以 50000 菲律宾比索（870 美元）至 200000 菲律宾比索（3500 美元）的罚款。

（五）泰国

泰国《个人数据保护法》2019（以下简称 PDPA）于 2022 年 6 月 1 日正式生效。PDPA 适用于收集、使用或披露自然人（活人）的个人数据的个人或法人，但有某些例外（如家庭活动的例外）。

PDPA 具有地域性和域外适用性。就 PDPA 的领土范围而言，其适用于在泰国的个人数据控制者或个人数据处理者对个人数据的收集、使用或披露，无论这种收集、使用或披露是否发生在泰国。此外，在两种情况下，PDPA 对泰国以外的实体收集、使用和披露身处泰国的数据主体的个人数据具有域外适用性：收集、使用和披露的活动与向身处泰国的数据主体提供商品或服务有关，无论是否由数据主体付款；或收集、使用和披露的活动与监测数据主体的行为有关，且该行为发生在泰国。

根据 PDPA 的规定，负责控制或处理个人数据的个人或实体必须得到数据所有者的同意，才可收集、使用或披露其个人数据，并且他们还必须告知数据所有者使用个人数据的原因和具体目的。此外，PDPA 允许数据所有者在遵守个人数据保护原则或相关法律法规的基础上访问、纠正、撤回或删除其个人数据。而控制和处理个人数据的机构必须采取标准安全措施来管理和储存个人数据。

违反 PDPA 的个人或实体可能将承担民事责任或刑事责任。如：非法收集、使用或披露敏感的个人数据，一经定罪可处以 500 万泰铢的罚款；若未经授权使用或披露个人数据对他人造成损害或使他人遭受仇恨、羞辱或蔑视，违法者可能面临六个月的监禁和 50 万泰铢的罚款。

第五节 印　　度

> **因数据存储问题，印度禁止万事达增加新客户**[①]
>
> 据报道，印度储备银行（RBI）禁止美国金融服务公司万事达公司（Mastercard Inc.）向印度客户发行新的信用卡和借记卡，理由是违反了数据存储规则。印度法律禁止外国卡网络将印度支付数据保存在印度境外，要求所有在印度运营的卡网络必须在印度存储交易数据，可以让印度当局不受约束地监督访问。
>
> 监管机构发出的声明中表示，尽管已经过了相当长的时间，而且给予万事达足够的机会，但万事达仍被发现不遵守指示。万事达则声称，自2018年印度支付数据存储法规通过以来，万事达一直定期更新其合规情况，表示会继续与印度储备银行合作，提供打消他们的顾虑所需的任何额外细节。
>
> 据报道，此前印度当局对另外两家全球认可的信用卡网络美国运通（American Express）和大来俱乐部国际（Diners Club International）也采取了类似措施。

印度作为实施数据本地化与跨境流动限制的典型国家，这些做法引来了国际社会的诸多争议。我们理解，印度进行数据本地化与跨境传输限制的立法动因主要在于通过数据本地化实现数据价值甚至数据资产的本地化，这与印度以国家安全和网络安全之名下架众多中国知名手机应用，为本土互联网企业发展创造机会异曲同工。印度的个人数据保护的专门立法一波三折，也有深刻的经济、政治以及多方力量博弈的原因。

---

① *India Bans Mastercard from Adding New Customers over Data Storage Breach*, RT News (July 15, 2021), https://www.rt.com/business/529255-india-ban-mastercard-data-breach/.

一、与信息技术和网络安全相关的数据保护

印度于 2000 年就颁布了《信息技术法案》，该法案在 2008 年进行了修订，于 2009 年 10 月实施，主要针对网络违法行为中针对信息隐私和保密数据的攻击行为，网络服务提供商、外包公司及中介机构对滥用第三方信息的行为进行界定。随后，2011 年颁布了《2011 信息技术法规》。这部法规还规定了敏感的个人信息的定义为"相关方需要遵循额外规定和履行额外义务的信息，此类信息包括密码、银行和金融信息、身体和心理状况、生物特征的信息等"。

印度的通信与信息技术部在 2013 年 7 月发布了《印度国家网络安全政策》，里面也有关于保护信息安全的相关规定，例如，规定了"在处理、存储、传输信息过程中，应保护信息安全，以捍卫包括未成年人在内的网络用户的隐私权，减少由于网络犯罪或数据窃取所造成的损失"。[①]

二、特定行业的数据保护

对于特定的行业，例如，电信、医疗、金融、信贷等行业，印度政府出台了一些特定的行业规定以便对相关的数据控制主体进行一定约束，并增加了相应的法律义务。比如说，获取相关的医疗信息、电信信息等要求需要通过设置密码并需要输入密码后进行获取，以使重要数据被获取时有一定安全保障措施，防止不当泄露。像银行之类的信贷机构等单位，需要制定并遵守相关的信用信息规章制度，从制度上做好数据合规工作。

三、《2023 年数字个人数据保护法案》

自 2019 年印度议会首次引入数据隐私立法以来，印度的个人数据保护立法文本经过多次更迭，最新版本于 2022 年 11 月 18 日由印度电子与信息技术部（MeitY）在其网站上发布并征求意见。

经过多年的辩论，2023 年 8 月 7 日，印度议会下议院（Lok Sabha）

---

① 王捷：《漫谈〈印度 2019 个人数据保护法案〉》，载创业帮网，https://www.cyzone.cn/article/574552.html。

通过《2023 年数字个人数据保护法案》（Digital Personal Data Protection Bill 2023，简称 2023DPDPB）。8 月 9 日，该法案获得上议院（Rajya Sabha）批准。

MeitY 指出，2023DPDPB 力求以干扰最小的方法改变数据受托人处理数据的方式，促进营商便利性，并赋能印度的数字经济。MeitY 指出，该法案简明、易于理解、合理且可操作，因为它行文简洁、语言平实、包含实例、避免使用附带条件，并且最大程度地减少交叉引用。

（一）2023DPDPB 的适用和重要定义

2023DPDPB 适用于印度境内数字个人数据的处理。同时，该法案也适用于印度境外为印度提供商品或服务时对个人数据的处理。另在具体适用时，2023DPDPB 还规定了以下情形可豁免适用 2023DPDPB 的全部或部分规定：

- 对于指定机构，为了安全、主权、公共秩序等利益；
- 用于研究、存档或统计目的；
- 对于初创公司或其他已通知类别的数据受托人；
- 执行合法权利和主张；
- 履行司法或监管职能；
- 预防、侦查、调查或起诉犯罪行为；
- 根据外国合同在印度处理非居民的个人数据；
- 经批准的合并、分立等；
- 寻找违约者及其金融资产等。

"个人数据"被定义为可通过该数据或与该数据相关识别的个人的任何数据。数字个人数据既包括在线收集，也包括离线收集并数字化。

"处理"被定义为对数字个人数据进行的全部或部分自动化操作或一系列操作，包括收集、存储、使用和共享。

"数据受托人"相当于 GDPR 中的"数据控制者"概念，指单独或与其他主体共同决定处理个人数据的目的和方式的主体，此处"主体"包括个人、公司、企业、国家等主体。"数据处理者"指代表数据受托人处理个人数据的任何人。针对"重要数据受托人"，2023DPDPB 提出了需要强制任命数据保护官、数据审计员，并进行定期数据保护影响评估的要求。

（二）个人数据处理的合法性基础

2023DPDPB 中规定的合法性基础包括：同意；国家利益与政府职能；法律义务及生效判决；涉及生命健康；公共利益；数据主体为特定目的主动提供个人信息且未表示不同意使用；其他情况下的法律。依据 2023DPDPB 规定，个人只能经数据主体的同意或为某些合法用途（legitimate use）处理数据主体的个人数据。

2023DPDPB 规定，向数据主体提出的每项同意要求，均须附有或先由数据受托人向数据主体发出通知，告知如下内容：

- 处理的个人数据类型；
- 处理目的；
- 数据主体可行使撤回同意权及申诉权的方式；
- 数据主体向数据保护委员会提出投诉的方式。

（三）个人数据保护机构

中央政府将成立印度数据保护委员会，该委员会的主要职能包括：提供补救或减轻数据泄露的指示；调查数据泄露和投诉并处以经济处罚；对投诉提交替代争议解决方案并接受数据受托人的自愿承诺；建议政府封锁屡次违反条例草案规定的数据受托人的网站、应用程序等。

印度数据保护委员会成员的任期为两年，可连任。短期任命并可连任可能会影响委员会的独立运作。

（四）个人数据出境

2023DPDPB 规定中央政府可通过通知限制数据受托人将个人数据传输到印度以外的国家或地区进行处理，但不限制印度目前已生效的，针对印度境外的数据受托人就任何个人数据进行的传输提供了更高程度的保护或限制的任何法律的适用。

第三章

不同类型数据资产保护要求和实践

根据不同的数据主体和数据来源，数据资产可以分为个人信息数据、企业数据、政务和公共数据。2022年6月22日，中央全面深化改革委员会第二十六次会议对数据产权构建作出顶层设计，提出要建立数据产权制度，推进公共数据、企业数据、个人数据分类分级确权授权使用。2022年12月印发的《中共中央　国务院关于构建数据基础制度更好发挥数据要素作用的意见》在构建数据产权、流通交易、收益分配、安全治理的数据基础制度中，结合这三类数据资产的属性特点设定不同机制建立的目标和原则要求，其中公共数据侧重于汇聚共享和开放开发，目标是全力推进互联互通，打破"数据孤岛"；企业数据关注数据要素激励作用，强调市场主体享有依法依规持有、使用、获取收益的权益；个人信息数据则将个人信息安全置于首位。

本章节将依次对这三类数据资产，包括可以归属其中的重要数据、核心数据这两类国家严格监管的数据资产，以及企业经营发展过程中特别关注的拟上市公司的数据资产，就保护现状和合规要点进行阐述分析。

第一节　个人信息保护

个人信息保护是数据资产利用中非常重要的课题之一。无论是政府部门、企业或个人在数据的生产、流通等过程中往往都会涉及对于个人信息数据的处理问题，例如，政府部门在履职中可能会涉及对于政府工作人员的个人信息的收集、使用及公开等问题,在为公众提供教育、医疗等公共服务时需要收集和使用公民的姓名、身份证号等个人信息;企业在日常运营过程中,可能出于内部人力资源管理目的涉及大量的员工个人信息处理问题,也可能在面向消费者提供产品/服务时在消费者授权范围内对消费者的个人信息进行收集、使用、加工处理或提供;个人可能作为App运营者在为用户提供相应App产品及服务过程中基于用户授权同意处理其必要的个人信息等等。

个人信息作为"以电子或者其他方式记录的与已识别或者可识别的自然人有关的各种信息"[①],具有极强的人身依附性及专属性,不论其通过何种方式产生,均与特定自然人(即个人信息主体)的存在密不可分。因此,保护个人信息主体权益,是推动个人信息合理利用,充分发挥个人信息数据价值的基础,并已被明确纳入《个人信息保护法》《民法典》等相关法律规定的监管范畴。任何组织或个人处理含有个人信息的数据资产时,均应严格遵守个人信息保护相关法律规定的要求,包括但不限于遵循合法、正当、必要和诚信原则处理个人信息,保证个人信息的质量,保障个人信息主体的合法权益,采取适当的管理和技术措施确保个人信息安全,并切实落实其他法定个人信息保护义务等。

案例

郭兵与杭州野生动物世界有限公司服务合同纠纷案[②]

郭兵于2019年4月27日购买野生动物世界有限公司(以下简称"野生动物世界")双人年卡,留存相关个人身份信息,并录入指纹和拍照。后野生动物世界擅自将年卡入园方式由指纹识别调整为人脸识别,并向郭兵发送短信通知相关事宜,要求其进行人脸激活,双方协商未果,遂引发本案纠纷。

2020年11月20日,杭州市富阳区人民法院作出一审判决,判令野生动物世界赔偿郭兵合同利益损失及交通费共计1038元;

---

① 参见《个人信息保护法》第四条第一款。
② 《人脸识别第一案》,载中国法院网2022年3月8日,https://www.chinacourt.org/article/detail/2022/03/id/6563642.shtml。

删除郭兵办理指纹年卡时提交的包括照片在内的面部特征信息；驳回郭兵要求确认店堂告示、短信通知中相关内容无效等其他诉讼请求。郭兵与野生动物世界均不服，向杭州中院提起上诉。

2020年12月11日，杭州中院立案受理该案，并于同年12月29日公开开庭进行审理。杭州中院经审理认为，郭兵在知悉野生动物世界指纹识别店堂告示内容的情况下，自主作出办理年卡的决定并提供相关个人信息，该店堂告示对双方均具约束力，且不符合格式条款无效的法定情形；而人脸识别店堂告示并非双方的合同条款，对郭兵不发生效力。野生动物世界为游客游览提供了不同入园方式的选择，郭兵知情同意后办理指纹年卡，其选择权未受到侵害。野生动物世界亦不存在欺诈行为。但野生动物世界单方变更入园方式构成违约，应承担违约责任。且野生动物世界欲将其已收集的照片激活处理为人脸识别信息，超出事前收集目的，违反了正当性原则，故应当删除郭兵办卡时提交的包括照片在内的面部特征信息。鉴于野生动物世界停止使用指纹识别闸机，致使原约定的入园服务方式无法实现，亦应当删除郭兵的指纹识别信息。据此，二审在原判决的基础上增判野生动物世界删除郭兵办理指纹年卡时提交的指纹识别信息。

该案是"人脸识别纠纷第一案"，虽然在审理时《个人信息保护法》《最高人民法院关于审理使用人脸识别技术处理个人信息相关民事案件适用法律若干问题的规定》等规定尚未出台，但依然很好地体现了《民法典》等相关法律规定中有关个人信息保护的要求，被誉为个人信息司法保护的典范。

一、法律规定和执法实践

（一）法律法规和相关标准规定

我国已形成以《民法典》为基础，以《个人信息保护法》为核心，以

《网络安全法》《数据安全法》等为重要组成部分[①],以《儿童个人信息网络保护规定》、《信息安全技术 个人信息安全规范》(GB/T 35273—2020)等相关法律政策及国家标准为补充的个人信息保护法律体系框架。其中,《民法典》肯定了个人信息的人格权益及承载个人信息的数据的财产权益,并将数据行为定型为基本民事法律保护范围,在其第四编人格权中以专章形式明确了个人信息的保护范畴,开展个人信息处理活动及保障个人查阅权、复制权、删除权等的原则性要求。《个人信息保护法》作为我国第一部法律层面的个人信息保护专门立法,其在衔接《民法典》《网络安全法》《数据安全法》等相关法律法规的基础上,以规范个人信息处理活动为核心,确立处理个人信息的合法、正当、必要和诚信原则,赋予个人充分权利,构建了以"告知—同意"为核心的个人信息处理规则,明确了敏感个人信息的认定与保护规则及个人信息跨境提供规则,并创设了重要互联网平台的"守门人"制度等。

有关数据保护角度的法律体系框架已涵盖在本书第一章节中,有关个人信息跨境提供规则的法律体系框架已涵盖在本书第四章第三节数据出境中,本部分不再赘述。

在此对涉及个人信息保护的重要国家标准要点整理介绍如表3-1所示。

表 3-1 个人信息保护的重要国家标准要点

序号	标准名称	发布/生效日期	适用范围
1	《信息安全技术 个人信息处理中告知和同意的实施指南》(GB/T 42574—2023)	2023年5月23日发布;2023年12月1日生效。	该标准给出了处理个人信息时,向个人告知处理规则、取得个人同意的实施方法和步骤。该标准适用于个人信息处理者在开展个人信息处理活动时保障个人权益,也可为监管、检查、评估等活动提供参考。
2	《信息安全技术 个人信息去标识化效果评估指南》(GB/T 42460—2023)	2023年3月17日发布;2023年10月1日生效。	该标准提供了个人信息去标识化效果分级与评估的指南。该标准适用于个人信息去标识化活动,也适用于开展个人信息安全管理、监管和评估。

---

① 《2022年个人信息保护领域消费者权益保护报告》,载中国消费者协会网2023年3月8日,https://www.cca.org.cn/xxgz/detail/30617.html。

续表

序号	标准名称	发布/生效日期	适用范围
3	《信息安全技术 个人信息安全工程指南》（GB/T 41817—2022）	2022年10月14日发布；2023年5月1日生效。	该标准提出了个人信息安全工程的原则、目标、阶段和准备，提供了网络产品和服务在需求、设计、开发、测试、发布阶段落实个人信息安全要求的工程化指南。该标准适用于涉及个人信息处理的网络产品和服务（含信息系统），为其同步规划、同步建设个人信息安全措施提供指导，也适用于组织在软件开发生存周期开展隐私工程时参考。
4	《信息安全技术 人脸识别数据安全要求》（GB/T 41819—2022）	2022年10月14日发布；2023年5月1日生效。	该标准规定了人脸识别数据的安全通用要求以及收集、存储、使用、传输、提供、公开、删除等具体处理活动的安全要求。该标准适用于数据处理者安全开展人脸识别数据处理活动。
5	《信息安全技术 步态识别数据安全要求》（GB/T 41773—2022）	2022年10月14日发布；2023年5月1日生效。	该标准规定了步态识别数据收集、存储、传输、使用、加工、提供、公开、删除等数据处理活动的安全要求。该标准适用于步态识别数据处理者规范数据处理活动，监管部门、第三方评估机构对步态识别数据处理活动进行监督、管理、评估参考使用。

续表

序号	标准名称	发布/生效日期	适用范围
6	《信息安全技术 基因识别数据安全要求》(GB/T 41806—2022)	2022年10月14日发布；2023年5月1日生效。	该标准规定了基因识别数据及关联信息的收集、存储、使用、加工、传输、提供、公开、删除等数据处理活动的安全要求。 该标准适用于基因识别数据及关联信息的处理者规范数据处理活动，也可为监管部门、第三方评估机构对基因识别数据处理活动进行监督、管理、评估提供参考。
7	《信息安全技术 声纹识别数据安全要求》(GB/T 41807—2022)	2022年10月14日发布；2023年5月1日生效。	该标准规定了在声纹识别数据的收集、存储、使用、传输、提供、公开、删除等活动中，对数据处理者的安全要求。 该标准适用于规范数据处理者的声纹识别数据处理行为。
8	《信息安全技术 移动互联网应用程序（App）收集个人信息基本要求》(GB/T 41391—2022)	2022年4月15日发布；2022年11月1日生效。	该标准规定了App收集个人信息的基础要求，给出了常见服务类型App必要个人信息范围和使用要求。 该标准适用于App运营者规范其个人信息收集活动，也适用于监管部门、第三方评估机构等对App个人信息收集活动进行监督、管理和评估。

续表

序号	标准名称	发布/生效日期	适用范围
9	《信息安全技术 个人信息安全影响评估指南》（GB/T 39335—2020）	2020年11月19日发布；2021年6月1日生效。	该标准给出了个人信息安全影响评估的基本原理、实施流程。该标准适用于各类组织自行开展个人信息安全影响评估工作，同时可为主管监管部门、第三方测评机构等组织开展个人信息安全监督、检查、评估等工作提供参考。
10	《信息安全技术 个人信息安全规范》（GB/T 35273—2020）	2020年3月6日发布；2020年10月1日生效。	该标准规定了开展收集、存储、使用、共享、转让、公开披露、删除等个人信息处理活动应遵循的原则和安全要求。该标准适用于规范各类组织的个人信息处理活动，也适用于主管监管部门、第三方评估机构等组织对个人信息处理活动进行监督、管理和评估。

（二）行政执法实践

根据《个人信息保护法》《网信部门行政执法程序规定》等相关法律法规的规定，我国目前确立了国家网信办统筹协调个人信息保护的职责，各行业主管部门在所辖行业及领域内、安全系统部门在其职责范围内、县级以上地方政府部门在其地域辖区内承担相应的个人信息保护和监督管理职责的行政执法框架。近年来，在前述行政执法框架下，网信、公安、工信、市监等部门通过开展"App专项治理""净网行动""清朗行动""网剑行动"等多项行动与活动，严厉打击侵害个人信息权益的行为。2022年，全国网信部门依法查处以强制、诱导、欺诈等恶意方式违法违规处理个人信息行为的App共计294款；全国公安机关深入推进"净网2022"专项行动，截至年底共侦办案件8.3万起；工业和信息化部共发布《关于侵害用户权益行为的App通报》5批，敦促相关企业按要求完成整改；① 全国市场监督管理部门也在消费者个人信息保护领域开出了多张万元级别的罚单，例如，针对镇江某置业有限公司利用人脸识别系统违法收集使用消费者人脸信息的行为，润州区市场监管局依法作出责令当事人改正违法行为，并罚款15万元的行政处罚；上海市普陀区市场监管局依法对某公司通过扫码点餐非法收集消费者个人信息的行为作出警告和罚款5万元的行政处罚等。

此外，自《个人信息保护法》明确将个人信息保护纳入检察公益诉讼的法定领域之后，最高检也先后下发《关于贯彻执行个人信息保护法推进个人信息保护公益诉讼检察工作的通知》《关于加强刑事检察与公益诉讼检察衔接协作严厉打击电信网络犯罪加强个人信息司法保护的通知》，明确将个人信息保护作为检察公益诉讼新领域办案重点。据统计，全国检察机关2022年共立案办理个人信息保护公益诉讼案件6000余件。②

二、合规要点

（一）哪些个人信息处理活动会落入我国现行个人信息保护法律体系的监管范围？

《个人信息保护法》采用了属地属人双重适用原则。在属地原则方面，任何组织、个人"在中华人民共和国境内处理自然人个人信息的活动"③应满足我国现行个人信息保护相关法律规定的监管要求；在属人原则方面，在中华人民共和国境外处理中华人民共和国境内自然人个人信息的活动，有下列情形之一的，也须遵从我国现行个人信息保护有关法律规定的监管要求：

---

① 《2022年个人信息保护领域消费者权益保护报告》，载中国消费者协会网2023年3月8日，https://www.cca.org.cn/xxgz/detail/30617.html。

② 《深化个人信息保护检察公益诉讼——最高检第八检察厅负责人就个人信息保护检察公益诉讼典型案例答记者问》，载中华人民共和国最高人民检察院网2023年3月31日，https://www.spp.gov.cn/spp/zdgz/202303/t20230331_609882.shtml。

③ 参见《个人信息保护法》第三条第一款。

"（一）以向境内自然人提供产品或者服务为目的；（二）分析、评估境内自然人的行为；（三）法律、行政法规规定的其他情形。"①

（二）如何保障个人信息处理活动的开展符合合法、诚信原则的要求？

首先，任何组织、个人不得非法收集、使用、加工、传输他人个人信息，不得非法买卖、提供或者公开他人个人信息。在处理个人信息前，个人信息处理者应先以显著方式、清晰易懂的语言真实、准确、完整地向个人告知个人信息处理规则并取得个人的同意或具备其他法定合法性基础②。其中，基于个人同意处理个人信息的，该同意应当由个人在充分知情的前提下自愿、明确作出。例如，在火锅店强制扫码点餐侵权案中，某火锅店要求顾客必须扫码关注其微信公众号才能点餐否则就无法提供服务的行为，即属于强制授权收集自然人个人信息的行为，违反了个人信息处理活动的合法、正当、必要原则。

在部分场景下，对于个人信息处理活动的开展还需要取得个人的单独同意，包括涉及处理敏感个人信息、向其他个人信息处理者提供个人信息、向境外接收方提供个人信息、公开个人信息或将在公共场所安装图像采集、个人身份识别设备所收集的个人图像、身份识别信息用于维护公共安全之外的其他目的等。例如，在前文提到的郭兵与杭州野生动物世界有限公司服务合同纠纷案中，郭兵在知情同意后办理指纹年卡，此时，野生动物园取得郭兵对其指纹信息的授权同意，并可用于入园身份验证目的；但对于该案的争议核心——人脸识别数据，郭兵虽在办卡时提交了照片，但当郭兵在向野生动物世界提交该等照片时并未对该照片内承载的面部特征信息进行授权，野生动物园拟提取并使用该等面部特征信息的行为属于超出原有个人信息处理目的和方式的行为，此时应重新获取个人信息主体，即郭兵的单独同意。

其次，个人信息处理者处理个人信息时必须履行法律法规设定的个人信息保护义务，包括但不限于采取适当的管理和技术措施确保个人信息安全，处理个人信息达到国家网信部门规定数量时应指定个人信息保护负责

---

① 参见《个人信息保护法》第三条第二款。
② 参见《个人信息保护法》第十三条。

人、定期合规审计、依法开展个人信息保护影响评估、个人信息安全事件的补救和通知等等。

再次，对于个人信息的处理不得通过误导、欺诈、胁迫等方式进行，例如不应以红包、积分、福利、抽奖等奖励为由收集与奖励内容不相关的个人信息；不应隐瞒产品或服务所具有的收集个人信息的功能，例如不应隐瞒产品具有调用用户剪贴板信息的业务功能，擅自监测、读取用户剪贴板信息。

最后，对于个人信息的处理不应危害国家安全、公共利益。例如，蔡某侵犯公民个人信息案中，蔡某作为物流公司工作人员，利用上班便利用手机对快递包裹上的快递单拍照，非法获取寄件人、收件人的个人信息，再以每条信息1.3元至1.5元不等的价格，非法出售8000多条公民个人信息给李某。其前述行为不仅侵扰公民生活安宁，也会破坏社会公众秩序，损害社会公共利益。最终，普宁市人民法院经审理，以侵犯公民个人信息罪判处蔡某有期徒刑十个月，并处罚金15000元，追缴其违法所得12884元。

（三）如何保障对于个人信息的处理符合正当、必要原则的要求？

正当、必要原则（或称"最小必要原则"）是处理个人信息所必须遵从的基本原则之一，也是近年来个人信息保护监管工作的重点之一。

根据最小必要原则的要求，任何组织和个人作为个人信息处理者处理个人信息应具有明确、合理的目的且仅能处理满足个人信息主体授权同意的目的所需的最少个人信息类型和数量。目的达成后，应及时删除个人信息。具体而言，即：

① 个人信息处理者在收集个人信息时，应当限于实现处理目的的最小范围，不得过度收集个人信息；收集的个人信息类型或索取的可收集个人信息的设备系统权限应与实现产品或服务的业务功能有直接关联，自动采集个人信息的频率应是实现产品或服务的业务功能所必需的最低频率，间接获取个人信息的数量应是实现产品或服务的业务功能所必需的最少数量；

② 个人信息处理者使用个人信息时，不应超出与收集个人信息时所声称的目的具有直接或合理关联的范围；

③ 个人信息处理者不得以个人信息主体不同意处理其个人信息或者撤回同意为由，拒绝提供产品或服务或干扰个人正常使用服务，但处理个人信息属于提供产品或者服务所必需的除外；

④ 除法律法规另有规定或者个人信息主体另行同意外，个人信息存储期限应为实现个人信息主体授权使用的目的所必需的最短时间；超出上述个人信息存储期限后，个人信息处理者应对个人信息进行删除或匿名化处理；

⑤ 个人信息处理者应建立最小授权的访问控制策略，使被授权访问个人信息的人员仅能访问完成职责所需的最少个人信息，且仅具备完成职责所需的最少个人信息处理权限。

（四）个人信息处理者在处理个人信息时是否要保证个人信息的质量？

根据《个人信息保护法》等相关法律政策的规定，处理个人信息应当保证个人信息的质量，避免因个人信息不准确、不完整对个人权益造成不利影响。具体而言，个人信息处理者应在个人信息收集、使用过程中保障个人信息的完整性、有效性和准确性；在数据传输、存储等过程中采取加密技术等措施防范个人信息被未经授权访问、篡改及破坏等；同时，及时响应个人信息对其不完整、不准确的个人信息进行补充、更正的行使权利请求。

（五）个人信息主体享有哪些个人信息相关的合法权益？

根据个人信息保护相关法律政策的规定，个人信息主体对其个人信息的处理享有如下权利：

1. 知情权、决定权

个人信息主体对其个人信息的处理享有知情权、决定权，有权要求个人信息处理者对其个人信息处理规则进行解释说明，并有权限制或拒绝他人对其个人信息进行处理，但法律法规另有规定的除外。

2. 撤回同意权

基于个人信息主体同意处理个人信息的，个人信息主体有权撤回其同意。个人信息处理者应当提供便捷的撤回同意的方式。但个人信息主体撤回同意，不影响撤回前基于其同意已进行的个人信息处理活动的效力。

3. 查阅、复制权

个人信息主体有权向个人信息处理者请求查阅、复制其个人信息，个人信息处理者应及时提供。

4. 可携带权

个人信息主体有权请求将其个人信息转移至其指定的个人信息处理者，符合国家网信部门规定条件的，个人信息处理者应当提供转移的途径。

5. 更正、补充权

个人发现其个人信息不准确或者不完整的，有权请求更正、补充其个人信息，个人信息处理者应对其个人信息予以及时更正、补充。

6. 删除权

当出现个人信息处理目的已实现、无法实现，或为实现处理目的不再必要，①或个人信息处理者停止提供产品或服务，或个人信息保存期限已届满，或个人信息主体撤回同意，或个人信息处理者出现违法违约处理个人信息等情形时，个人信息处理者应主动删除个人信息。否则，个人有权请求删除其个人信息，个人信息处理者应及时删除。但是，如果法定保存期限尚未届满，或者删除个人信息从技术上难以实现的，个人信息处理者则应停止除存储和采取必要的安全保护措施之外的处理。

7. 账号注销权

个人信息主体有权向个人信息处理者请求注销其在个人信息处理者相关产品/服务注册的用户账号，个人信息处理者应为其提供便捷的账号注销权行使路径，且不得为用户注销账号设置不必要或不合理的条件，如需

---

① 例如，郭兵与杭州野生动物世界有限公司服务合同纠纷案中，野生动物世界停止使用指纹识别闸机后，其与郭兵对于原有指纹处理目的（入园验证）的约定无法再实现，因此，二审法院判定野生动物世界删除郭兵办理指纹年卡时提交的指纹识别信息是对郭兵个人信息删除权的保障。

提交用户手持身份证照片等信息才允许注销且未说明注销后是否会删除注销时提交的身份证照片信息等。

8. 逝者个人信息权益

除逝者生前另有安排外，自然人死亡的，其近亲属为了自身的合法、正当利益，可以对逝者的相关个人信息行使查阅、复制、更正、删除等权利。

（六）法定的个人信息相关权益的维权路径主要有哪些？

1. 由个人向个人信息处理者自行维权

对于个人信息主体权益的维护，根据《个人信息保护法》的规定，个人信息主体可以通过个人信息处理者建立的申请受理或处理渠道（如在线操作、客服热线、电子邮件等）提出请求；如果个人信息处理者拒绝个人行使权利的请求的，个人信息主体还可以依法向人民法院提起诉讼。

2. 通过个人信息保护公益诉讼方式保障相关个人的合法权益

如果个人信息处理者违法处理个人信息，侵害众多个人的权益的，根据《个人信息保护法》的规定，人民检察院、法律规定的消费者组织和由国家网信部门确定的组织可以依法向人民法院提起诉讼。针对前述个人信息侵权情形，人民检察院可以直接提起个人信息保护公益诉讼，也可以在法律规定的消费者组织和由国家网信部门确定的组织提起个人信息保护公益诉讼时支持起诉。

根据2021年8月最高检《关于贯彻执行个人信息保护法推进个人信息保护公益诉讼检察工作的通知》，人民检察院在履行公益诉讼检察职责时将重点、从严把握五类信息：一是敏感个人信息，比如生物识别、特殊身份、医疗健康、金融账号、行踪轨迹等信息；二是特殊群体个人信息，比如儿童、妇女、残疾人、老年人等群体的个人信息；三是重点领域处理的个人信息，比如教育、医疗、就业、养老、消费等领域处理的信息；四是100万人以上的大规模个人信息；五是对因时间、空间等联结形成的特定对象的个人信息。① 此外，由人民检察院依法提起的个人信息保护公益诉讼也包含行政公益诉讼，当人民检察院在履职中发现负有个人信息保护监督管理职责的行政机关违法行使职权或者不作为，致使国家利益或者社会公共利益受到侵害的，应当向行政机关提出检察建议，督促其依法履行职责；行政机关不依法履行职责的，人民检察院依法向人民法院提起诉讼。例如，在江西省南昌市人民检察院（以下简称"南昌市院"）督促整治手机App侵害公民个人信息行政公益诉讼案中，南昌市院经调研确定江西省通信管理局、南昌市公安局、南昌市互联网信息办公室（以下统称"职能部门"）未履行个人信息保护监督管理职责，于2020年8月20日立案。此后，南昌市院运用"磋商＋听证"的监督模式，加强与前述职能部门的沟通协调，并于2020年8月27日向南昌市公安局、南昌市网信办发出诉前检察建议，要求两行政机关依法对案涉手机App违法收集使用个人信息行为进行监管及处罚，并加强对本市辖区内App收集使用个人信息等行为的监管，强化网络执法督查相关工作。同年10月23日，南昌市公安局、南昌市网信办回复南昌市院，已要求案涉手机App运营主体针对检测发现的25个问题逐一开展对照整改及优化等工作，对其中4款手机App运营主体予以警告处罚。②

（七）在开展未成年人个人信息数据处理活动时，应主要注意满足哪些个人信息保护合规要求？

根据《个人信息保护法》《未成年人保护法》《未成年人网络保护条例》《儿童个人信息网络保护规定》等相关法律法规的规定，个人信息处理者应当注意满足如下个人信息保护合规要求：

① 严格遵守国家网信部门和有关部门关于网络产品和服务必要个人信息范围的规定，不得强制要求未成年人或者其监护人同意非必要的个人信息处理行为，不得因为未成年人或者其监护人不同意处理未成年人非必要个人信息或者撤回同意，拒绝未成年人使用其基本功能服务；

---

① 郑爱芝、张海燕：《立足个人信息保护 深入解析检察公益诉讼》，载最高人民检察院网，https://www.spp.gov.cn/spp/llyj/202211/t20221107_591962.shtml。

② 《检察机关个人信息保护公益诉讼典型案例》，载最高人民检察院网，https://www.spp.gov.cn/spp/xwfbh/wsfbt/202104/t20210422_516357.shtml＃2。

② 若为未成年人提供信息发布、即时通讯等服务的，应当依法要求未成年人或者其监护人提供未成年人真实身份信息，未成年人或者其监护人不提供未成年人真实身份信息的，不得为未成年人提供相关服务；

③ 若提供网络直播服务的，应当建立网络直播发布者真实身份信息动态核验机制，不得向不符合法律规定情形的未成年人用户提供网络直播发布服务；

④ 不得通过自动化决策方式向未成年人进行商业营销；

⑤ 应当自行或者委托专业机构每年对其处理未成年人个人信息遵守法律、行政法规的情况进行合规审计，并将审计情况及时报告网信等部门；

⑥ 发现未成年人私密信息或者未成年人通过网络发布的个人信息中涉及私密信息的，应当及时提示，并采取停止传输等必要保护措施，防止信息扩散；通过未成年人私密信息发现未成年人可能遭受侵害的，应当立即采取必要措施保存有关记录，并向公安机关报告；

⑦ 若处理不满十四周岁的未成年人（即儿童）个人信息的，还应当设置专门的儿童个人信息保护规则和用户协议，指定专人负责儿童个人信息保护；应在收集、使用、转移、披露儿童个人信息前，以显著、清晰的方式告知儿童监护人，征得儿童监护人的同意；并可以采取合理措施建立年龄认证和身份识别系统，以有效识别儿童并采取更为严格的保护措施；

⑧ 其他法定的个人信息保护义务。

（八）个人信息出境的三大路径是什么？

个人信息处理者因业务等需要，确需向中华人民共和国境外提供个人信息的，可通过如下路径进行：

① 依法通过国家网信部门组织的安全评估；

② 按照国家网信部门的规定经专业机构进行个人信息保护认证；

③ 按照国家网信部门制定的标准合同与境外接收方订立合同，约定双方的权利和义务。

有关个人信息出境的具体合规要点参见本书第四章第三节数据出境的相关内容。

（九）个人信息处理者一般可以采取哪些管理和技术措施保护个人信息的安全？

根据《个人信息保护法》等相关法律法规的要求，个人信息处理者应采取下述适当的管理和技术措施保护个人信息安全，包括但不限于：

① 制定内部管理制度和操作规程；

② 对个人信息实行分类管理；

③ 采取相应的加密、去标识化等安全技术措施；合理确定个人信息处理的操作权限，并定期对从业人员进行安全教育和培训；

④ 制定并组织实施个人信息安全事件应急预案；

⑤ 开展处理敏感个人信息、利用个人信息进行自动化决策，委托处理个人信息、向其他个人信息处理者提供个人信息、公开个人信息，或向境外提供个人信息等对个人权益有重大影响的个人信息处理活动前，事先进行个人信息保护影响评估；

⑥ 定期对处理个人信息遵守法律、行政法规的情况进行合规审计等。

（十）何种情形下，个人信息处理者需要指定个人信息负责人？

《个人信息保护法》第五十二条至第五十三条明确规定，处理个人信息达到国家网信部门规定数量的个人信息处理者应当指定个人信息保护负责人，负责对个人信息处理活动以及采取的保护措施等进行监督；并应公开个人信息保护负责人的联系方式，将个人信息保护负责人的姓名、联系方式等报送履行个人信息保护职责的监管部门。若个人信息处理者位于我国境外的，应当在中华人民共和国境内设立专门机构或者指定代表，负责处理个人信息保护相关事务，并将有关机构的名称或者代表的姓名、联系方式等报送履行个人信息保护职责的部门。

目前，尚无法律规定对上述应指定个人信息保护负责人的个人信息处理数量予以明确；实践中，个人信息处理者可先参照《信息安全技术 个人信息安全规范》（GB/T 35273—2020）的规定在符合下列条件时指定个人信息保护负责人：当个人信息处理者的主要业务涉及个人信息处理，且从业人员规模大于200人；或处理超过100万人的个人信息，或预计在12个月内处理超过100万人的个人信息；或处理超过10万人的个人敏感信息的。同时，个人信息处理者应密切关注个人信息保护相关的立法动态，在法律规定明确对应指定个人信息保护负责人的个人信息处理数量予以界定时，及时根据相应法律规定审查并健全对于个人信息保护负责人的设置。

（十一）提供重要互联网平台服务、用户数量巨大、业务类型复杂的个人信息处理者，应当履行哪些个人信息保护义务？

根据《个人信息保护法》，提供重要互联网平台服务、用户数量巨大、业务类型复杂的个人信息处理者，应当履行下列义务：

① 按照国家规定建立健全个人信息保护合规制度体系，成立主要由外部成员组成的独立机构对个人信息保护情况进行监督；

② 遵循公开、公平、公正的原则，制定平台规则，明确平台内产品或者服务提供者处理个人信息的规范和保护个人信息的义务；

③ 对严重违反法律、行政法规处理个人信息的平台内的产品或者服务提供者，停止提供服务；

④ 定期发布个人信息保护社会责任报告，接受社会监督。

第二节 企业数据保护

随着数字经济的发展，数据日益成为企业不可或缺的重要生产资料，并成为企业的核心竞争力之一。对于企业数据，2022年12月颁布的《中共中央 国务院关于构建数据基础制度更好发挥数据要素作用的意见》明确各类市场主体对其在生产经营活动中采集加工的不涉及个人信息和公共利益的数据，享有依法依规持有、使用、获取收益的权益。

目前，对于企业数据权益的保护主要通过《反不正当竞争法》的商业秘密条款、一般条款和互联网条款实现。在积极探索企业数据权益保护路径的同时，国家也对企业特别是互联网平台危害市场竞争秩序、消费者利益和社会公共利益的数据垄断行为进行了规制。

一、商业秘密保护和不正当竞争

（一）涉数据不正当竞争行为的表现形式

1. 侵犯商业秘密

> **赵某、智源享众公司侵害商业秘密案**[①]
>
> 赵某入职融七牛公司后，融七牛公司明确了赵某的保密义务，并对公司的商业秘密采取了保密措施。赵某将含有融七牛公司营销获客渠道数据的 excel 文件披露给竞争对手智源享众公司，智源享众公司获悉后主动联系其中记载的渠道商寻求商务合作。融七牛公司以赵某、智源享众公司的行为构成不正当竞争为由诉至法院。一审法院经审理认为，赵某的行为和智源享众公司的行为违反《反不正当竞争法》，均侵害了融七牛公司的商业秘密，判令赵某、智源享众公司停止被诉行为、永久删除承载商业秘密的文件，赵某、智源享众公司分别赔偿经济损失 5 万元、15 万元，共同赔偿合理开支约 3 万元。赵某不服一审判决，提起上诉。二审法院判决驳回上诉，维持原判。

根据《反不正当竞争法》，商业秘密是指不为公众所知悉、具有商业价值并经权利人采取相应保密措施的技术信息、经营信息等商业信息。关于技术信息和经营信息，《最高人民法院关于审理侵犯商业秘密民事案件适用法律若干问题的规定》进一步详细解释，技术信息是指与技术有关的结构、原料、组分、配方、材料、样品、样式、植物新品种繁殖材料、工

[①] 《北京知识产权法院涉数据反不正当竞争十大典型案例》，载北京知识产权法院网 2023 年 4 月 23 日，https://bjzcfy.bjcourt.gov.cn/article/detail/2023/07/id/7382298.shtml。

艺、方法或其步骤、算法、数据、计算机程序及其有关文档等信息；经营信息是指与经营活动有关的创意、管理、销售、财务、计划、样本、招投标材料、客户信息、数据等信息，其中客户信息包括客户的名称、地址、联系方式以及交易习惯、意向、内容等信息。

因此，对于具有商业价值的数据，企业若想通过商业秘密的路径进行保护和权利主张的，应当采取相应保密措施，使其符合商业秘密秘密性、价值性、保护性的构成要件。根据《反不正当竞争法》，若企业员工、前员工或其他单位、个人包括企业合作方以盗窃、贿赂、欺诈、胁迫、电子侵入或者其他不正当手段获取企业商业秘密或者违反保密义务或企业有关保守商业秘密的要求，向他人披露或者允许他人使用其所掌握的商业秘密的都构成侵犯商业秘密的行为。

2. 不正当获取和使用其他具有合法权益的数据

神鹰公司爬取数据不正当竞争案[①]

神鹰公司未经许可，利用技术手段抓取、存储贝壳找房网中的房源基本信息、交易信息、实勘图、VR图、户型图等（以下简称"涉案数据"），同时自动去除贝壳网房源图片的水印，并将涉案数据通过信息网络向其用户或公众传播，包括在产品内向其用户本身展示、供用户编辑和下载，将涉案数据发布至第三方房产信息平台以及微信等。链家公司、小屋公司以神鹰公司的行为构成不正当竞争为由诉至法院。一审法院经审理认为，神鹰公司的行为构成不正当竞争，故判令神鹰公司消除影响并连带赔偿链家公司、小屋公司经济损失500万及合理开支50万元。

[①] 《北京知识产权法院涉数据反不正当竞争十大典型案例》，载北京知识产权法院网 2023 年 4 月 23 日，https://bjzcfy.bjcourt.gov.cn/article/detail/2023/07/id/7382298.shtml。

企业特别是互联网企业在通过互联网开展生产经营过程中收集的用户数据、平台运营产生的原始数据以及企业对前述数据运用技术加工形成的衍生数据也具有极高的商业价值。对于这部分不构成商业秘密，但企业投入一定经济成本、能给企业带来经济利益，企业主张具有合法权益的数据，其获取和使用引起的不正当竞争案件也在近年频繁涌现。

司法实践中数据不正当竞争行为主要包括不正当获取数据和不正当使用数据。不正当获取数据，例如通过网络爬虫等非正常技术手段抓取其他网络平台设置了访问限制的公开或者非公开的数据。不正当使用数据，即使获取数据的手段合法，也不意味着可以任意使用对方数据，例如：

① 超过最小必要的合理限度使用通过网络爬虫抓取其他网络平台的公开数据，构成对被爬取平台服务的实质性替代。在"大众点评诉百度案"[①]中，百度公司大量、全文使用涉案点评信息，实质替代大众点评网向用户提供信息，对大众点评网的经营者汉涛公司造成损害，其行为违反了公认的商业道德和诚实信用原则，具有不正当性，构成不正当竞争。

② 在使用抓取的公开数据时未尽到基本的注意义务而给数据原始主体带来利益损害。在"蚂蚁金服诉企查查案"[②]中，朗动公司运营的企查查推送的涉及蚂蚁微贷的清算信息，因推送方式的设置问题，引发公众将历史清算信息误认为即时信息；在推送内容的准确性上，也与作为其数据来源的全国企业信用公示系统存在偏差。朗动造成了蚂蚁金服、蚂蚁微贷商誉上的损失，构成不正当竞争。

（二）法律规定和司法实践

不正当获取和使用非商业秘密的企业数据的竞争行为并未落入当前的《反不正当竞争法》第六条至第十二条的特别规定调整范畴。针对互联网领域新近涌现的涉数据、算法不正当竞争案件，当前的司法实践主要是通

---

① 《大量使用他人点评信息 百度不正当竞争被判323万元》，载《人民法院报》2017年9月5日，http：//rmfyb.chinacourt.org/paper/html/2017-09/05/content_129820.htm。

② 余建华、陈若星：《首例公共数据不正当竞争案宣判"蚂蚁"胜诉》，载《人民法院报》2020年4月30日，http：//rmfyb.chinacourt.org/paper/html/2020-04/30/content_167665.htm。

过《反不正当竞争法》第二条"经营者在生产经营活动中，应当遵循自愿、平等、公平、诚实信用的原则，遵守法律和商业道德。本法所称的不正当竞争行为，是指经营者在生产经营活动中，违反本法规定，扰乱市场竞争秩序，损害其他经营者或者消费者的合法权益的行为"，或者《反不正当竞争法》"互联网专条"第十二条第二款第四项的兜底条款，"经营者不得利用技术手段，通过影响用户选择或者其他方式"实施"其他妨碍、破坏其他经营者合法提供的网络产品或者服务正常运行的行为"，进行规制，但司法实践尚未就此类案件形成统一的裁判规则，而是从数据权益保护条件、不正当竞争行为认定、损害认定等进行个案裁判。

为了更好治理新经济、新业态、新模式发展中出现的一些新型的不正当扰乱竞争秩序的行为，2022年11月22日，国家市场监督管理总局就《反不正当竞争法（修订草案征求意见稿）》公开征求意见，这也是《反不正当竞争法》自2017、2019年修订后启动的第三次修改。本次修订在总则中强调"国家健全数字经济反不正当竞争规则"，明确规定经营者不得利用数据和算法、技术、资本优势以及平台规则等从事不正当竞争行为，并将诞生于2017年的"互联网专条"扩展成了整整七个条文，其中对于非法获取和使用非商业秘密的数据修订意见稿也进行了回应，新增了"商业数据专条"（第十八条）。

征求意见稿将经营者依法收集、具有商业价值并采取相应技术管理措施的数据纳入商业数据的范畴进行保护，并将"公众可以无偿利用的信息相同的数据"排除在商业数据的保护范围之外。征求意见稿列举了不正当获取和使用商业数据的三种典型行为，包括以盗窃、胁迫、欺诈、电子侵入等方式，破坏技术管理措施，不正当获取商业数据；违反约定或者合理、正当的数据抓取协议，获取和使用商业数据；披露、转让或者使用以不正当手段获取的商业数据。

（三）合规要点

1. 企业应当如何保护商业秘密以及避免侵犯他人商业秘密？

① 企业应当建立、健全商业秘密管理制度，明确商业秘密的范围，使用、披露商业秘密的流程以及监督检查机制，并对企业自身的商业

秘密以及在经营过程中通过合法手段获取的他人的商业秘密采取保护措施。

② 企业应当与能够接触、获取商业秘密的员工、前员工、客户、合作伙伴、供应商、来访者签订保密协议或者在合同中约定保密义务，并通过章程、培训、规章制度、书面告知等方式，加强公司员工、供应商等的商业秘密保护意识。

③ 企业在对外合作中涉及商业秘密信息披露的，企业应审慎选择具有相应安全管理能力的合作伙伴，并对合同履行过程中商业秘密的使用情况及泄露情况进行监督管理；

④ 企业在对外合作中或企业并购中涉及获取他人商业秘密的，应开展商业秘密尽职调查，对获取商业秘密的行为从法律合规、经济价值以及企业自身的安全能力等方面开展风险评估。

2. 企业应当如何规范涉非商业秘密的数据的竞争行为？

① 企业应当建立全方位全流程合规控制体系，遵守反不正当竞争领域的法律、法规、规章等规定，利用数据、算法开展竞争行为前应通过合规审查，并定期开展公司高管和工作人员合规培训，加强员工的合规意识。

② 企业在生产经营过程中收集和使用他人数据或者公开数据时，应当审查数据获取是否具备合法授权或者获取手段是否正当。例如，在使用爬虫等技术手段爬取其他网络平台数据时，企业应当关注被爬网站Robots协议或版权声明所载内容，避免因绕过Robots协议爬取数据而侵犯第三方数据权益。同时，企业还应防止对获取数据的不当使用，不应超过授权范围或者最小必要的合理限度使用数据，同时在使用数据时应尽到基本的注意义务，避免数据的使用方式侵害原始数据主体或其他第三方的合法权益。

③ 企业对于自身收集、产生和加工形成的具有商业价值的数据，应当通过相应技术管理措施设置访问限制，并通过网站Robots协议或平台声明主张数据权益。

二、数据反垄断与互联网平台监管

> **国家市场监督管理总局对阿里巴巴、美团实施"二选一"垄断行为进行处罚和行政指导**[①]
>
> 2021年4月,国家市场监督管理总局针对阿里巴巴集团控股有限公司在中国境内网络零售平台服务市场滥用市场支配地位,实施"二选一"垄断行为处以182.28亿元。同年10月,国家市场监督管理总局针对美团在中国境内网络餐饮外卖平台服务市场滥用市场支配地位,实施"二选一"垄断行为处以34.42亿元的罚款。国家市场监督管理总局的行政处罚决定书指出,阿里巴巴和美团禁止或阻碍平台内经营者与其他竞争性平台合作,限定平台内经营者只能与其进行交易,涉及借助市场力量、平台规则和数据、算法等技术手段,采取多种奖惩措施保障"二选一"要求执行,排除、限制了相关市场竞争,妨碍了市场资源要素自由流动,影响了平台经济创新发展,损害平台内商家和消费者的合法权益,构成2007年通过的《反垄断法》第十七条第一款第四项[②]禁止"没有正当理由,限定交易相对人只能与其进行交易"的滥用市场支配地位行为。
>
> 国家市场监督管理总局还分别向阿里巴巴和美团发出《行政指导书》,要求进行全面整改,并连续三年向国家市场监督管理总局提交自查合规报告。

[①] 其中,对阿里巴巴的处罚与指导参见《国家市场监督管理总局行政处罚决定书》(国市监处〔2021〕28号)、《国家市场监督管理总局行政指导书》(国市监行指反垄〔2021〕1号),载国家市场监督管理总局网,https://www.samr.gov.cn/zt/qhfldzf/art/2021/art_74b2593fd32a432baf3dcbd163935167.html;对美团的处罚与指导参见《国家市场监督管理总局行政处罚决定书》(国市监处罚〔2021〕74号)、《国家市场监督管理总局行政指导书》(国市监行指〔2021〕2号),载国家市场监督管理总局网,https://www.samr.gov.cn/zt/qhfldzf/art/2021/art_20d2233982c843f58681b4067444 1050.html。

[②] 对应2022年修正的《反垄断法》第二十二条第一款第四项。

（一）互联网平台的数据垄断表现形式

根据《国务院反垄断委员会关于平台经济领域的反垄断指南》，互联网平台是指通过网络信息技术，使相互依赖的双边或者多边主体在特定载体提供的规则下交互，以此共同创造价值的商业组织形态。

互联网平台天然带有垄断属性，其垄断建立在商业模式、网络外部性与规模经济、对数据流量与算法的排他性占有基础之上。对数据、算法与流量的垄断，是平台垄断得以持续并不断扩大优势的关键，为此要对用户数据进行占有并实现利润变现。平台权力和平台垄断主要依托算法与流量垄断，借此平台得以对自身业务进行特殊照顾，对竞争对手隐秘打压，并对用户实施歧视性做法。由此暴露出的"二选一"、"大数据杀熟"、算法合谋、扼杀性收购等问题，严重扭曲了正常的市场竞争环境。[1]

互联网平台可以从不同的维度实现数据垄断。第一，要求用户提供超出平台服务范围的数据。在我国，很多互联网平台要求用户提供各类数据，尤其是利用平台的市场势力和用户黏性，要求使用过程中的用户提供授权服务。事实上，这些授权服务和用户获得的服务并不具有关联性，而是平台出于挖掘用户潜在需求的需要而要求的。第二，利用数据优势巩固市场地位。互联网平台收集不同维度的用户数据，给用户画像，有针对性地对用户进行服务，增加用户黏性，巩固市场地位。第三，利用数据优势排斥市场竞争。平台不仅可以利用数据优势排斥其他竞争者进入该领域，也可以利用获得的数据进入其他市场，破坏其他市场的有序竞争。[2]

（二）法律规定和执法活动

我国对于数据反垄断监管主要针对互联网平台开展。2020年12月11日，中共中央政治局召开会议，分析研究2021年经济工作，其中提到强化反垄断和防止资本无序扩张。2021年，国家在平台反垄断领域针对互联网平台企业的立法与执法行动明显增多。

---

[1] 张志安、冉桢：《中国互联网平台治理：路径、效果与特征》，载《新闻与写作》2022年第5期，第57-69页。

[2] 林森：《互联网平台垄断的表现、影响及应对措施》，载《中国发展观察》2021年第22期，第62-64页。

1. 立法层面

2021年2月7日,《国务院反垄断委员会关于平台经济领域的反垄断指南》发布,明确了对平台经济开展反垄断监管的原则。

2021年10月29日,国家市场监督管理总局发布了《互联网平台分类分级指南(征求意见稿)》和《互联网平台落实主体责任指南(征求意见稿)》,将互联网平台根据体量与功能划分为三个等级与六个类别,并提出了数据管理和数据安全、自然人隐私和个人信息保护、反垄断和反不正当竞争、开放生态等多方面的平台主体责任要求。

2021年12月24日,国家发展改革委等部门联合印发《关于推动平台经济规范健康持续发展的若干意见》,针对平台经济发展中平台企业滥用市场支配地位、开展不正当竞争中的新情况、新问题,提出修订《反垄断法》,完善《数据安全法》《个人信息保护法》配套规则,细化平台企业数据处理规则,探索数据和算法安全监管等意见。

2022年6月24日,修正后的《反垄断法》正式颁布,明确了反垄断相关制度在平台经济领域的具体适用规则。原则上要求经营者不得利用数据和算法、技术、资本优势以及平台规则等从事该法禁止的垄断行为;同时也结合具体垄断行为提出细化的规则条款,规定具有市场支配地位的经营者不得利用数据和算法、技术以及平台规则等从事该法规定的滥用市场支配地位的行为。

2. 执法层面

执法层面也是动作不断。2021年4月13日,国家市场监督管理总局会同中央网信办、国家税务总局针对强迫实施"二选一"以及其他突出问题,召开互联网平台企业行政指导会,百度、腾讯、滴滴、京东等34家互联网平台企业代表参加。同年4月10日与10月8日,国家市场监督管理总局针对阿里巴巴与美团"二选一"行为分别处以182.28亿与34.42亿的罚款。

此外,对部分头部互联网平台企业通过垄断数据扭曲数字市场竞争的行为,国家亦强制推动平台之间的互联互通。自2010年腾讯与奇虎360爆发"3Q大战"以来,封锁外链就成为平台企业维护自身核心利益的重要手段。2021年7月,工业和信息化部启动了为期半年的互联网行业专项整治行动,屏蔽外部网址链接是重点整治问题。9月,工业和信息化部又召开"屏蔽网址链接问题行政指导会",要求从9月17日起,各平台必须按标准解除屏蔽。10月,国家市场监督管理总局发布《互联网平台落实主体责任指南(征求意见稿)》,要求平台间享有平等的权利和机会。

(三)合规要点

结合前述平台经济领域反垄断的相关法律政策,并以国家市场监督管理总局向阿里巴巴集团和美团发出的行政指导书为鉴,互联网平台服务提供者,特别超大型互联网平台服务提供者,可以从建设内部合规管理机制、完善平台治理规则、加强数据和算法治理等几个方面规范平台的经营行为和数据垄断行为:

1. 平台内部合规管理机制建设应关注哪些要点?

① 建立并有效执行反垄断合规制度,明确合规管理要求和流程,完善反垄断合规风险识别和评估、合规审查以及合规考核等内部机制。

② 建立全方位全流程合规控制体系,将各业务条线和环节纳入法律合规框架,对一线业务人员管理权限进行有效管控,对平台内经营者制定惩罚性机制或实施惩罚措施应当经过内部法律合规审查。

③ 定期开展公司高管和工作人员合规培训,增强反垄断合规意识,提升合规能力。

④ 遵守反垄断领域的法律、法规、规章等规定,利用技术手段、平台规则和数据、算法开展竞争行为前应通过合规审查。

2. 平台治理规则完善有哪些要点?

① 完善服务协议、平台运营、资源管理、流量分配等交易规则,客观中立设定搜索、排序等算法,公平公正使用数据资源,切实提高平台治理规则的公开性和透明度。

② 按照公平合理无歧视的原则与平台内经营者开展合作,不得从事向平台内经营者收取不公平高价服务费、对平台内经营者施加不合理限制或者附加不合理交易条件、歧视性对待平台内经营者等行为。

③ 建立消费者、平台用户、社会专家等对平台企业的外部评价机制,自觉接受社会监督,不断完善平台内部治理规则。

④ 保障平台内各方主体权益,建立并畅通投诉举报渠道,健全投诉处

理制度和争议在线解决机制，制定并公示争议解决规则，及时、有效处理平台内经营者和消费者反映的问题。

3. 平台数据、算法、应用管理有哪些反垄断合规要点？

① 收集平台用户个人数据应遵循合法、正当、必要原则。未经用户同意，不得将经由平台服务所获取的个人数据与来自自身其他服务或第三方服务的个人数据合并使用。

② 利用平台掌握的大数据进行产品推荐、订单分配、内容推送、价格形成、业绩考核、奖惩安排等运用时，需要遵守公平、公正、透明的原则，遵守法律、法规，尊重社会公德和基本的科学伦理，不得侵害公民基本权利以及企业合法权益。

③ 依法加大平台内数据和支付、应用等资源端口开放力度，充分尊重用户选择权，不得没有正当理由拒绝交易，促进跨平台互联互通和互操作。

第三节 政务与公共数据保护

国家政务部门在履行职责和提供服务过程中积累了海量的基础性、关键性的数据资产。在大数据发展以及数据作为新型生产要素的创新引擎作用日益凸显的背景下，在依法合规、保障国家秘密、个人信息和商业秘密等敏感数据安全的前提下，加强政务数据共享开放，促进政务数据的开发利用和流通交易，不仅可以赋能数字政府和智慧城市的建设，还可以实现政务数据的高效配置，推动数字经济的创新发展。

> **北京公交实时数据的开放共享**[①]
>
> 2019年底，北京市交通委牵头对接北京公交集团、北京地铁等多家公司公交车辆的实时数据，搭建了北京交通绿色出行一体化

[①] 《绿色出行激励效果初显，累计服务市民245万人次》，载北京市交通委员会网 2020年11月3日，http://jtw.beijing.gov.cn/xxgk/xwfbh/202011/t20201103_2127960.html。

服务平台（MaaS平台），向社会开展公共交通服务的平台和企业免费开放对接接口，提供实时公交数据。目前，高德地图、百度地图、腾讯地图等多个互联网交通服务产品都已经完成了对接，公众可以在自己常用的手机地图App上方便地看到车辆到站时间、拥挤程度等信息，显著改善了市民的公共出行体验。

湖南省某卫生健康局自动采集生物识别信息行政公益诉讼案[①]

湖南省长沙市某区卫生健康局（以下简称"区卫健局"）为推进数字化门诊建设，自2019年7月12日起，要求长沙市某区辖区内17家医疗卫生机构陆续使用电子签核系统推送疫苗接种知情告知书，疫苗受种者或监护人点击"同意"时系统自动采集指纹和人脸识别信息，收集电子数据的存储及主机均由各社区卫生服务中心管理。截至2022年3月11日，上述机构共收集83万余条涉及指纹、人脸识别等个人生物识别信息。

某区人民检察院接到群众举报后查明，相关医疗卫生机构违反个人信息处理的合法、正当、必要和诚信原则，过度收集服务对象指纹和人脸等个人生物识别信息，未按要求解决电子签核系统的弱口令、数据未加密等安全漏洞，未能防范未经授权的访问及个人信息泄露、篡改、丢失等高风险，未落实网络安全等级保护制度要求，对敏感个人信息保护的内部管理不到位。区卫健局和区公安分局对上述医疗卫生机构收集、处理敏感个人信息活动未尽到监管职责。

2022年5月11日、16日，区人民检察院分别向区卫健局、区公安分局送达行政公益诉讼诉前检察建议，建议区卫健局改进征求知情同意的方式。区卫健局、区公安分局收到行政公益诉讼诉前检察建议后开始改进。据了解，截至2022年8月8日，升级

[①] 《个人信息保护检察公益诉讼典型案例》，载最高人民检察院网，https：//www.spp.gov.cn/spp/xwfbh/wsfbt/202303/t20230330_609756.shtml#2。

> 后的电子签核系统已采用电子屏签字的方式确认接种告知并在局域网运行；收集的电子签字、疫苗接种等个人信息已加密；收集的个人生物识别信息也已在医疗卫生机构彻底删除。

政务数据主要指各级政府部门和经法律法规授权具有管理公共事务职能的组织（以下统称为"政务部门"）在履行职责过程中收集和产生的各类数据。从国家已出台的重要政策文件来看，此类型的数据可能会使用政务信息（资源）、公共信息资源、政务数据（资源）、政府数据、公共数据（资源）等概念。在早期的政策文件中，使用"政府信息（资源）"概念较为常见，但近年来，随着数字经济发展，国家政策和地方立法更多使用"政务数据（资源）"或"公开数据"的概念。① 为行文统一，除政策法规原文使用其他概念外，本文使用"政务数据"的概念。

一、政务数据的政策变迁

（一）大数据发展背景下的开放共享

对于政务数据，我国早期立法政策主要以政府信息公开为主。政府信息公开有利于提高政府工作的透明度，保障公民权利，监督政府依法行政，同时又可以服务于人民群众的生活和经济社会活动。随着信息技术变革和经济社会的发展，数据作为"国家基础性战略资源"受到国家重视，为推动大数据发展和应用，加快建设数据强国，2015年，国务院发布《促进大数据发展行动纲要》，提出要"大力推动政府信息系统和公共数据互联开放共享，加快政府信息平台整合，消除信息孤岛，推进数据资源向社会开放"。

2016年2月，中共中央办公厅、国务院办公厅发布《关于全面推进政务公开工作的意见》，提出要全面推进政务公开，坚持以公开为常态、不公开为例外，推进行政决策、执行、管理、服务、结果和重点领域信息公开，推动简政放权、放管结合、优化服务改革。同时，意见提出要扩大政

---

① 中国信息通信研究院：《政务数据共享开放安全研究报告》，载中国信通院网，http：//www.caict.ac.cn/kxyj/qwfb/ztbg/202101/t20210114_368309.htm。

务开放参与，按照《促进大数据发展行动纲要》的要求，稳步推进政府数据共享开放。同年5月，全国推进简政放权放管结合优化服务改革电视电话会议指出"目前我国信息数据资源80%以上掌握在各级政府部门手里，'深藏闺中'是极大浪费"，点出了我国简政放权过程中的这一突出问题。①

至此，国家从政府信息公开转向强调政务数据开放共享。②随后，根据《促进大数据发展行动纲要》，国家陆续发布了部署和推进政务数据开放共享的政策文件，特别是《国务院关于印发政务信息资源共享管理暂行办法的通知》（国发〔2016〕51号）、《国务院办公厅关于印发政务信息系统整合共享实施方案的通知》（国办发〔2017〕39号）、《国家发展改革委 中央网信办关于印发〈政务信息资源目录编制指南（试行）〉的通知》（发改高技〔2017〕1272号）等推动了政务信息资源目录编制和体系建立、政务信息系统整合共享和政务数据共享交换平台建设和接入。

（二）数据要素下的流通交易

自2020年以来，国家一方面颁布《国务院办公厅关于建立健全政务数据共享协调机制加快推进数据有序共享的意见》《国务院关于加强数字政府建设的指导意见》《全国一体化政务大数据体系建设指南》等重要政策文件，进一步推进全国一体化政务大数据体系建设，加强政务数据汇聚融合、共享开放和开发利用，以赋能数字政府建设。另一方面，随着数据作为生产要素的地位确认，国家也开始以鼓励的态度，积极探索和推动政务数据的流通交易，以充分释放政务数据要素价值。

2019年10月，党的十九届四中全会决定首次将数据纳入生产要素，提出了要健全数据等生产要素由市场评价贡献、按贡献决定报酬的机制。2020年3月，《中共中央 国务院关于构建更加完善的要素市场化配置体制机制的意见》发布，提出要加快培育数据要素市场等任务，除推进政府数据开放共享、提升社会数据资源价值外，还强调要加强数据资源整合，丰富数据产品，根据数据性质完善产权性质。

---

① 赵丽、王玉凤：《政府信息数据"深藏闺中"公开决心不够难破壁垒》，载中国法院网2016年5月17日，https：//www.chinacourt.org/article/detail/2016/05/id/1870959.shtml。

② 《〈政务数据开发利用研究报告（2021版）〉正式发布》，载国家信息中心网2021年11月11日，http：//www.sic.gov.cn/sic/83/260/1111/11176_pc.html。

就政务数据的授权运营，2021年3月，《中华人民共和国国民经济和社会发展第十四个五年规划和2035年远景目标纲要》（以下简称"国家'十四五'规划"）提出要提高数字政府建设水平，加强公共数据开放共享，明确要开展政府数据授权运营试点，鼓励第三方深化对公共数据的挖掘利用。同年12月，国务院印发《"十四五"数字经济发展规划》，提出要通过数据开放、特许开发、授权应用等方式，鼓励更多社会力量对政务数据和公共数据进行增值开发利用。

2022年12月，《中共中央 国务院关于构建数据基础制度更好发挥数据要素作用的意见》系统提出从数据产权、流通交易、收益分配、安全治理等四方面加快构建数据基础制度体系，并强调要研究数据产权登记的新形式。针对公共数据，在数据产权方面，意见提出要推进实施确权授权机制，强化统筹授权使用和管理，鼓励公共数据在保护个人隐私和确保公共安全的前提下，按照"原始数据不出域、数据可用不可见"的要求，以模型、核验等产品和服务等形式向社会提供；在流通交易方面，意见提出要推动用于数字化发展的公共数据按政府指导定价有偿使用；在收益分配方面，意见提出要探索个人、企业、公共数据分享价值收益的方式，探索建立公共数据资源开放收益合理分享机制。

二、我国政务数据体系建设现状

2022年10月，国务院办公厅发布《全国一体化政务大数据体系建设指南》（国办函〔2022〕102号）总结了我国政务数据体系建设的现状和存在的主要问题。

在主管机构设置上，根据指南，全国31个省（自治区、直辖市）均已结合政务数据管理和发展要求明确政务数据主管部门，负责制定大数据发展规划和政策措施，组织实施政务数据采集、归集、治理、共享、开放和安全保护等工作，统筹推进数据资源开发利用。例如，北京市政务大数据主管部门为北京市经济和信息化局（北京市大数据管理中心），上海市政务大数据主管部门为上海市大数据管理中心，广东省政务大数据主管部门为广东省政务服务管理局，浙江省政务大数据主管部门为浙江省大数据发展管理局。

在政务数据目录编制中，目前覆盖国家、省、市、县等层级的政务数据目录体系初步形成，各地区各部门依托全国一体化政务服务平台汇聚编制政务数据目录超过300万条，信息项超过2000万个，人口、法人、自然资源、经济等基础库初步建成。

在政务数据共享和开放平台建设上，截至2022年底，全国一体化政务数据共享枢纽已接入各级政务部门5951个，发布各类数据资源1.5万类，累计支撑共享调用超5000亿次。我国已有208个省级和城市的地方政府上线政府数据开放平台，其中省级平台21个（含省和自治区，不包括直辖市和港澳台），城市平台187个（含直辖市、副省级与地级行政区）。[①]

但根据《全国一体化政务大数据体系建设指南》，我国政务数据体系建设仍存在政务数据统筹管理机制有待完善、政务数据共享供需对接不够充分、政务数据支撑应用水平亟待提升、政务数据标准规范体系尚不健全、政务数据安全保障能力亟须强化等主要问题。鉴于此，指南提出要重点从统筹管理、数据目录、数据资源、共享交换、数据服务、算力设施、标准规范、安全保障这八个方面，组织推进全国一体化政务大数据体系建设。目标是在2023年底前，初步形成全国一体化政务大数据体系，政务数据资源基本纳入目录管理，有效满足数据共享需求；到2025年，全国一体化政务大数据体系更加完备，政务数据资源全部纳入目录管理，政务数据共享需求普遍满足，数据资源实现有序流通。

三、政务数据的共享开放

（一）共享开放规则的精细化趋势

在国家政策的引导下，各主管部门和地方政府也加快了政务数据的相关政策和法律文件的制定与出台，指导本部门和本地区的政务数据的采集、使用、管理和数据安全，同时，各主管部门和地方政府还陆续推动专门规范政务数据的共享、开放的办法规定、实施细则、指南标准的出台，

---

① 《国家互联网信息办公室发布〈数字中国发展报告（2022年）〉》，载中国网信网，http：//www.cac.gov.cn/2023-05/22/c_1686402318492248.htm。

数据共享开放政策整体走向精细化。①

以上海为例，2019 年 8 月，上海出台国内首部公共数据开放管理规定《上海市公共数据开放暂行办法》，以规范上海市公共数据开放和相关管理活动。同年 11 月，上海市经济信息化委员会根据暂行办法的要求制定印发《上海市公共数据开放分级分类指南（试行）》，公共数据开放主体可以根据指南对公共数据进行分级分类，确定开放类型（非开放、有条件开放、无条件开放三种类别）、开放条件和监管措施。2022 年 12 月底，上海市经济信息化委和上海市互联网信息办公室发布《上海市公共数据开放实施细则》进一步在实施层面优化了包括公共数据清单开放、分类分级以及开放计划和组织等机制，完善了公共数据获取从开放申请、受理、处理、反馈、交付等全流程的具体规则和管理要求。

（二）政务数据共享开放的原则和要求

政务数据的共享是指各级政务部门因履行职责需要，使用其他政务部门的政务数据以及为其他政务部门提供政务数据的行为。政务数据的开放是指政务部门在安全保密、公共利益导向前提下，面向公民、法人和其他组织以非排他形式提供政务数据的行为。中央政策和地方规定对于政务数据的共享开放的主要原则和分类标准大体如表 3-2 所示。

表 3-2　政务数据的共享开放的原则和分类标准

	数据共享	数据开放
原则	以共享为原则，不共享为例外； 需求导向，无偿使用； 统一标准，统筹建设，坚持一数一源、多源校核； 建立机制（共享管理机制和工作评价机制），保障安全。	需求导向、安全可控、分级分类、统一标准、便捷高效 依法、有序

---

① 中国信息通信研究院：《政务数据共享开放安全研究报告》，载中国信通院网，http：//www.caict.ac.cn/kxyj/qwfb/ztbg/202101/t20210114_368309.htm。

续表

	数据共享	数据开放
分类标准	分为无条件共享、有条件共享和不予共享三类。 无条件共享：可以直接提供给所有政务部门共享使用的政务数据； 有条件共享：可提供给相关政务部门共享使用或仅能够部分提供给所有政务部门共享使用的政务数据。 不予共享：不宜提供给其他政务部门共享使用的政务数据。 将政务数据列入有条件共享数据的，应当说明理由并明确共享条件；列入不予共享数据的，应当提供明确的法律、法规、规章或者国家有关规定依据。	分为不予开放、有条件开放和无条件开放三类： 不予开放：涉及国家秘密、商业秘密、个人隐私，或者其他法律、法规规定不得开放的政务数据； 有条件开放：对数据安全和处理能力要求较高、时效性较强或者需要持续获取的政务数据； 无条件开放：除不予开放和有条件开放以外的政务数据。 涉及个人信息、商业秘密等不予开放的政务数据经匿名化和脱敏处理或经权利主体授权同意后可以列入有条件或无条件开放数据。

就政务数据的开放共享，国家标准化管理委员会发布《信息技术 大数据 政务数据开放共享》（GB/T 38664—2020）系列标准，全套标准分为总则、基本要求、开放程度评价、共享评价四个部分，为政务部门实施政务数据开放共享工程，为企事业单位、其他组织参与或实施公开数据开放共享工程规划、建设、验收和运营等活动提供支持，规范引导政务数据开放共享和开放利用，标准各部分主要内容如表3-3所示。

表3-3 《信息技术 大数据 政务数据开放共享》内容框架

《信息技术 大数据 政务数据开放共享》	
第1部分 总则	从总体结构和管理角度规定政务数据开放共享的参考架构和总体要求。
第2部分 基本要求	规定政务数据开放共享的网络设施、数据资源、平台设施和安全保障的基本要求，对第1部分总体要求进行细化。

续表

第3部分 开放程度评价	规定政务数据开放程度评价的评价原则、评价指标体系和评价方法，支撑第1部分总体要求中的管理评价要求。
第4部分 共享评价	规定政务数据共享的评价内容及评价方法，支撑第1部分总体要求中的管理评价要求。

四、政务数据的流通交易

针对政务数据的流通交易，各地也在依法依规、保障数据安全的前提下，通过公共数据授权运营、政务数据资产登记交易来促成政务数据的有序流动和价值实现。

（一）政务数据授权运营

1. 各地实践探索

早在国家"十四五"规划和《"十四五"数字经济发展规划》表明对开展政务数据授权运营的鼓励态度之前，成都[1]、北京[2]等地已在探索公共数据授权运营，为国家政策文件的制定提供经验参考。以成都为例，2018年成都就制定了《成都市公共数据管理应用规定》，2020年出台了《成都市公共数据运营服务管理办法》。成都市政府将市政府政务数据集中运营授权给市属全资国有企业成都市大数据集团，搭建了全国首个公共数据运营服务平台，探索开展公共数据授权运营。

2022年国家确定构建数据要素基础制度后，各地也纷纷响应，立法（通过数据条例或者政务和公共数据管理办法等）明确探索建立公共数据授权运营机制，部分省市也起草发布了专门规范公共数据授权运营的管理办法或方案的征求意见稿，例如《浙江省公共数据授权运营管理办法（试

---

[1] 刘泰山：《探访公共数据运营的"成都模式"：让城市数据"活"起来》，载腾讯网，https://new.qq.com/rain/a/20220317A094ON00。

[2] 《打造数字经济标杆城市　北京市经信局授权北京金控集团运管金融公共数据专区》，载网易网，https://www.163.com/dy/article/FM0H5Q400519QIKK.html。

行)》《北京市公共数据专区授权运营管理办法(试行)》《杭州市公共数据授权运营实施方案(试行)》《长沙市政务数据运营暂行管理办法(征求意见稿)》等。

2. 上海组建上海数据集团

据"上海发布"微信公众号2022年9月29日消息,上海数据集团有限公司当日正式揭牌成立。成立上海数据集团,是上海市委、市政府贯彻落实网络强国、数字中国、智慧社会战略的重要举措,也是落实《上海市数据条例》,加快实现超大城市治理体系和治理能力现代化的有力举措。数据集团的成立和运行,对于助力上海城市数字化转型,促进数字经济发展,构筑数据领域发展新优势,具有重要意义。

数据集团是以数据为核心业务的具有功能保障属性的市场竞争类企业,功能定位是构建数据要素市场、激发数据要素潜能、保障数据安全。集团将承担上海市公共数据和国企数据的授权运营,作为上海一体化城市大数据资源基础治理的支撑主体,围绕数字产业化、产业数字化以及数据生态领域开展布局,致力于成为国内数据要素交汇、供给、配置及市场化开发利用的领军企业。

据悉,上海市政府已正式授权数据集团开展公共数据运营业务,推动数据集团以公共数据为牵引,加快实现公共数据、行业数据、社会数据资源的整合与布局。

3. 北京的公共数据专区授权运营模式

以北京的公共数据专区授权运营模式为例,公共数据专区是市大数据平台的重要组成部分,是指针对重大领域、重点区域或特定场景,为推动政企数据融合和社会化开发利用而建设的各类专题数据区域的统称。

2020年4月,北京市大数据工作推进小组办公室(设在北京市经济和信息化局)出台了《关于推进北京市金融公共数据专区建设的意见》,意见表示将在遵循政府引导、市场运作、创新引领、安全可控的原则下,探索通过授权开放的方式推动金融公共数据应用。经市政府同意,由市经济和信息化部门授权具有公益性、公信力、技术能力和金融资源优势的市属国有企业对专区及金融公共数据进行运营。2020年9月,北京市经济和信息化局与北京金融控股集团签署协议,携手开展金融公共数据专区的授权运营管理。北京金融大数据有限公司作为北京金融控股集团的全资子公司，负责金融公共数据专区具体运营工作。依托金融公共数据专区丰富的政务数据资源，北京金融大数据公司利用自主研发的"京云征信"平台打造信用信息搜索引擎，提供企业信用信息查询、信用评估报告、风险提示、贷后/保后预警等一站式服务功能。截至目前，"京云征信"平台已实现对北京主要融资担保机构征信服务的全覆盖。①

在积累了金融公共数据专区建设经验后，2022年11月21日，北京市经济和信息化局印发《关于推进北京市数据专区建设的指导意见》的通知，通知将数据专区分为领域类、区域类及综合基础类三种类型，表明将利用2至3年时间，建立健全数据专区配套管理制度和标准规范，形成一套科学完备且操作性强的专区管理制度体系。

随后，2022年11月25日通过的《北京市数字经济促进条例》明确规定将在北京市设立金融、医疗、交通、空间等领域的公共数据专区，推动公共数据有条件开放和社会化应用。市人民政府可以开展公共数据专区授权运营。市人民政府及其有关部门可以探索设立公共数据特定区域，建立适应数字经济特征的新型监管方式。2023年7月，北京市经济和信息化局发布《北京市公共数据专区授权运营管理办法（试行）》，管理办法对公共数据专区授权运营管理机制、工作流程、运营单位管理要求、专区数据管理要求、安全管理和考核评估等方面进行了具体规范，并鼓励公共数据专区探索市场自主定价模式。

（二）政务数据资产登记

1. 地方立法

在数据资产登记方面，政务与公共数据登记与确权走在了各类数据资产登记确权实践的前列。我国数据资产登记始于2002年前后启动的政务信息资源目录体系建设。② 在地方层面，2017年贵州省发布全国首个政府数

---

① 李志勇：《北京金融公共数据专区助力金融"活水"精准"滴灌"》，载中国经济网2023年1月11日，http://district.ce.cn/newarea/roll/202301/11/t20230111_38339437.shtml。

② 郭明军、童楠楠：《探索数据产权登记新方式，加快构建全国一体化数据要素登记体系》，载国家发展和改革委员会网，https://www.ndrc.gov.cn/xxgk/jd/jd/202212/t20221220_1343700.html。

据资产管理登记办法《贵州省政府数据资产管理登记暂行办法》，但是该办法中的数据资产登记还是政务数据目录建设的概念，主要目的是便于政府部门全面了解政府的数据资产信息。

把政务数据当作生产要素进行确权登记、价值评估和流通交易方面，广东省走在了前列。2022年6月，广东省政务服务数据管理局印发了专门的《广东省公共数据资产登记与评估试点工作指引（试行）》，规定公共数据资产登记和评估各个环节的工作要求和具体流程，以推动实现公共数据资产登记、流通、价值评估全闭环管理。

2. 地方实践

2022年8月9日，广东省佛山市数据要素市场化配置全流程改革发布会举行。会上，广东省政务服务数据管理局颁发了全省首批公共数据资产登记证书，全省首个经广东省政务服务数据管理局确认的公共数据运营服务商与佛山市顺德多家银行、保险机构完成签约。①

此次首批入市的公共数据产品涵盖了乡村振兴、产业发展、高科技、工程、安全生产、气象六大场景，包括支农客流宝、产融数通宝、高科数察宝、招采数谱保、应急数察典和气象综数通共六项产品。以支农客流宝为例，购买了该产品的农业银行顺德分行机构部负责人介绍说："该产品整合了公共资源交易等各部门数据，能有针对性地为目标客户量身定制融资方案，既有利于提升银行风险控制能力，也可以提高客户办贷成功率，助力顺德乡村振兴和地区发展。"②

针对公共数据资产流通过程中的"互信难"问题，顺德授权全国资企业——佛山市顺科智汇科技有限公司成为广东首个公共数据运营服务商，并向广东省政务服务数据管理局备案确认，由政府背书，解决数据可靠问题。顺德指定数据应用经验丰富的企业广东德信行信用管理有限公司、

---

① 《广东在全国率先发放公共数据资产凭证》，载广东省政务服务数据管理局网2021年10月16日，http://zfsg.gd.gov.cn/xxfb/ywsd/content/post_3578321.html。

② 《央媒聚焦！顺德：打通数据流通"任督二脉"》，载澎湃网2022年12月22日，https://www.thepaper.cn/newsDetail_forward_21267576。

广东美云智数科技有限公司两家公司作为数据经纪人,撮合数据产品开发方与市场购买方,解决数据交易双方信任问题,达成数据交易流通。①

五、政务数据安全

(一)政策法规

在大力推动政务数据共享开放的同时,数据安全的重要性愈发突出。2020年5月《中共中央 国务院关于新时代加快完善社会主义市场经济体制的意见》强调要加强数据资源整合和安全保护,制定数据隐私保护制度和安全审查制度,推动完善适用于大数据环境下的数据分类分级安全保护制度,加强对政务数据、企业商业秘密和个人数据的保护。

2021年9月正式生效的《数据安全法》以第五章"政务数据安全与开放"强化了政务数据安全,要求国家机关对在履行职责中知悉的个人隐私、个人信息、商业秘密、保密商务信息等数据应当依法予以保密;要求受托处理政务数据的,应当依照法律、法规的规定和合同约定履行数据安全保护义务,不得擅自留存、使用、泄露或者向他人提供政务数据。

随后生效的《个人信息保护法》明确规定国家机关处理个人信息同样适用《个人信息保护法》,并强调国家机关为履行法定职责处理个人信息,应当依照法律、行政法规规定的权限、程序进行,不得超出履行法定职责所必需的范围和限度,且应当依照《个人信息保护法》的规定履行告知义务。同时明确规定国家机关处理的个人信息应当在境内存储;确需向境外提供的,应当进行安全评估。不管是《数据安全法》还是《个人信息保护法》都明确指出法律、法规授权的具有管理公共事务职能的组织为履行法定职责开展数据处理活动和个人信息处理活动的,都同样适用前述法律对国家机关的规定要求。

随着数据安全重要性的凸显,各省市在出台的政务数据和公共数据相关法律文件中也都增加了单独的数据安全章节,实行"谁收集谁负责、谁使用谁负责、谁运行谁负责"的责任制,要求政务数据主管部门、政务部

---

① 《广东在全国率先发放公共数据资产凭证》,载广东省政务服务数据管理局网2021年10月16日,http://zfsg.gd.gov.cn/xxfb/ywsd/content/post_3578321.html。

门建立数据安全管理机制，落实数据采集、归集、整合、共享、开放等环节的安全责任。在政务数据分类分级管理方面，目前重庆、浙江、贵州等地已经出台相应分类分级指南，指导当地政务数据分类分级管理工作。

（二）标准规范

针对政务数据共享中的数据安全保障的技术要求，国家标准化管理委员会于 2021 年 6 月 1 日实施《信息安全技术　政务信息共享　数据安全技术要求》(GB/T 39477—2020)，通过充分调研和梳理政务信息共享的数据流程，抽取共性，分析政务信息数据流转的过程及面临的数据安全风险，梳理安全控制点等，总结现有各种数据安全技术应对政务信息共享过程中面临数据风险的能力，提出政务信息共享数据安全技术要求框架，规定了政务信息共享过程中共享数据准备、共享数据交换、共享数据使用阶段的数据安全技术要求以及相关基础设施的安全技术要求。

六、合规要点

（一）政务和公共数据开放共享的主要风险有哪些？如何应对？

如北京公交实时数据开放共享案例所示，政务数据具有巨大的经济价值，合法有序地开放和共享能够切实有效地提升政府的治理能力和市民的生活体验。但同时也要注意到目前政务数据在采集、开放和共享使用方面仍存有不少法律风险，主要有：

1. 政务数据权属不明

当前立法政策对于政务数据的所有权归属并无明确规定，而政务数据采集、共享、交换过程中，存在多部门、多主体作为数据提供方、数据共享交换服务方和数据使用方等不同角色参与，数据在不同主体之间流动，存在权属关系不明确、职责分工模糊、安全措施不完备的现象。

2. 个人信息保护强化

政务数据是政务部门在依法履职和提供公共服务过程中产生的数据，其中包含了大量的个人信息。政务部门基于履职和提供公共服务所必需的个人信息处理活动，包括但不限于个人信息共享和公开，需要在《个人信息保护法》框架内进行。

3. 数据利用主体和数据利用目的的不确定性

政务数据开放后存在数据利用主体与数据使用目的双重不确定性。由于国内政务数据开放共享的许可机制尚未建立健全，当前大部分的地方政策文件中对于数据利用主体的责任承担只有"依法追究相应责任"比较原则的规定。在此背景下，双重不确定性也为政务数据开放共享带来难以预估的法律风险。

针对上述法律风险，可以通过制定相关许可授权规则，细化政务数据开放的许可授权机制；完善个人信息数据各级开放制度，根据匿名化程度对个人信息进行分类分级并以此为基础对不同类型的政务和公共数据建立适配的共享和开放规则；建立政务数据利用合规治理机制，包括建立政务和公共数据利用申请制度、对数据利用主体的监督制度以及通过数据技术的培育与数据技术规则的架构，提升数据利用主体的数据合规能力等举措来防范政务和公共数据开放共享过程中的法律风险。[①]

（二）政务部门采集和利用个人信息时应当注意哪些合规要点？

如前文所述，国家机关以及法律、法规授权的具有管理公共事务职能的组织依法履职过程中的个人信息处理活动应当在《个人信息保护法》的框架下进行，采集和利用个人信息应当遵循个人信息处理合法、正当、必要和诚信的基本原则。

在前文所述湖南省某卫生健康局自动采集生物识别信息行政公益诉讼案中，区卫健局为推进数字化门诊建设要求辖下医疗卫生机构使用电子签核系统推送疫苗接种知情告知书，但征求疫苗受种者或监护人的知情同意的方式违反了个人信息处理的必要性原则，未采取对个人权益影响最小的方式，履行法定职责过程中没有平衡好个人信息保护与个人信息合理利用的关系，过度收集了服务对象的指纹和人脸等个人生物识别信息。

---

① 任丹丽：《政务数据使用的法理基础及其风险防范》，载《法学论坛》2023年第2期，第142-150页。

因此，国家机关以及法律、法规授权的具有管理公共事务职能的组织在采集和利用个人信息前应首先明确和评估具体的处理目的、对个人权益影响最小的处理方式以及为实现该目的所必需的最小个人信息范围。涉及处理敏感个人信息等对个人权益有重大影响的处理活动还应当按照《个人信息保护法》开展个人信息保护影响评估，在确保对收集个人信息采取的保护措施可以合法有效地防范对个人权益的影响和风险时再开展相关个人信息处理活动。

第四节 重要数据保护

数据分类分级是开展数据安全工作的前提，也是当前数据安全建设的难点所在。不同类型的数据，其重要性和价值均不同，应予以区别对待，最大限度实现数据安全防护和数据资源开发利用的平衡。在满足合规的前提下，让数据资产得以高效利用，让数据的价值充分发挥，为组织带来更多效益。

> **知网因掌握大量个人信息和重要数据等被启动网络安全审查**[①]
>
> 为防范国家数据安全风险，维护国家安全，保障公共利益，依据《国家安全法》《网络安全法》《数据安全法》，按照《网络安全审查办法》，2022年6月23日，网络安全审查办公室约谈同方知网（北京）技术有限公司负责人，宣布对知网启动网络安全审查。据悉，知网掌握着大量个人信息和涉及国防、工业、电信、交通运输、自然资源、卫生健康、金融等重点领域重要数据，以及我国重大项目、重要科技成果及关键技术动态等敏感信息。

---

① 《网络安全审查办公室对知网启动网络安全审查》，载微信公众号："网信中国"，2022年6月24日，https：//mp.weixin.qq.com/s/6hi4MJ11ljzMjWSBzpm_hw。

我国的网络安全审查制度起源于 2020 年国家网信办、国家发展改革委等 12 个部门联合发布的《网络安全审查办法》，其确立了网络安全审查的监管部门、审查对象、审查流程等；但在这份文件里，只规定了关键信息基础设施运营者采购网络产品和服务，影响或可能影响国家安全的，应当进行网络安全审查，未对更多主体做要求。2021 年，国家网信办对《网络安全审查办法》的修订征求意见，修订后的《网络安全审查办法》于 2022 年 2 月正式实施。新版《网络安全审查办法》扩大了审查对象的范围，从关键信息基础设施运营者，扩大至关键信息基础设施运营者和数据处理者，其中第十条规定了"网络安全审查重点评估相关对象或者情形的以下国家安全风险因素：……（五）核心数据、重要数据或者大量个人信息被窃取、泄露、毁损以及非法利用、非法出境的风险"。至此，重要数据处理者也被列入了网络安全审查范围，而知网被启动网络安全审查事件作为新版《网络安全审查办法》生效后首次公开的网络安全审查事件，也进一步证实了我国网络安全审查进入了对重要数据处理活动实施审查的阶段。对于诸多可能涉及重要数据的企业，这一事件无疑具有里程碑式的警示和启示意义。

一、法律规定和监管实践

（一）重要数据的定义

如前文所述，《数据安全法》确定了数据分类分级制度，明确各地区、各部门应当按照数据分类分级保护制度，确定本地区、本部门以及相关行业、领域的重要数据具体目录，对列入目录的数据进行重点保护，但并未对重要数据进行定义。有关重要数据识别指南/规则的国家标准经多次组织编撰和征求意见仍未定稿，2022 年 5 月 12 日《信息安全技术 重要数据识别规则》（征求意见稿）对重要数据（key data）定义为：特定领域、特定群体、特定区域或达到一定精度和规模的数据，一旦被泄露或篡改、损毁，可能直接危害国家安全、经济运行、社会稳定、公共健康和安全。同时，规则罗列了重要数据识别考虑的 19 项因素，例如直接影响国家主权、政权安全、政治制度、意识形态安全；直接影响领土安全和国家统一，或反映国家自然资源基础情况；可被其他国家或组织利用发起对我国的军事打击，或反映我国战略储备、应急动员、作战等能力，如满足一定精度指标的地理信息或战略物资产能、储备量信息等属于重要数据；直接影响市场秩序或国家经济命脉安全等等。

已生效的法规、部门规章和标准文件对重要数据也作出原则性或列举性定义。

1. 2021 年 8 月《汽车数据安全管理若干规定（试行）》

《汽车数据安全管理若干规定（试行）》规定，重要数据是指一旦遭到篡改、破坏、泄露或者非法获取、非法利用，可能危害国家安全、公共利益或者个人、组织合法权益的数据，包括：

① 军事管理区、国防科工单位以及县级以上党政机关等重要敏感区域的地理信息、人员流量、车辆流量等数据；

② 车辆流量、物流等反映经济运行情况的数据；

③ 汽车充电网的运行数据；

④ 包含人脸信息、车牌信息等的车外视频、图像数据；

⑤ 涉及个人信息主体超过 10 万人的个人信息；

⑥ 国家网信部门和国务院发展改革、工业和信息化、公安、交通运输等有关部门确定的其他可能危害国家安全、公共利益或者个人、组织合法权益的数据。

2. 2022 年 7 月《数据出境安全评估办法》

《数据出境安全评估办法》所称重要数据，是指一旦遭到篡改、破坏、泄露或者非法获取、非法利用等，可能危害国家安全、经济运行、社会稳定、公共健康和安全等的数据。

3. 2022 年 12 月《工业和信息化领域数据安全管理办法（试行）》

《工业和信息化领域数据安全管理办法（试行）》第十条规定，危害程度符合下列条件之一的数据为重要数据：

① 对政治、国土、军事、经济、文化、社会、科技、电磁、网络、生态、资源、核安全等构成威胁，影响海外利益、生物、太空、极地、深海、人工智能等与国家安全相关的重点领域；

② 对工业和信息化领域发展、生产、运行和经济利益等造成严重影响；

③ 造成重大数据安全事件或生产安全事故，对公共利益或者个人、组织合法权益造成严重影响，社会负面影响大；

④ 引发的级联效应明显，影响范围涉及多个行业、区域或者行业内多个企业，或者影响持续时间长，对行业发展、技术进步和产业生态等造成严重影响；

⑤ 经工业和信息化部评估确定的其他重要数据。

（二）重要数据识别认定实践

2023年2月，上海市通信管理局宣布组织完成电信和互联网行业首批重要数据和核心数据认定工作：组织数据安全领域专家对上海电信、上海移动、上海联通、拼多多等重点电信和互联网企业报送的重要数据和核心数据开展专题评审，并通过评审意见通报、实地调研访谈等形式指导企业开展数据认定、分类分级和安全保护相关工作，并审核确定上海市电信和互联网行业首批重要数据和核心数据目录，按规定报送工业和信息化部。

2023年3月，"浦江护航"2023年电信和互联网行业数据安全专项行动开始进行，要求电信和互联网行业数据处理者于2023年5月31日前，对本单位重要数据和核心数据进行识别认定，并形成具体目录，提交备案申请，每6个月进行一次更新备案，备案内容有重大变化的，履行备案变更手续。

2023年4月12日，江苏省通信管理局发布《关于开展2023年"数安护航"电信和互联网行业数据安全专项行动的通知》。与"浦江护航"行动类似，此次行动也提到了落实重要数据和核心数据识别认定及目录管理工作。

2023年5月，公众号"网信中国"陆续公开5例关于重要数据目录试点优秀案例，对企业开展重要数据识别及保护工作具有重要指导意义。例如，上海市新能源汽车公共数据采集与监测研究中心融合标准规范与业务场景，探索汽车数据分级管理与应用，开展了数据分类分级试点工作，工作实施内容主要有：国家标准和行业规范学习、数据资产盘点、设计适用自身业务的分类分级方案、基于数据应用场景设计不同等级数据管理方案、设计组织管理制度。该案例确立了数据分类分级操作规则，建立了数据共享应用体系，明确了管理工作的开展方式，为后续实践创新提供了参考。

二、合规要点

（一）如何识别重要数据？

企业应密切关注本行业主管部门有关重要数据目录的进展情况，在未有相关目录的情况下，建议参考目前编制中的有关中重要数据识别的国家标准的内容，按照如下原则识别重要数据。

1. 聚焦安全影响

从国家安全、经济运行、社会稳定、公共健康和安全等角度识别重要数据，只对组织自身而言重要或敏感的数据不属于重要数据，如企业的内部管理相关数据。

2. 衔接既有规定

充分考虑地方已有管理要求和行业特色，与地方、部门已经制定实施的有关数据管理政策和标准规范紧密衔接。

3. 综合考虑风险

根据数据用途、面临威胁等不同因素，综合考虑数据遭到篡改、破坏、泄露或者非法获取、非法利用等风险，从保密性、完整性、可用性、真实性、准确性等多个角度识别数据的重要性。

4. 定量定性结合

以定量与定性相结合的方式识别重要数据，并根据具体数据类型、特性不同采取定量或定性方法。

5. 动态识别复评

随着数据用途、共享方式、重要性等发生变化，动态识别重要数据，并定期复查重要数据识别结果。

另外，鉴于部分行业已发布了行业领域分类分级标准，或者重要数据和核心数据识别方法，企业可根据自身所属行业，选择适用行业标准作为参考。如《基础电信企业重要数据识别指南》《工业数据分类分级指南（试行）》《金融数据安全　数据安全分级指南》《邮政快递业数据分类分级指南（试行）》等。

（二）重要数据是否包括国家秘密？是否包括个人信息？

根据《信息安全技术　重要数据识别指南》（征求意见稿）的规定，重要数据不包括国家秘密和个人信息，但基于海量个人信息形成的统计数据、衍生数据有可能属于重要数据。

（三）重要数据出境时需注意哪些？

重要数据处理者应满足以下重要数据出境合规要求：

① 应当通过所在地省级网信部门向国家网信部门申报数据出境安全评估；

② 国家网信部门受理重要数据出境安全评估申报时，应当征求相关行业主管部门意见；

③ 出境安全评估有效期内，需要延长重要数据境外保存期限的，应当重新申报评估。

第五节　上市公司数据合规实务要点

数据在现代经济和商业活动中的重要性不断增加，随着国家对数据安全和个人信息保护立法监管逐渐重视，未经授权进行数据收集、数据滥用、数据泄漏等数据安全和数据合规问题都可能导致法律纠纷和责任承担，对公司的业务、声誉、经营发展等带来严重影响。

为了保护投资者利益、维护资本市场稳定和秩序，近年来，证券监督管理机构和证券交易所对拟上市公司，特别是人工智能、金融科技、电商零售、医疗健康等业务运营中涉及大量数据处理的拟上市公司，加大了在数据安全和合规方面的审核问询力度。

审核问询的内容也从最初聚焦在数据来源和使用的合法性以及数据安全和个人信息保护立法监管对业务的影响等涉及业务是否合规开展的根本问题上，转向数据合规和科技伦理治理的组织和管理制度建设、数据全生命周期合规性等更具化和落地的问题,以及业务发展中涉及的数据交易和数据权属等更关键和深层次的问题。

合合信息科创板上市三轮询问挑战数据合规问题

上海合合信息科技股份有限公司(以下简称"合合信息")于2021年9月向上海证券交易所(以下简称"上交所")科创板递交上市申请,历经上交所三轮审核问询才于2023年9月获得证监会同意注册申请的批复。根据公开的招股说明书①,合合信息是一家人工智能及大数据科技企业,基于自主研发的智能文字识别及商业大数据核心技术,为全球C端用户和多元行业B端客户提供服务。公司C端业务主要为面向全球个人用户包括扫描全能王、名片全能王、启信宝3款核心产品。公司B端业务为面向企业客户提供以智能文字识别、商业大数据为核心的服务。

我们整理了上交所三轮审核问询函涉及的数据合规问题,如表3-4所示。

表3-4 合合信息上市数据合规问询问题

	问题
首轮②	1. 数据来源: 数据来源、数据权属以及是否销售数据; 数据采购以及自动化获取数据情况; 如何确保数据来源合法性、调查供应商及数据来源合法性的具体方式及有效性。 2. 数据管理和制度建设情况。 3. 境外业务数据合规情况。

---

① 任丹丽:《政务数据使用的法理基础及其风险防范》,载《法学论坛》2023年第2期,第142-150页。

② 《关于上海合合信息科技股份有限公司首次公开发行股票并在科创板上市申请文件的首轮审核问询函的回复》,载上海交易所网,http://static.sse.com.cn/stock/information/c/202203/c804951624cb450db40772c392d19b6f.pdf。

续表

	问题
第二轮[①]	1. 数据交易： 获取的各类信息数据具体存储方式及期限、使用方式及用途； 所销售或交换的各类信息数据的内容、来源、加工处理方式、交付产品形态、客户类型； 业务模式是否符合行业惯例、数据交易对手方的资质、数据来源合法以及业务模式合规性； 不同供应商采购单价差异原因及合理性。 2. 个人供应商： 个人供应商数据来源、资质，发行人采购行为是否符合公司供应商管理制度； 发行人使用该等数据以及该等数据形成的产品的合法合规性； 是否存在获取、使用、销售不合法数据。 3. 发行人取得数据服务资质、许可和备案情况。 4. 境外数据业务的合法合规性。
第三轮[②]	1. 是否涉及科技伦理敏感领域。 2. 数据安全、个人信息保护的具体制度、流程措施、内部控制执行情况及有效性，是否符合相关法律法规和政策文件。

[①] 《关于上海合合信息科技股份有限公司首次公开发行股票并在科创板上市申请文件的第二轮审核问询函的回复》，载上海交易所网，http://static.sse.com.cn/stock/information/c/202209/e-d48239d50bf44ddbd2f5ebc3b172999.pdf。

[②] 《关于上海合合信息科技股份有限公司首次公开发行股票并在科创板上市申请文件的第三轮审核问询函的回复》，载上海交易所网，http://static.sse.com.cn/stock/information/c/202209/814e4a2575c04bf5a9da5f19cbf00092.pdf。

> 合合信息无论是C端产品还是面向B端的服务均涉及大量数据的采集、处理、分析与存储，在国内监管机构对个人信息保护和重要数据安全等合规问题监管力度不断加大的背景下，上交所对合合信息发起的三轮审核问询函涉及的数据合规问题一是颗粒度非常细化，具体到发行人数据供应商的调查和管理制度建设以及获取的各类数据生命周期合规性问题；二是关注的问题涵盖了数据权属、数据交易以及数据跨境等当前最新的数据合规立法、政策和监管重点，且根据公司的招股说明书和上轮问询函的回复环环叠进，对发行人的数据合规以及应对回复审核问询函的能力都提出了非常高的要求。

一、上市公司数据合规问询重点

合合信息曲折的上市过程以及上交所对合合信息相关数据合规风险全面、细致、深入地审核问询，说明数据合规风险已然成为境内上市公司特别是涉及人工智能等涉及大量数据处理的公司的主要合规风险，是监管机构关注的重点。因此全面了解拟上市企业的数据合规风险，对于企业结合自身业务数据处理情况有针对性地开展数据合规工作，做好上市准备具有非常重要的参考意义。

我们梳理了2017年6月1日至2023年11月30日期间60家企业的招股说明书、审查反馈意见、问询函、发审委会议审核公告等文件，汇总整理了公司上市阶段重点关注的十类数据合规问题：数据收集、数据处理、数据权属、数据共享、第三方处理、数据安全、技术措施、监管风险、业务运营和跨境合规（如图3-1所示）。其中，数据源合规、数据处理合规和数据安全合规是在上市申报过程中证券监督部门最关注的三类问题，也是企业运营时最容易产生的问题，它们无疑是拟上市企业数据合规治理的重中之重。

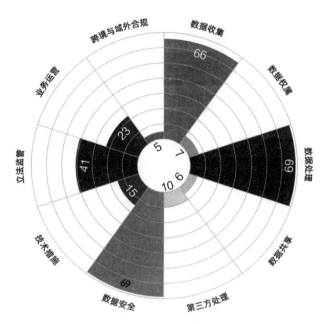

图 3-1　公司上市常见数据合规问题分析①

（一）数据源合规之监管关注要点

1. 数据属性

就获取的个人信息而言，监管机关较为关注这些个人信息的具体内容，如数据的具体类型及占比，以文字、图像、视频或其他形式为载体，是否涉及个人信息、重要数据、商业秘密及其他非公开信息，不同渠道获取数据内容差异性。

2. 数据收集

① 获取方式：获取用户数据的来源、获取途径及授权方式，获得用户同意的具体制度，是否明确告知收集信息的范围及使用用途；

---

① 图片来源：北京德和衡律师事务所等：《中国上市公司数据合规案例研究报告（2018—2023）》，载北京德和衡律师事务所网，http://www.deheng.com/Archives/IndexArchives/index/a_id/10784.html。

② 授权基础：即获得用户授权方式是否明确且合法有效，授权许可中使用范围、主体或期限等方面的限制情况；

③ 收集手段：如是否采用了特殊互联网手段（或技术）采集，是否绕开了被收集对象的防护措施进行数据抓取。

3. 第三方数据源合规性

对于数据来源于第三方的，监管机关除关注核心数据来源、采购数据具体方式、不同形式采购数据内容是否有差异及其体现外，还较为关注数据供应商对外提供数据的行为，如数据供应商是否有资质要求，选择数据供应商的原因、合理性，以及采购数据协议的合法合规性。

（二）数据处理之监管关注要点

监管机关比较关注数据处理的具体操作流程及其合理性、合规性。如接触、保管和处理行为是否合法合规并获得个人授权，是否存在获取国家秘密、保密信息、个人信息的可能。数据处理操作是否具有商业合理性，企业与业务经营之间的联系。该项关注要点具体如下：

1. 数据存储

重点在于审核数据的法定存储义务，如主要运营数据的保存内容、保存方式以及数据完整性。

2. 范围限制

① 超出法定范围：即对于数据的使用是否存在法律法规所禁止的情形；

② 超出授权范围：数据主体的授权许可是否存在使用范围、主体或期限等方面的限制，以及使用数据时是否超出前述限制；

③ 超出必要性：对数据的使用是否超过必要的限度。

3. 准确性

如何确保经过加工处理的数据与原始数据的同一性、真实性、准确性。

4. 合规性

① 业务运营：公司从事与数据处理相关的业务，如精准推荐和个性

化营销服务，进行商业化变现的合规性；

②处理过程：是否制定并公开收集使用规则，是否向所在地网信部门备案，是否存在违反收集使用规则使用个人信息的情况，是否针对未成年用户有特定保护措施。

（三）数据安全之监管关注要点

1. 数据跨境

发行人是否从事境外数据业务，是否存在向境外主体提供或销售数据产品及服务的情形，该类业务是否合法合规。

2. 数据保护机制

① 是否建立相应的数据安全个人信息保护管理制度，执行有效性如何；

② 技术措施和其他必要措施：如是否进行必要的信息安全等级保护测评等，是否建立、健全数据库的保密措施；

③ 应急方案及纠纷解决机制：针对可能发生的数据泄露事件及相关数据纠纷，是否有应急处置方案和纠纷解决机制。

3. 风险披露

风险披露包括报告期内已发生或可能发生安全事故的发生类型、原因及发生概率统计，处理结果及有关的解决措施。是否存在泄露国家秘密、保密信息、个人信息的情况或未来风险，以及潜在或已有的纠纷或争议情况。

（四）其他关注要点

1. 科技伦理和技术规范

企业业务经营涉及人工智能、大数据、云计算等新型技术时尤为受监管机关关注，关注焦点包括：

① 科技伦理：公司对人工智能技术可控、符合伦理规范的措施和规划，公司在技术开发和业务开展过程所面临的伦理风险；

② 技术披露规范：技术大数据核心技术（如算法的训练、系统的搭建

等）是否涉及大量的数据的应用，主动式数据采集技术和被动式数据采集技术的异同点；

③ 技术应用规范：一体化数据处理平台各功能模块的具体构成、具体功能和用途以及与发行人生产经营的具体关系。

2. 数据合规相关纠纷、处罚及媒体舆论

① 发行人是否存在数据合规相关的媒体质疑；

② 发行人在提供服务过程中，是否存在自身或外购数据供应商侵害用户人身权益等侵权行为，是否出现过个人信息、隐私泄露事件，是否存在潜在纠纷或可能被处罚的情形；

③ App通报、处罚情况。

3. 立法和监管对业务的影响

① 立法影响：近年关于数据安全、个人信息保护等立法对发行人研发、采购、销售等的影响，发行人业务开展是否符合相关法律法规规定。

② 监管影响：数据安全监管政策变动趋势对发行人的影响；是否需要通过网络安全审查及通过情况。

二、拟上市公司数据合规要点

（一）拟上市公司如何开展数据合规整改工作？

了解监管机构和交易所关注的数据合规风险只是拟上市企业开展数据合规整改工作的第一步，企业还应当引入外部专业数据合规团队，全面评估自身业务涉及的数据合规风险，制定有效的合规整改工作策略和计划，采取相应的合规措施。在这里，我们总结了开展数据合规整改工作的几个关键点供拟上市企业参考。

1. 数据资产的全面盘点

拟上市企业应全面盘点企业数据资产并梳理关涉数据资产的数据处理全生命周期具体情况。在盘点数据资产时，企业应首先检查数据来源情况、来源合法性、数据权属以及获取数据的种类，特别是获取数据中是否包含敏感个人信息、重要数据、商业秘密等需要特别保护的数据。在全面盘点数据资产的基础上，企业应重点审查数据资产利用、交易以及数据资产保护环节的合法合规性。

2. 特定行业和特殊主体的数据合规准备

除了数据安全和个人信息保护的一般数据合规要求外，拟上市企业还应当梳理所在行业的特殊数据合规监管要求，对于属于金融、能源、交通等关涉国家安全、国计民生、公共利益的关键信息基础设施运营者还应当关注国家对于关键信息基础设施运营者的特殊监管要求，包括检查是否存在需要申报网络安全审查的情形。

3. 合规整改工作的优先级区分

在全面评估企业数据合规风险的基础上，企业应当结合法律法规规定应当履行的强制性义务、监管执法重点，监管机构和交易所针对类似业务模式的拟上市企业审核问询要点等确定数据合规整改工作的优先级事项，并可以参考已成功上市企业的在审核问询函回复等相关文件中披露的所采取的合规措施开展合规整改工作。

（二）未来审核问询重点？

一方面，数据安全和个人信息保护等相关法律法规、部门规章以及国家和行业标准的陆续颁布和适用，从组织架构和整体数据安全能力、数据处理全生命周期等方面对涉及数据处理的企业提出了非常清晰明确的合规要求，也为证券监管部门和交易所开展全面细致地审核提供了依据，未来监管部门和交易所数据合规问询的颗粒度会愈加细化。在数据合规管理机制建设方面，除具备相关制度机制外，监管机构和交易所会进一步关注发行人对制度机制的执行情况以及该制度机制的有效性。

在合合信息这个案例中，上交所的审核问询围绕数据来源、数据交易这两个主要业务风险环节对外部数据采购、存储、使用加工等具体数据处理生命周期环节进行抽丝剥茧地问询，同时上交所还就供应商调查、供应商管理制度有效性、合合信息对数据交易对手方的调查管理等方面进行了问询，包括是否对数据交易对手方的资质、数据来源合法性以及业务模式合规性进行审查。

另一方面，随着人工智能等新技术的发展以及数据作为一种重要生产要素地位的确认，监管部门和交易所也会更多关注到人工智能等新技术涉及的新型数据合规问题，包括算法合规、科技伦理治理等，以及发行人业务发展中涉及的数据交易和数据权属等更关键和深层次的问题。① 例如针对合合信息的智能识别以及大数据技术等核心技术，上交所要求对其是否涉及科技伦理敏感领域进行说明；针对数据交易这一主要业务风险环节，上交所就数据交易业务模式、数据交易双方的资质和业务合规性、采购定价及其合理性等问题进行了深入审核问询。

---

① 相同观点参见蔡鹏、肖菁羚令、苏阳阳：《2022-2023 年度 IPO 数据合规观察概览》，载微信公众号"中伦视界"，2023 年 4 月 24 日，https://mp.weixin.qq.com/s/UY4yem304G0H74sJ4GaaRg。

第四章

数据资产利用的主要场景和合规要点

数字经济时代，通过数据资产高效合规的流通利用，充分发挥数据资产的价值，抢占数字经济新赛道已成为当前各类产业发展的重要主题之一。实践中，数据资产利用涵盖了数据流转、数据汇聚融合、数据出境等多个主要场景：

首先，数据流转因其可以帮助数据处理者更有效地破除数据壁垒、推动数据资源的合理配置、激活数据资产的价值而备受青睐，成为数据资产利用的最常见场景之一。所谓数据流转，即指在不同实体之间对于数据进行传输或者转移的过程，其常见模式又可根据具体数据流转目的、内容及权责划分等因素分为从第三方获取数据、委托处理数据、共同处理数据及对外提供数据等。不同数据流转模式下，数据处理者所需承担的法律责任不同，因此需要重点关注的数据合规要点也不同，具体请见本章第一节数据流转部分。

其次，数据汇聚融合因其将不同来源的数据进行汇集、整合，可以帮助数据处理者获取更全面的信息，更精准地把握产品/服务需求，洞察业务甚至行业发展趋势，从而制定更明智的业务/行业发展战略而成为越来越多数据处理者在其开展数据处理活动（尤其是集团企业在其内部企业之间开展数据处理活动）时的上佳之选。所谓数据汇聚融合，是指组织因提供产品和服务、开展经营管理等活动，在组织内部不同部门之间或组织与外部实体之间，进行的多源或多主体的数据汇集、整合等产生数据的过程。数据汇聚融合所需重点关注的合规要点，请见本章第二节数据汇聚融合部分。

最后，作为数字国际贸易及经济全球化的必然产物，数据出境一方面有助于实体占领国际数字市场，另一方面也是跨国实体实现全球数据资产统一管理需求的现实选择，因而数据出境也成为数据资产利用的主要场景之一。所谓数据出境是指数据处理者通过网络等方式,将其在中华人民共和国境内运营中收集和产生的个人信息和重要数据,通过直接提供或开展业务、提供服务、产品等方式提供(含境外访问)给境外的机构、组织或个人的一次性活动或连续性活动。数据出境的主要规则及开展数据出境活动所需重点关注的合规要点,请见本章第三节数据出境部分。

第一节　数据流转

数据资产价值的发挥在于对数据高效合规的流转和利用。在开展数据流转活动时,数据处理者应事先开展数据安全风险评估,识别、防范并及时采取措施控制数据安全风险;经数据安全风险评估可以开展数据流转活动的,数据处理者应根据数据流转合作的具体目的、内容、各方权责划分等因素审慎判断并选择数据流转(合作)模式(包括但不限于从第三方获取数据、委托处理、共同处理及对外提供数据等),以合同等形式明确约定数据与合作方之间的数据流转目的、范围及各方的权责划分等,准确记录和存储数据的流转情况,若发现合作方违反法律法规要求或各方约定处理数据的,应立即要求合作方停止前述行为并采取或要求合作方采取补救措施,必要时终止相关数据合作。若所开展的数据流转活动涉及个人信息流转的,还应遵从相关个人信息保护规定的要求。

案例一

浙江某公司涉数据安全违法案件[①]

2023年3月,浙江温州公安网安部门在查处一起涉数据安全违法案件时发现问题。

浙江某科技有限公司为浙江某县级市政府部门开发运维信息管理系统的过程中,在未经建设单位同意的情况下,将建设

---

① 《浙江公安网安部门适用〈数据安全法〉对违法单位罚款100万元》,载微信公众号"公安部网安局",2023年6月16日,https://mp.weixin.qq.com/s/MmAW dyoNQFfbBDzexX-qAA。

单位采集的敏感业务数据擅自上传至租用的公有云服务器上，且未采取安全保护措施，造成了严重的数据泄露。

　　浙江温州公安机关根据《中华人民共和国数据安全法》第四十五条的规定，对公司及项目主管人员、直接责任人员分别作出罚款100万元、8万元、6万元的行政处罚。

　　针对建设单位失管失察、未履行数据安全保护职责的情况，当地纪委监委依照《温州市党委（党组）网络安全工作责任制实施细则》规定，对建设单位主要负责同志、部门负责人等4人分别作出批评教育、诫勉谈话和政务立案调查等追究问责决定。

案例二

多家银行因未尽敏感数据保护责任致600万条客户数据泄露[①]

　　某微信代理商为多家银行提供企业微信相关服务，将银行客户经理和客户的聊天会话存档在该服务商租用的公有云服务器上，会话存档数据包含部分客户姓名、身份证号、手机号、银行账号等敏感个人信息。未经银行同意，该服务商私自使用数家银行600余万条会话存档数据用于该公司模型训练，并提供给关联公司。银行因未尽到对客户敏感数据保护责任，引发消费者维权投诉。

　　本投诉中暴露的主要风险和问题包括：一是银行对数字生态场景合作中合作伙伴的资质能力和数据使用并不清楚，缺乏统筹管理；二是银行对合作中数据安全风险和责任识别划分不清。

---

① 《金融监管总局发布〈关于加强第三方合作中网络和数据安全管理的通知〉》，载安全内参网2023年6月28日，https://www.secrss.com/articles/56038。

一、法律规定

为了保障数据在流转过程中的安全性、完整性及可用性，我国以《数据安全法》《个人信息保护法》为核心，以《信息安全技术 个人信息安全规范》（GB/T 35273—2020）、《信息安全技术 网络数据处理安全要求》（GB/T 41479—2022）等相关国家标准为重要组成，搭建数据流转合规治理与监管体系，并对"从第三方获取数据""委托处理""共同处理""对外提供数据"等不同数据流转场景下，数据处理者所应承担的数据安全保护义务及责任作出规定，包括但不限于作为数据获取方时应注意通过合法正当的手段收集数据，作为数据委托方时对受托方数据处理行为的监督义务等等。

二、合规要点

（一）开展数据流转交易活动时，是否需要事先开展数据安全风险评估？

根据《个人信息保护法》《信息安全技术 个人信息安全规范》（GB/T 35273—2020）及《信息安全技术 网络数据处理安全要求》等的相关规定，在开展数据流转交易活动时，若涉及个人信息、重要数据的委托处理、对外提供等情形时，应事先开展数据安全影响评估，确保合作方具备法定的数据安全能力（如需），且拟流转的数据不存在可能危害国家安全、公共安全、经济安全和社会稳定或侵害第三方合法权益的情形。

（二）当数据处理者从第三方获取数据时，有哪些合规要点？

当数据处理者从第三方获取数据时，应注意审查数据来源的合法性及数据获取方式的合法正当性；若数据处理者从第三方间接获取数据的，还应注意审查第三方所取得的数据处理授权同意范围能否合法满足数据处理者获取并使用数据的目的。

数据处理者可要求第三方通过数据权属登记证明、数据流通交易声明和承诺、隐私政策或其他数据授权证明文件等作为确保数据来源及相应数据授权合法的证明；同时，数据处理者在获取数据后，也应依法依约在取得的授权同意范围内开展数据处理活动。

当数据处理者通过投资并购等方式获取数据时，还应注意事先开展数据合规尽职调查，确保及时发现相应投资并购项目中存在的或可能存在的数据安全风险，并及时采取应对措施。

（三）当数据处理者委托第三方处理数据时，有哪些合规要点？

委托处理是指数据处理者委托第三方按照约定的目的和方式开展的数据处理活动。此时，受委托方仅以委托方的名义开展数据处理活动，数据处理的目的和方式均由委托方决定并由委托方对外承担数据处理的相关法律责任。

数据处理者在委托第三方处理数据时，应注意遵从如下要求：

① 若其所委托处理的数据来源于第三方的，数据处理者所作出的委托行为，不应超出已取得的数据主体的授权同意范围。

② 数据处理者应通过合同等形式明确约定委托处理的目的、期限、处理方式、数据的种类、保护措施、双方的权利和义务及第三方返还或删除数据的方式等，要求第三方以合同中约定的形式返还、删除接收和产生的数据。

③ 数据处理者应对受委托方的数据处理活动进行监督，准确记录和存储委托处理数据的情况，以防因受托方违法违规处理数据的行为引发数据安全风险。如前文"浙江某公司涉数据安全违法案件"中，建设单位即因失管失察，未能及时发现受托方擅自改变数据处理方式的行为且受托方未采取安全保护措施，最终造成严重的数据泄露后果。"多家银行因未尽敏感数据保护责任致 600 万条客户数据泄露"案件中，银行业因对外包商数据处理行为缺乏统筹管理，且对数据合作安全风险和责任识别划分不清等原因导致大量客户敏感数据外泄。

④ 当数据处理者得知或者发现受委托者未按照委托要求处理数据，或未能有效履行数据安全责任的，应立即要求受托者停止相关行为，且采取或要求受委托者采取有效补救措施（如更改口令、回收权限、断开网络连接等）控制或消除数据面临的安全风险。必要时数据处理者应终止与受委托方的业务关系，并要求受委托方及时删除从数据处理者处获得的数据。

（四）当个人、组织作为受托人接受第三方委托处理数据时，有哪些合规要点？

当个人、组织作为受托人接受第三方委托处理数据时，亦应注意审核数据来源的合法性及数据处理活动的合法性，并通过合同等形式明确约定委托处理的目的、期限、处理方式、数据的种类、保护措施、双方的权利和义务，委托方的数据安全保护责任等。

（五）当数据处理者与其他数据处理者共同处理数据时，应注意遵从哪些合规要求？

共同处理指两个以上的数据处理者共同决定数据的处理目的和处理方式，共同承担数据处理的后果。

数据处理者应通过合同等形式与其他数据处理者（以下称"共同处理方"）明确约定共同处理数据的目的、期限、处理方式、数据的种类、保护措施、各方的数据安全保护责任和义务等，并应准确记录和存储数据的共同处理情况，若发现共同处理方违反法律法规要求或各方约定处理数据的，应立即要求共同处理方停止相关行为，且采取或要求共同处理方采取有效补救措施（如更改口令、回收权限、断开网络连接等）控制或消除数据面临的安全风险，必要时应解除与共同处理方的业务关系，并要求共同处理方及时删除仅能从数据处理者处获得的数据。

（六）当数据处理者向其他数据处理者提供数据时，有哪些合规要点？

当数据处理者（以下称"数据提供方"）向其他数据处理者提供数据时，由其他数据处理者在依法取得的授权同意范围内决定其对数据处理的目的和方式，并独立开展数据处理活动。

若数据提供方所提供的数据涉及个人信息的，应向个人告知数据接收方的名称或者姓名、联系方式、处理目的、处理方式和个人信息的种类，并取得个人的单独同意。

数据提供方应与数据接收方通过合同等形式明确约定数据处理的目的、方式，各方的数据安全保护责任和义务等，例如，约定由其他数据处理者对其独立开展的数据处理活动承担法律责任及当其他数据处理者超出约定的目的、方式等范围处理个人信息时应重新取得个人同意等。若其他数据处理者为政府部门的，数据提供方亦应在向政府部门提供数据前，确保数据提供具备合法性基础（如法律政策规定、政府公函等），审慎评估所提供的数据类型、范围、目的和必要性，并宜做好数据安全保护措施，如通过政府部门统一建设的数据对接平台传输数据等。

（七）当发生收购、兼并、重组、破产等情形时，数据接收方需要履行哪些合规要求？

当发生收购、兼并、重组、破产等情形时，数据接收方应继续履行相应数据安全保护义务；若没有数据接收方的，则应删除数据。若涉及个人信息的，还应向个人信息主体告知有关情况；若数据接收方拟变更原先的个人信息处理目的、处理方式的，还应重新取得个人信息主体的同意。

（八）集团内各实体之间开展的数据流转合作，需要遵从上述合规要求吗？

目前我国相关数据安全保护规定并没有对集团内的数据流转进行特殊规定，因此在集团内不同实体间开展的数据流转活动亦应根据各方选择的数据流转合作模式依法遵从上述相应数据安全保护的要求。

三、投资并购交易中的数据资产合规

数据安全事件影响 Yahoo 收购价格

2016 年，美国电信业巨头 Verizon 宣布拟以 48.3 亿美元收购互联网门户网站 Yahoo。

然而，Yahoo 数据安全事件频出：2016 年 9 月，Yahoo 被指泄露了至少 5 亿个账户信息；2016 年 12 月，Yahoo 首席信息安全官承认，他们发现三年前的一次泄露可能波及 10 亿用户。最终，Verizon 以 44.8 亿美元的价格完成了收购，数据安全事件的发生导致 Yahoo 的收购价格受到重挫。按照修改后的交易条款，Yahoo 和 Verizon 将分摊与黑客攻击相关的政府调查和第三方诉讼相关现金支出费用。

（一）投资并购中数据资产合规问题

涉数据资产的投资并购是非公开市场数据交易的典型模式。数字时代到来，数据资产时常作为交易对象，数据合规问题的出现随之影响交易的顺利进行，导致的风险主要包括：

① 因达到经营者集中以及外资审查等政府审批门槛，而导致的交易阻碍。

2018年，美国政府否决了阿里巴巴收购MoneyGram的计划，原因是担心数据安全问题。由于MoneyGram处理大量的国际汇款数据，该交易可能会对美国国家安全产生负面影响。这个案例表明，在某些情况下，政府可能会通过法律和监管措施来限制或禁止企业的投资并购，以保护国家的安全利益。

② 数据出现合规安全风险导致的价值贬损而引发的交易价格风险。

③ 针对大型企业、公众公司，交易中出现数据安全问题可能引发舆情风险和股价下跌风险，也有可能因违反《上市公司重大资产重组管理办法》披露要求，上市公司及其高管、中介机构均受到行政处罚。

④ 数据资产风险如果在交易后持续存在，将会引发责任的持续传导，包括可能触发的法律纠纷、罚款，甚至刑事责任。

⑤ 数据依赖和业务连续性：如果并购交易的成功依赖于数据资产的持续可用性和稳定性，那么任何与数据相关的故障、中断或丢失都可能对交易产生负面影响。

（二）交易中需要关注的数据合规性要求

按现有法律法规要求，数据交易可能触发多项政府审批及监管要求：

1. 个人信息和特殊领域数据转移的合规要求

《个人信息保护法》和《信息安全技术 个人信息安全规范》均规定，个人信息处理者因合并、分立、解散、被宣告破产等原因需要转移个人信息时，应告知个人接收方的名称或者姓名和联系方式等相关情况。接收方变更处理目的、处理方式的，还要重新取得同意。《工业和信息化领域数据安全管理办法（试行）》也规定，工业和信息化领域数据处理者因兼并、重组、破产等原因需要转移数据的，要明确数据转移方案，并通过电话、短信、邮件、公告等方式通知受影响用户。

2. 政府安全审查

针对标的涉及关键信息基础设施相关的数据、重要数据以及其他可能影响国家安全或公共利益的数据，可能进行以下审查：

（1）网络安全审查

在转移时依据《网络安全审查办法》第二条的原则性规定可能需要接受网络安全审查。《网络数据安全管理条例（征求意见稿）》第十三条规定，汇聚掌握大量关系国家安全、经济发展、公共利益的数据资源的互联网平台运营者实施合并、重组、分立，影响或者可能影响国家安全的，需要申报网络安全审查。

（2）安全评估和政府审批

《关键信息基础设施安全保护条例》第二十一条规定，关键信息基础设施运营者发生合并、重组、分立等情况的，应当及时报告保护工作部门。《网络数据安全管理条例（征求意见稿）》第十四条规定，数据处理者发生此类情况的，数据接收方应当继续履行数据安全保护义务，涉及重要数据和一百万人以上个人信息的，应当向设区的市级主管部门报告。该条例第三十二条规定，共享、交易重要数据的，应当征得设区的市级及以上主管部门同意，主管部门不明确的，应当征得设区的市级及以上网信部门同意。该条例第三十三条规定，自行或者委托数据安全服务机构进行安全评估，如果评估认为可能危害国家安全、经济发展和公共利益，则不得共享、交易重要数据。

（3）出境审查

将该等数据向境外提供时，要依据《数据出境安全评估办法》进行数据出境安全评估。《数据出境安全评估办法》第十四条规定，数据处理者或者境外接收方实际控制权发生变化的，数据处理者应当重新申报评估。标的公司如已进行数据出境安全评估且在有效期内，并购交易的买方在交易完成后应注意重新申报数据出境安全评估。

（4）经营者集中审查

《经营者集中审查规定》第三十三条也明确在进行经营者集中审查时，可以考虑经营者通过控制数据影响市场进入的情况，即使经营者集中未达到申报的法定标准，国务院反垄断执法机构仍然可能认为有证据证明其具有或者可能具有排除、限制竞争效果的，要求经营者申报。

3. 运营主体变更导致资质需要变更或重新获取。

例如《互联网新闻信息服务许可管理实施细则》第十二条规定，互联网新闻信息服务提供者变更股权结构，或者进行上市、合并、分立，应当自变更之日起七个工作日内，向原许可机关申请办理变更手续。其他常见的互联网业务资质还包括：ICP/EDI 许可证、网络文化经营许可证、互联网出版许可证、互联网药品信息服务资格证、网络视听许可证。

（三）投资并购中的数据资产保障设计要点

数据资产的合规风险防范应该体现在投资并购交易项目计划、风险调研、交易文件条款保障以及交割后持续保障中：

1. 定位重点防控项目

应从交易性质以及目标公司性质双重维度判断锁定需要重点关注的涉数据合规风险项目。

交易性质的判断中建议聚焦如下要素：交易标的涉及数据资产，数据处理和运营是目标公司的主营业务，以及目标公司的数据资产价值占总资产价值比重较大。

若目标公司存在如下业务属性或相关情况，数据风险应作为项目关注的重点：

① 目标公司已经被认定为关键信息基础设施运营者；

② 目标公司的行业数据资产中可能涉及重要数据，例如工业、科技、电信、能源、交通、水利、金融、国防、海关、税务等行业的关键数据；

③ 目标公司从事人工智能、互联网平台、计算机和信息技术、云服务、数据库服务、自动驾驶、医疗、测绘、人类遗传资源等以数据资产作为关键生产要素的领域；

④ 目标公司涉及健康大数据信息、地理信息等敏感数据的处理活动；

⑤ 目标公司从事酒店、教育、电商、物流、航空、零售、快消等会处理较多个人信息的行业；

⑥ 目标公司为集团公司、大型工业企业、跨国企业等较大规模实体；

⑦ 目标公司存在数据安全或合规、数据侵权等问题的公开事件或处罚、诉讼案例。

2. 风险调研关注重点

针对已经识别需要关注数据合规风险的交易项目，合规和业务尽职调查中应增加数据处理中有关安全和合规风险的排查内容，具体包括：

① 目标公司基本信息，包括但不限于：主营业务与所属行业（是否属于已有数据合规行业监管规范的特殊行业）；开发/运营的产品及服务的情况；使用的网络和信息系统安全情况；是否存在位于境外的子公司/分公司；是否被监管机构认定为关键信息基础设施运营者或为关键信息基础设施运营者提供产品或服务；是否涉及国家秘密、第三方商业秘密、重要数据或个人信息（尤其是个人生物识别信息、个人健康生理信息、精准定位信息等敏感个人信息）的处理。

② 目标公司与数据合规和安全管理相关的组织架构、制度体系建设情况，人员管理情况，目标公司的数据安全能力、数据安全技术保障措施是否合规等。

③ 目标公司数据全生命周期各个环节涉及的数据处理活动是否满足适用的数据合规与安全相关法律法规的要求。

④ 目标公司与其客户、供应商和其他合作方的数据合作是否满足适用的数据合规与安全相关法律法规的要求。

⑤ 目标公司是否发生过数据安全合规事件，是否存在或可能存在涉及数据合规与安全的重大诉讼、监管问询、行政处罚等。

⑥ 若涉及境外投资并购项目的，还需对目标公司适用的境外数据安全法律监管要求进行调查。

3. 目标方提供数据的关注要点

作为被调研的目标公司，也需要注意不能因为交易提供数据而导致违规和数据安全隐患。在提供数据前，应审慎评估所需提供数据的类型、范围和目的必要性。梳理审核所需提供数据的目录清单，建立传输数据的对接机制，并做好相关数据合规和安全保护措施。若涉及个人信息的，建议在流转之前尽量采取匿名化、统计数据等脱敏方式提供，否则需要确保涉及个人信息流转的依法向个人信息主体告知并取得个人信息主体的授权同意。需与数据接收方签署严格的保密和数据安全承诺，确保数据的保密性和安全性。如项目最终未能完成，需要求对方及时返回或删除数据，并进行审核。

4. 投资文件条款设置

① 陈述保证条款：确保目标方承诺所提供的相关资料真实、有效、完整，数据资产交易不存在法律障碍，不会损害任何第三方的合法权益。

② 违约及赔偿：针对交易中以及交易后可能发生的数据合规和安全风险，设置明确违约赔偿条款，包括保证金及估值调整机制的设计。

③ 可根据业务需要对目标公司设定过渡期，要求目标公司在过渡期内参照企业数据合规与安全管理制度逐步完善其数据合规与安全管理体系。

5. 交割后持续关注数据资产衍生问题

交割后，面对数据的传输以及融合的商业需求，仍应确保对合规风险的把控，包括满足数据共享和融合的法定需求，确保系统和技术对接的安全保障，完成对用户的告知或获取用户同意的法定要求，并进行好用户主体权益相应的联动机制（若需）。收购方通常会对目标公司的管理体系进行调整，以并入统一管理要求，所以应关注交易各方的数据合规体系的调整融合，包括及时更新目标公司之前制定的数据安全以及个人信息保护相关制度，及时与公司最新的管理和人事体制相衔接，确保数据合规制度管理能够落到实处。

第二节 数据汇聚融合

近年来，通过数据中台等方式开展的数据汇聚融合活动，已成为数据时代数据处理者（尤其是集团或同一组织机构内的数据处理者）整合数据资产，挖掘数据价值的重要手段之一。根据 Forrester 发布的《拥抱数据中台加速数字化转型》白皮书，数据中台在技术层面特指包含数据技术、数据体系和数据服务的数据全流程平台，是能够挖掘全域数据价值、支撑业务发展、实现数据普惠化的产品。通过数据中台对数据进行汇聚融合，可以解决随着业务的多元化发展所引发的组织内部信息部门和数据中心林立，大量系统、功能和应用重复建设引发的巨大的数据资源和人力资源浪费及因组织壁垒所产生的数据孤岛等问题,① 因而备受数据处理者青睐。

对于数据汇聚融合活动的开展,目前立法上主要从组织内部的数据安全管理(包括但不限于事先开展数据安全风险评估、采取加密、匿名化等技术手段保障数据安全等)及组织与外部实体开展数据汇聚融合时的权责划分(包括但不限于以合同等形式明确各方的数据安全保护责任和义务、原始数据或汇聚融合的衍生数据的权益归属等)两个角度明确了数据处理者的数据安全保护义务。并且由于当前立法尤其注意对于个人信息的保护,因此,数据处理者在开展个人信息汇聚融合活动时,还应注意遵从个人信息保护的有关监管规定。

案例一

蚂蚁科技因与阿里巴巴集团数据源共享问题受上交所问询

2020 年 8 月 30 日,上交所下发《关于蚂蚁科技集团股份有限公司首次公开发行股票并在科创板上市申请文件的审核问询函》(上证科审(审核)[2020] 638 号),要求蚂蚁科技披露:发行人与阿里巴巴集团的数据平台是否彼此独立;发行人与阿里巴巴集团的数据资产的界限是否清晰,是否为共用混合的数据池,两方互相使用对方数据的情况。

对此,蚂蚁科技做出如下回复:

发行人的数据平台和数据存储均是独立部署。发行人和阿里巴巴集团各自具备独立的计算能力,双方各自采集的数据均各自独立存储,不存在共用的混合数据池。

发行人已经在招股说明书"第六节业务与技术"之"九、数据安全和隐私保护"中补充披露如下:

① 公司与阿里巴巴集团之间的个人数据共享需要获得公司和阿里巴巴各自的数据安全和隐私保护团队以及相关业务和合规团队的评估和批准。该评估包括对数据分享的目的、法律依据

---

① Forrester:《数据中台白皮书——拥抱数据中台加速数字化转型》,载微信公众号"跳动的数据",2019 年 8 月 23 日,https://mp.weixin.qq.com/s/7ZdK0CGRth gZCANa96sj7A。

(例如用户授权)、数据敏感性、保护措施的适用性(例如数据传输协议),以及是否符合适用的法律和法规等方面的评判。

②公司的数据平台和数据存储均是独立部署。公司和阿里巴巴集团各自具备独立的计算能力,双方各自采集的数据均各自独立存储,不存在共用的混合数据池。公司须遵守与数据安全、隐私保护以及在境内和公司运营所在的其他国家和地区收集和使用个人和行为数据相关的各种法律和法规。

案例二

法国数据监管机构对谷歌数据处理(包括汇聚融合)缺乏透明性原则等进行处罚

2019年,法国数据监管机构(CNIL)认为谷歌(Google)实施的数据处理特别庞大且具有侵入性。Google收集的数据来自各种各样的来源。这些数据既可以来自手机的使用,来自谷歌服务的使用如Gmail电子邮件服务或YouTube视频平台,也可以从用户使用第三方网站时生成的数据,包括Google Analytics在这些网站上提供的Cookies来收集。但《谷歌隐私政策》的描述过于简单,无法让用户充分了解数据处理(包括数据汇聚融合等)的具体后果,违反《一般数据保护条例》的透明性原则、提供充分信息等规定。最终,CNIL对Google处以五千万欧元的高额罚款。

在处理个人信息前,履行"告知—同意"义务已成为当前国际有关个人信息保护的主流规则。在本案中,Google开展的数据融合活动依然必须是以充分向用户告知数据汇聚融合的目的以及相应目的下使用的数据类型并取得用户的明示同意为前提,否则就属于缺乏合法性基础的数据处理行为。

一、法律规定和监管实践

数据汇聚融合的合规问题主要是针对个人信息部分，因为对个人信息的汇聚融合是个人信息使用的一种特殊形式，仍应适用个人信息保护中的处理个人信息应具有合法事由，并且遵守个人信息处理的各项原则。

具体到对汇聚融合的处理方式的要求，目前主要体现在一些具有普遍实践遵守意义的国家标准规定中：

① GB/T 35273—2020《信息安全技术 个人信息安全规范》明确了对于个人信息汇聚融合使用的限制及开展个人信息安全影响评估采取有效保护措施等原则性要求；

② JR/T 0223—2021《金融数据安全 数据生命周期安全规范》作为金融行业的推荐性规范，其从汇聚融合数据的使用范围、数据安全影响评估的开展要求，与第三方机构的合作、数据汇聚后重新识别出个人金融信息主体的风险评价等对金融数据的汇聚融合提出了更高的安全要求。

数据的汇聚融合应用也是数据安全监管工作所重点关注的事项之一，在 2020 年上交所下发《关于蚂蚁科技集团股份有限公司首次公开发行股票并在科创板上市申请文件的审核问询函》（上证科审（审核）[2020] 638 号）中，上交所即关注到数据的汇聚融合使用问题。

二、合规要点

（一）开展数据汇聚融合活动，是否需要事先进行数据安全评估？

在数据汇聚融合前，数据处理者应根据汇聚融合后可能产生的数据类别、数据内容及使用目的、范围等，开展数据安全风险评估，并采取适当的技术保护措施。例如，对外部数据来源的合法性及数据供应商的数据安全能力等进行评估，并根据评估结果确定是否开展汇聚融合活动以及采取哪些适当的数据安全保护措施。

（二）对于数据的汇聚融合是否需要事先取得数据主体的同意？

对于个人信息等数据的汇聚融合应明确向数据主体告知汇聚融合的数据类型、目的、范围等，并取得数据主体的同意。且汇聚融合的数据不应超出收集时所声明的使用范围，因业务需要确需超范围使用的，应依法再次征得数据主体的同意。同时，应为数据主体提供不同意或便捷有效地退出数据汇聚融合的选项。

若通过数据中台等方式在集团内母公司与各个子公司之间进行数据汇聚融合时，涉及多条业务线的，则应事先对各业务线进行梳理，厘清各业务线所需的数据类型及数据处理目的等，基于前述梳理结果由各业务线的运营主体向数据主体进行告知并取得其同意。且各业务线的运营主体可与数据中台运营方签署数据处理委托协议，明确数据中台运营者在数据汇聚融合活动中应承担的数据安全责任和义务。

2019年摩拜单车在打通摩拜和美团点评账户及用户使用摩拜的各类历史数据前，专门向用户推送了《账号融合用户确认函》，向用户征求授权同意。若用户不同意的，则不会将用户在摩拜的数据共享给美团点评，用户还可以继续通过摩拜App来使用车辆，只是无法享受到账号融合后所带来的一致性的体验及相关服务。

（三）与外部实体合作开展数据汇聚融合活动时，应注意什么？

与外部实体合作开展数据汇聚融合活动时，应以合同等形式明确约定各方的角色定位、用于汇聚融合的数据内容和范围、结果用途和知悉范围、各方数据安全保护责任和义务、汇聚融合后产生的数据及原始数据的衍生数据的权属分配等。

（四）数据处理者在开展数据汇聚融合活动时，还应注意遵从哪些合规要求？

① 数据处理者可采用加密、多方安全计算、联邦学习等技术手段降低数据泄露、窃取的风险。

② 当汇聚融合的原始数据或衍生数据的存储期限届满或存在其他法定删除情形时，数据处理者应及时予以删除或进行匿名化处理。

③ 脱敏后的数据集或其他数据集汇聚后仍可能存在重新识别出个人信息主体的风险。例如，彭某等侵犯公民个人信息案中，就职于某公司的彭某将从公司服务器中窃取的匿名数据与从网页上公开爬取的数据加工组合后推算预测出公民个人信息并将该等数据用于出售牟利，其行为最终被法院认定属于非法获取并向他人出售公民个人信息的行为，构成侵犯公民个人信息罪。[①] 因此，数据处理者应对脱敏后的数据集或其他数据集汇聚后重新识别出个人信息主体的风险进行识别和评价，并采取相应保护措施。

④ 汇聚融合后产生的数据及原始数据的衍生数据，应重新明确数据所属单位和安全保护责任部门，并确定相应数据的安全级别。其中，对于数据权益的归属可事先在数据合作协议（如有）中进行明确。

第三节　数据出境

数据跨境流动在这个全球化和数字化时代越来越普遍。通过数据的跨境共享和利用，不同国家和地区的组织和个人可以获得更广泛的市场洞察和商业机会、更广泛和多样化的科研数据资源，为全球经济增长和科技创新带来巨大的推动力。

虽然数据跨境流动为全球，也为单一的组织和个人带来了巨大机遇和价值，但在数据跨境流动中，数据安全和隐私保护乃至国家安全也都受到了不同程度的影响和挑战。目前已有不少国家包括我国都制定了相关的政策、法律法规对特定主体或特定类别的数据出境活动进行监管。我国主要对重要数据和个人信息的出境活动进行了规制，并根据数据处理者的属性、出境数据的类别与数量等设置了不同的数据出境合规要求。

[①] 参见彭某等侵犯公民个人信息案，四川省成都高新技术产业开发区人民法院（2018）川 0191 刑初 94 号刑事判决书。

为境外刺探、非法提供高铁信号数据案[①]

2020年底，经朋友介绍，上海某信息科技公司一名员工被拉进一个微信群，群里一家西方境外公司表示自己有项目要委托中国公司开展。该境外公司自称其客户从事铁路运输的技术支撑服务，为进入中国市场需要对中国的铁路网络进行调研，但是目前境外公司人员来华比较困难，所以委托境内公司采集中国铁路信号数据。在利益的驱使下，国内这家信息技术公司采集并默许对方源源不断获取我国铁路信号数据。在这家信息技术公司因与境外公司的合同到期停止合作时，公司销售王某和迟某为了继续从中获取利益，撮合第二家公司与境外公司建立了合作关系。

经国家安全机关的调查鉴定，两家公司为境外公司搜集、提供的数据涉及铁路 GSM-R 敏感信号，GSM-R 是高铁移动通信专网，直接用于高铁列车运行控制和行车调度指挥，是高铁的"千里眼""顺风耳"，承载着高铁运行管理和指挥调度等各种指令。境内公司的行为是《数据安全法》《无线电管理条例》等法律法规严令禁止的非法行为。相关数据被国家保密行政管理部门鉴定为情报，相关人员的行为涉嫌《刑法》第一百一十一条规定的为境外刺探、非法提供情报罪。

此案虽然并未从数据和出境角度进行执法和公诉，但体现的对于数据重要性的判断以及向境外提供的安全风险监管的要求是值得重视的。在数据资产价值利用和最大化发挥的数字经济时代，与境外合作伙伴发生的数据流动必须提前重视和布局数据出境的合规路径。

一、数据出境应遵守的相关要求

前述为境外刺探、非法提供高铁信号数据案中，涉案人员为境外提供

[①] 《首例！非法向境外出售我国高铁数据被逮捕！》，载澎湃网2022年4月21日，https://www.thepaper.cn/newsDetail_forward_17740390。

高铁信号数据，如果境外不法分子非法利用这些数据故意干扰或恶意攻击，将会严重影响高铁运行秩序，危害国家安全。除这些情报以及涉及国家秘密等禁止向境外提供的数据外，《网络安全法》《数据安全法》《个人信息保护法》还对以下可能存在国家安全、公共利益，对个人、组织的合法权益造成影响的数据出境活动进行规制（如表 4-1 所示）。

表 4-1　受到规制的数据出境活动

序号	规制对象	规制数据和数据出境情形	出境要求
1	关键信息基础设施运营者（CIIO）	境内运营收集和产生的重要数据和个人信息出境	数据出境安全评估
2	数据处理者（非 CIIO）	境内运营收集和产生的重要数据出境	数据出境安全评估
3	个人信息处理者	境内运营收集和产生的个人信息出境	根据不同情形分别适用：数据出境安全评估；个人信息保护认证；个人信息标准合同备案；依据我国缔结或参加的国家条约、协定的有关规定；其他。
4	境内组织和个人	向外国司法或者执法机构提供存储于我国境内的数据（含个人信息）	主管机关批准

对于第 4 种情形，由于司法权和行政执法权是国家权力的重要组成部分，对于外国司法机关和执法机构调取存储于我国境内的数据，我国历来强调应当遵循国家主权原则，通过主权国家之间的平等互惠合作开展。因此只有经过主管机构的批准，境内组织和个人才可以向外国司法机关和执法机构提供证据材料等数据。① 除此之外，国家主要针对重要数据以及个人信息这两类数据的跨境流动进行了规制。

---

① 杨合庆主编：《中华人民共和国个人信息保护法释义》，法律出版社 2022 年 2 月第 1 版。

二、数据出境的典型场景

国家网信办在《数据出境安全评估申报指南（第一版）》将以下情形明确为数据出境行为：数据处理者将在境内运营中收集和产生的数据传输、存储至境外；数据处理者收集和产生的数据存储在境内，境外的机构、组织或者个人可以查询、调取、下载、导出；国家网信办规定的其他数据出境行为。

根据前述指南规定以及结合我们为客户提供数据出境合规服务的实践经验，数据处理者主要在以下四种场景涉及数据出境：

① 跨国集团公司或其他经济、事业实体因为内部管理包括人事、财务、供应商、采购等管理需要或者内部使用统一信息系统而涉及的数据跨境；

② 在开展跨境业务中需要跨境处理数据的，例如银行、保险、航空、物流、电商、国际贸易等，或者在开展国际合作中需要跨境处理数据，例如境内外的高校、科研机构、医院开展国际合作项目；

③ 使用境外服务商运营的软件、平台或信息系统或者将数据存储在境外部署的服务器；

④ 将境内的服务器、数据库或者信息系统向境外的人员开放，使得在境外的人员包括数据处理者在境外的关联实体的员工或在境外的合作伙伴可以访问、调取、下载数据处理者存储在境内的数据。

三、数据出境的三大路径

数据处理者在日常运营或者开展跨境业务及国际合作中有重要数据或者个人信息出境需求时，需要根据自身属性、拟出境数据的种类、数量等承担《网络安全法》《数据安全法》《个人信息保护法》要求的出境合规义务。随着《数据出境安全评估办法》《关于实施个人信息保护认证的公告》《个人信息出境标准合同办法》以及相应的指南和规则文件的陆续发布，数据出境的三条合规路径：安全评估、个人信息保护认证和个人信息出境标准合同已具备了落地的实施方案。

这三条路径的适用条件、主管部门或负责机构以及通过之后的有效期情况整理如表4-2所示。

表 4-2 数据出境三条路径对比

具体路径	适用条件	主管部门/负责机构	有效期
数据出境安全评估	1. 向境外提供重要数据。 2. 关键信息基础设施运营者和处理 100 万人以上个人信息处理者向境外提供个人信息。 3. 自上年 1 月 1 日起累计向境外提供 10 万人个人信息或者 1 万人敏感个人信息的数据处理者向境外提供个人信息。	国家网信部门组织组织国务院有关部门、省级网信部门、专门机构等进行安全评估。	评估的结果有效期为 2 年，自评估结果出具之日起计算。
个人信息保护认证	未符合数据出境安全评估申报条件的个人信息出境。	经批准的认证机构	认证证书有效期为 3 年。
个人信息标准合同备案	未符合数据出境安全评估申报条件的个人信息出境。	省级网信部门	标准合同有效期。

其中，符合数据出境安全评估条件的数据处理者必须向网信部门申报安全评估。如果未达到安全评估申报条件，数据处理者可以根据自身具体情况自愿选择个人信息保护认证和个人信息出境标准合同这两条路径。

（一）数据出境安全评估

2022 年 7 月，国家网信办发布《数据出境安全评估办法》，于 2022 年 9 月 1 日正式实施。国家网信办还于办法生效前夜发布了《数据出境安全评估申报指南（第一版）》，以具体指导帮助数据处理者开展申报工作。

1. 申报流程

数据处理者应全面梳理处理和出境的数据，判断是否符合需要申报评估的情形。对于初步判断符合申报条件的，数据处理者应在申报安全评估前开展数据出境风险自评估，通过所在地省级网信办申报数据出境安全评估。申报安全评估的具体工作流程依《江苏省数据出境安全评估申报工作指引（第一版）》①如图4-1所示。

国家网信办评估完成后，数据处理者将收到评估结果通知书。对评估结果无异议的，数据处理者须按照数据出境安全管理相关法律法规和评估结果通知书的有关要求，规范相关数据出境活动；对评估结果有异议的，数据处理者可在收到评估结果通知书15个工作日内向国家网信办申请复评，复评结果为最终结论。

2. 数据出境安全评估实施情况

对于在《数据出境安全评估办法》施行前已经开展的数据出境活动，办法要求在施行之日起6个月内完成整改。自2022年9月1日办法正式实施以来，已有不少单位在规定的6个月整改期内也即2023年2月28日前，提交了数据出境安全评估申报。

截至2023年12月15日，通过公开渠道查到北京、上海、广东、浙江、山东、江苏和海南等省市共有20多家企业的数据出境安全评估申报通过，涵盖医疗、航空、跨境电商、快消、汽车、制造业、支付等多个行业。

（二）个人信息保护认证

2022年11月，国家市场监督管理总局和国家网信办发布了《关于实施个人信息保护认证的公告》及附件《个人信息保护认证实施规则》，规定了对个人信息处理者开展个人信息收集、存储、使用、加工、传输、提供、公开、删除以及跨境等处理活动进行认证的基本原则和要求，其中明确将 TC260-PG-20222A《个人信息跨境处理活动安全认证规范》（目前最新版本为：《网络安全标准实践指南——个人信息跨境处理活动安全认证规范（第二版）》，以下简称《安全认证规范》V2.0，相应地，第一版简称《安全认证规范》V1.0）作为开展跨境处理活动个人信息处理者适用的认证依据。

---

① 《江苏省数据出境安全评估申报工作指引（第一版）》，载中国江苏网，https://jsnews.jschina.com.cn/yuanchuang/202209/W020220902583092858179.pdf。

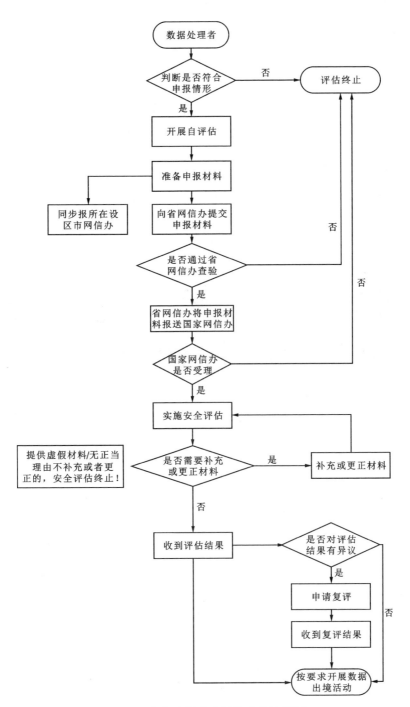

图 4-1　数据出境安全评估申报流程图

1. 适用情形

相较于《安全认证规范》V1.0 将适用情形仅限于跨国公司、关联公司之间等个人信息跨境处理活动，《安全认证规范》V2.0 将适用范围扩大为"个人信息处理者开展个人信息跨境处理活动"，因此只要未落入安全评估申报条件的个人信息跨境处理活动均可申请个人信息保护认证。

2. 认证流程

根据《个人信息保护认证实施规则》，个人信息保护认证的模式为"技术验证＋现场审核＋获证后监督"。个人信息保护认证流程包括认证委托、技术验证、现场审核、认证结果评价和批准、获证后监督五个主要环节，具体认证流程如图 4-2 所示。

图 4-2　个人信息保护认证流程图

国家市场监督管理总局下的中国网络安全审查技术与认证中心（现中国网络安全审查认证和市场监管大数据中心）是首个被认可有权开展个人信息保护认证的认证机构，其已上线个人信息保护认证申报系统，并提供了《个人信息保护认证申请书》的下载路径。[①] 2023 年 12 月 25 日，据相关报道[②]，由下一代互联网国家工程中心全面支撑的"基于'澳门科技大学科研数据跨境流动管理系统'的科研工作和管理业务所涉及的个人信息处理活动"项目，正式通过中国网络安全审查技术与认证中

---

① 参见中国网络安全审查技术与认证中心网，https://www.isccc.gov.cn/zxyw/sjaq/grxxbhrz/index.shtml。

② 《全国首张"个人信息保护认证"证书正式发出》，载中国工信新闻网 2023 年 12 月 25 日，https://www.cnii.com.cn/rmydb/202312/t20231225_532719.html。

心等权威机构的技术验证和现场管理审核，荣获全国首张"个人信息保护认证"证书（证书编号：CCRC-PIP-0001）。

（三）个人信息出境标准合同

2023年2月，国家网信办正式发布了《个人信息出境标准合同办法》（以下简称《标准合同办法》）及附件《个人信息出境标准合同》（以下简称《标准合同》），并自2023年6月1日起正式实施。

1. 标准合同的内容要求

根据《标准合同办法》，标准合同须严格按照附件《标准合同》订立。个人信息处理者可以与境外接收方约定其他条款，但不得与《标准合同》相冲突。个人信息处理者与境外接收方签署标准合同时应注意不得对《标准合同》的条款内容进行更改，但可以在《标准合同》基础上新增与《标准合同》不冲突的条款。

2. 备案流程

标准合同生效后方可开展个人信息出境活动。个人信息处理者应当在《标准合同》生效之日起10个工作日内，向所在地省级网信部门备案。备案应当提交的材料除了标准合同外还应当提交个人信息保护影响评估报告。

根据2023年5月30日国家网信办发布的《个人信息出境标准合同备案指南（第一版）》，省级网信办收到材料后，在15个工作日内完成材料查验，并通知个人信息处理者备案结果。备案结果分为通过、不通过。通过备案的，省级网信办向个人信息处理者发放备案编号；不通过备案的，个人信息处理者将收到备案未成功通知及原因，要求补充完善材料的，个人信息处理者应当补充完善材料并于10个工作日内再次提交。[①]

3. 个人信息标准合同备案实施情况

《标准合同办法》于2023年6月1日正式实施，与数据出境安全评估

[①] 《国家互联网信息办公室发布〈个人信息出境标准合同备案指南（第一版）〉》，载中国网信网，http://www.cac.gov.cn/2023-05/30/c_1687090906222927.htm。

一样，对于在办法施行前已经开展的个人信息出境活动，办法也要求在施行之日起6个月内完成整改。截至2023年12月15日，通过公开渠道查到北京、浙江、辽宁、江西、湖北等省市已有将近10家企业的个人信息标准合同通过所属省级网信办的审核备案，涉及医药、软件、检验检测等多个行业。

（四）数据出境合规的新规则

2023年9月28日，国家互联网信息办公室颁布《规范和促进数据跨境流动规定（征求意见稿）》（以下简称"数据跨境新规"），对《数据出境安全评估办法》《个人信息出境标准合同办法》等相关数据出境规定进行调整，对企业实践中面临的合规问题予以回应。

1. 明确数据出境合规客体

数据跨境新规明确国际贸易、学术合作、跨国生产制造和市场营销等活动中产生的数据出境，不包含个人信息或者重要数据的，不需要申报数据出境安全评估、订立个人信息出境标准合同以及通过个人信息保护认证。对于重要数据出境，数据跨境新规规定，未被相关部门、地区告知或者公开发布为重要数据的，数据处理者不需要将其作为重要数据申报数据出境安全评估，解答了实践中企业对于如何认定重要数据、自己持有的数据中是否因含有重要数据而需要申报数据出境安全评估的困惑，降低了企业的合规成本。此外，数据跨境新规对过境数据排除了数据出境合规要求，规定不是在境内收集产生的个人信息向境外提供的不需要适用前述数据出境合规路径。

2. 数据出境合规的豁免情形

根据数据跨境新规，以下三种情形可以豁免申报数据出境安全评估、订立个人信息出境标准合同以及通过个人信息保护认证：① 订立、履行个人作为一方当事人的合同所必需，如跨境购物、跨境汇款、机票酒店预订、签证办理等，必须向境外提供个人信息的；② 按照依法制定的劳动规章制度和依法签订的集体合同实施人力资源管理，必须向境外提供内部员工个人信息的；③ 紧急情况下为保护自然人的生命健康和财产安全等，必须向境外提供个人信息的。

此外，数据跨境新规提高个人信息跨境合规门槛，规定预计一年内向境外提供不满 1 万人个人信息的，不需要申报数据出境安全评估、订立个人信息出境标准合同、通过个人信息保护认证。

3. 自贸区的负面清单规则

数据跨境新规赋予自由贸易试验区自行制定负面清单的权利，负面清单外数据出境，可以不申报数据出境安全评估、订立个人信息出境标准合同、通过个人信息保护认证。负面清单经报经省级网络安全和信息化委员会批准后，报国家网信部门备案。

我国数据出境监管制度尚处于摸索阶段，数据跨境新规在保护数据安全的同时，给企业提供了更多的灵活性，降低了企业的合规成本，更好地实现了数据安全与数字经济发展之间平衡，目前征求意见阶段已结束，让我们期待新规正式版的发布！

四、粤港澳大湾区的个人信息跨境流动

2023 年 6 月 29 日，国家互联网信息办公室与香港特区政府创新科技及工业局签署《关于促进粤港澳大湾区数据跨境流动的合作备忘录》，提出在国家数据跨境安全管理制度框架下，建立粤港澳大湾区（以下简称"大湾区"）数据跨境流动安全规则。为具体落实合作备忘录中关于"共同制定粤港澳大湾区个人信息跨境标准合同并组织实施，加强个人信息跨境标准合同备案管理"的合作措施，国家互联网信息办公室与香港特区政府创新科技及工业局制定了《粤港澳大湾区（内地、香港）个人信息跨境流动标准合同实施指引》并于 2023 年 12 月 13 日发布施行。

该指引明确大湾区内的九个内地城市与香港之间可以通过标准合同备案机制实现个人信息跨境流动，实质性豁免了对于达到一定数量的个人信息从大湾区内内地向香港流动的数据出境安全评估要求。该指引是在维持两地个人信息保护制度不变，切实贯彻"一国两制"方针的前提下，两地监管机构为促进大湾区的个人信息跨境安全有序流动和推动大湾区高质量发展而在数据跨境流动监管模式上联合进行的创新探索。[①]

---

① 《智见｜以标准合同机制助推粤港澳大湾区数字经济高质量发展》，载微信公众号"中国网络空间安全协会"，2023 年 12 月 14 日，https：//mp.weixin.qq.com/s/4koTHUl5PTpmxO5LjrBCYA。

（一）适用范围

该指引的地域适用范围为注册于（适用于组织）/位于（适用于个人）粤港澳大湾区内地九个城市，即广东省广州市、深圳市、珠海市、佛山市、惠州市、东莞市、中山市、江门市、肇庆市，或者香港特别行政区的个人信息处理者及接收方之间的个人信息跨境流动，排除了对于向大湾区以外组织、个人提供及再传输的适用。在个人信息跨境数量和时间方面，该指引未作限制要求，但排除了"被相关部门、地区告知或者公开发布为重要数据"的个人信息的适用。

（二）大湾区标准合同

该指引同时发布了附件《粤港澳大湾区（内地、香港）个人信息跨境流动标准合同》（以下简称《大湾区标准合同》）。《大湾区标准合同》在全国版《标准合同》的框架下删减了接收方"允许个人信息处理者对必要的数据文件和文档进行查阅""按照相关法律法规要求直接或者通过个人信息处理者向监管机构提供相关记录文件"等义务条款，并放宽了向同辖区第三方提供个人信息的条件，减轻了接收方的合规压力，降低了企业的合规顾虑。

（三）个人信息保护影响评估

该指引要求个人信息在跨境提供个人信息前开展个人信息保护影响评估，但相比《个人信息出境标准合同办法》对于个人信息保护影响评估的要求，其对评估要点进行了简化，删除了出境个人信息的规模、范围、种类、敏感程度，当地个人信息保护政策和法规对合同履行的影响等内容，减少了评估工作的复杂性，同时个人信息保护影响评估报告也不再作为备案必须提交的材料之一，企业在评估工作和评估报告撰写方面拥有了更多的自主性，降低了企业的合规成本。

（四）两地监管

与《个人信息出境标准合同办法》只规定个人信息处理者的备案义务不同，该指引要求个人信息处理者及接收方按照属地向广东省互联网信息办公室或者香港特别行政区政府政府资讯科技总监办公室进行标准合同备案。实践中两地企业是否需要依据各自角色分别向属地监管机构履行备案手续，两地监管之间如何协同，还有待监管进一步澄清。除备案外，对个人信息处理者或接收方违反指引及标准合同的行为可以向两地监管机构进行投诉举报，发生个人信息安全事件时也需要按照属地通知两地监管机构。

（五）先行先试安排

为了推动落实该指引，香港创新科技及工业局与国家互联网信息办公室于 2023 年 12 月 13 日共同发布《大湾区标准合同》便利措施及先行先试安排，首阶段邀请银行业、征信业及医疗业参与。香港创新科技及工业局下属政府资讯科技总监办公室和广东省互联网信息办公室将共同落实《大湾区标准合同》便利措施。希望参加的先行先试个人或组织，需要在 2023 年 12 月 31 日前提交《粤港澳大湾区（内地、香港）个人信息跨境流动标准合同便利措施先行先试的意向书》。

五、合规要点

不管选择何种路径，数据出境单位涉及国家监管的数据出境活动的，都应在数据出境前，尽早部署和安排相应合规事宜。

（一）如何判断和适用数据出境路径？

数据出境单位应当全面梳理已开展的数据处理活动，筛查涉及数据出境的业务场景和出境的数据类别。如果出境数据不包含国家禁止、限制或设置合规要件的数据类别，数据出境单位从维护自身的数据资产权益角度，也应与境外接收方就出境数据安全以及数据使用和权益归属等做好事先沟通和约定。

（二）如何识别和界定重要数据？

要判断出境数据是否含有重要数据，数据出境单位应参考相关行业规定或标准的重要数据识别规则自行识别和界定。例如，《汽车数据安全管理若干规定（试行）》列举了属于重要数据的具体数据种类；《工业和信息化领域数据安全管理办法（试行）》和《金融数据安全　数据安全分级指南》（JR/T 0197—2020）则从性质和内容角度描述了符合重要数据的条件。

部分行业和地方主管部门也已开始着手制定重要数据目录,例如上海市通信管理局组织上海电信、上海移动、上海联通、拼多多、小红书等10家重点电信和互联网企业按照工业和信息化领域重要数据和核心数据有关识别指南,开展重要数据和核心数据识别认定及目录备案工作,并审核确定上海市电信和互联网行业首批重要数据和核心数据目录,按规定报送工业和信息化部。①

数据出境单位应密切关注所在地及所在行业主管部门对于重要数据目录的最新进展,定期对出境数据情况进行盘点和检视。如果出境数据中含有重要数据,数据出境单位就应当申报数据安全评估。

(三) 个人信息处理者如何判断是否需要申报安全评估?

如果出境数据中含有个人信息,数据出境单位还应当从主体类条件(即出境主体是否为关键信息基础设施运营者或处理100万以上个人信息的)以及客观类条件(即出境的个人信息规模)判断是否符合必须申报安全评估条件。

根据《关键信息基础设施安全保护条例》,若构成关键信息基础设施,运营者会收到相关行业和领域主管部门的认定结果通知。数据出境单位若被认定为关键信息基础设施运营者或者涉及处理100万人以上个人信息的,即便只涉及少量的个人信息包括员工个人信息出境,也必须申报数据出境安全评估。

在出境的个人信息规模上(自上年1月1日起提供10万人以上个人信息或1万人敏感个人信息),《数据出境安全评估办法》是按累计进行计算。如果存在多个个人信息出境场景的,原则上需要合并申报。② 另外,个人信息处理者也不得通过数量拆分的方式来规避申报安全评估的人数门槛。

(四) 标准合同备案和个人信息保护认证孰优?

数据出境单位在全面盘点和梳理本单位的个人信息出境活动后,确定

---

① 《上海市通信管理局组织完成电信和互联网行业首批重要数据和核心数据认定工作》,载微信公众号"上海通信圈",2023年2月24日,https://mp.weixin.qq.com/s/cn_Bdytwzju_oIZneIC53A。

② 《浙江省数据出境安全评估申报工作问答(三)》,载微信公众号"网信浙江",2023年4月25日,https://mp.weixin.qq.com/s/Z2ZIHUgQQKvAtVosH-TQt9g。

未触发安全评估条件的,可结合自身的个人信息出境需求,自愿选择适用个人信息保护认证还是标准合同的出境路径。

不管是选择何种路径,数据出境单位都需要与境外接收方签订个人信息出境相关合同等法律文件,并开展个人信息保护影响评估。但相较于标准合同路径,《安全认证规范》V2.0还要求个人信息出境单位和境外接收方均应指定个人信息保护负责人、设立个人信息保护机构,并建立和共同遵守同一的个人信息跨境处理规则。因此,认证路径对个人信息出境单位的内部的组织和管理能力提出了更高的要求,而且从约定并遵守同一的个人信息跨境处理规则这一要求来看,认证路径更适合本身就具有或更容易达成统一个人信息管理体系的跨国公司、同一经济实体、事业实体的公司或关联公司之间的个人信息跨境活动。

此外,相较于标准合同签订后提交至省级网信部门备案即可,认证路径的流程和内容也比标准合同复杂,因此对于数据出境单位少量的个人信息出境活动,以及单次、偶发的跨境业务或国际合作,标准合同备案路径是一个更适合的选择。

(五)为什么说与境外接收方充分沟通非常必要?

数据出境单位应在开展具体业务或合作前,尽早与境外接收方就中国数据出境的监管要求以及境外接收方配合自身履行数据出境相关义务进行充分沟通。

第一,不管适用或选择何种路径,数据出境单位都需要在数据出境前与境外接收方就数据出境签署具有法律约束力的文件。数据出境单位在进行具体业务合同或合作协议谈判时,就应同时就数据出境拟签署的相关法律文件条款进行释明谈判。虽然《数据出境安全评估办法》《安全认证规范》V2.0只列举了与境外接收方签署的文件中应当明确包含的内容,但在目前数据出境安全评估申报的实践中,数据出境单位按照《标准合同》条款与境外接收方签署文件会更容易得到监管部门的认可。建议数据出境单位尽早在律师等专业人士的帮助下,提前与境外接收方就相关合同条款,特别是境外接收方应当履行的义务和承担的责任,进行充分讨论和协调。

第二,不管适用或选择何种路径,数据出境单位都应当在数据出境前开展个人信息保护影响评估、数据出境自评估,其中重点评估内容之一就是境外接收方的数据安全保障能力,包括境外接收方具备的数据安全的组织和岗位、数据安全制度、数据安全技术能力和采取的技术保障措施有效性等。数据出境单位应与境外接收方提前沟通，确保在评估过程中境外接收方可以配合提供相关证明材料。

（六）如何开展数据出境自评估和个人信息保护影响评估？

开展数据出境自评估和个人信息保护影响评估是数据出境的前置关键环节，不管适用和选择何种路径，数据处理者都向监管部门或认证机构提交相应的评估报告，作为监管部门或认证机构审查/查验对象和最终是否予以通过的重要参考依据，因此，数据出境单位应当对评估工作给予足够的重视。

《数据出境安全评估申报指南（第一版）》《个人信息出境标准合同备案指南（第一版）》都对评估的完成时间提出了要求，数据出境自评估和个人信息保护影响评估必须要在安全评估申报之日或标准合同备案之日前3个月内完成，且至申报之日或备案之日未发生重大变化。

同时，数据出境自评估和个人信息保护影响评估是涉及法律、技术、业务的复合型工作，数据出境单位应当对涉及的相关部门员工进行动员培训，并指定具备统筹协调相关人力和物力资源的能力的人员负责，以确保评估活动可以在计划内申报或申请备案、认证前可以顺利开展和完成，为后续申报、认证、备案的顺利通过奠定基础。

（七）通过评估、认证或备案后的注意事项有哪些？

数据出境单位在通过安全评估、个人信息保护认证和标准合同备案后，应当对出境数据情况特别是境外接收方的数据处理情况进行持续关注和监督。如果在有效期内，出现了影响出境数据安全或者个人信息权益的情形的，数据出境单位应当根据相关规定重新申请安全评估或重新履行备案手续。

需要重新申请评估或备案的情形例如：向境外提供数据的目的、方式、范围、种类和境外接收方处理数据的用途、方式发生变化，或者延长个人信息和重要数据境外保存期限的；境外接收方所在国家或者地区数据安全保护政策法规发生变化可能影响出境数据安全或者个人信息权益等。

通过个人信息保护认证的单位需要接受认证机构的获证后监督，如果在认证有效期内出现不符合《安全认证规范》V2.0规定的认证要求的，认证机构将对认证证书予以暂停甚至撤销。

第五章

典型场景下数据资产保护

第一节 电子商务

全国首例电商大数据产品不正当纠纷案确认和保护电商数据产品开发者的"竞争性财产权益"[①]

2018年8月16日,杭州互联网法院发布淘宝(中国)软件有限公司(以下简称"淘宝公司")诉安徽美景信息科技有限公司(以下简称"美景公司")有关"生意参谋"零售电商数据平台不正当竞争纠纷案作为电商平台运营者维护大数据产品权益的典型案例。

本案中原告淘宝公司开发的"生意参谋"数据产品是淘宝公司开发并向淘宝、天猫店铺商家销售的一款提供大数据分析参考,帮助商家实时掌握相关类目商品的市场行情变化,改善经营策略的大数据产品。而美景公司运营"咕咕互助平台",以提供远

---

① 《淘宝(中国)软件有限公司诉安徽美景信息科技有限公司不正当竞争纠纷案》,载中国法院网2019年10月26日,https://www.chinacourt.org/article/detail/2019/10/id/4591196.shtml。

> 程登录服务的方式，招揽、组织、帮助他人获取涉案数据产品中的数据内容，从中牟利。
>
> 杭州铁路运输法院经审理认为：虽然网络运营者对网络原始数据不能享有独立的权利，但网络数据产品，经过网络运营者大量的智力劳动成果投入，通过深度开发与系统整合，最终呈现给消费者的是与网络用户信息、网络原始数据无直接对应关系的独立的衍生数据，可以为运营者所实际控制和使用，并带来经济利益，因此，网络运营者对于其开发的数据产品享有独立的财产性权益。美景公司未经授权亦未付出新的劳动创造，直接将涉案数据产品作为自己获取商业利益的工具，明显有悖公认的商业道德。被诉行为实质性替代了涉案数据产品，破坏了淘宝公司的商业模式与竞争优势，已构成不正当竞争。法院判令美景公司停止不正当竞争行为，赔偿淘宝公司人民币200万元。

"生意参谋"是电商平台方利用原始数据开发的一款典型的大数据产品，也体现了电商行业内数据衍生品的商业价值。本案是首例涉数据资源开发应用与权属判定的新类型不正当竞争案件，赋予数据产品开发者享有"竞争性财产权益"这种新类型权益，确认其可以此为权利基础获得《反不正当竞争法》的保护，为相关立法的完善提供了可借鉴的司法例证。

本案中法院在对数据资产保护作出判决时，也分析了淘宝公司对数据资产享有权益的合法性基础，认真援引分析其中的个人信息收集、使用条款，并且判断涉案数据产品的数据收集、利用是否合法合规。法院实际上是对淘宝、天猫的隐私政策进行了实质审查，包括分析了集团内由阿里旗下的天猫网向淘宝网传送数据，是否符合向第三方提供数据的合法授权要求，由此可见，数据资产的保护与数据收集合法合规密不可分。

一、电子商务行业的数据保护的法律法规和标准要求

电子商务行业与个人消费者紧密相关，本行业数据资产保护的法律法规和标准除了个人信息保护的相关内容外，也与网络交易、消费者权益保护、知识产权保护密切相关。

（一）《电子商务法》

《电子商务法》于 2019 年 1 月 1 日正式生效，是我国电子商务领域的基本法律，彼时《个人信息保护法》尚未出台，《电子商务法》制定中主要参考了《信息安全技术　个人信息安全规范》（GB/T 35273—2017）（以下简称《个人信息安全规范》）以及其他一些相关规范性文件的要求，同时又提出了适应电商行业特性的新要求。

《电子商务法》在总则部分将网络安全与个人信息保护与消费者权益保护、知识产权保护等并列作为电子商务经营者从事经营活动所应遵循的法定义务。同时对电子商务经营者收集使用用户个人信息的行为提出了一些具体的要求，主要如表 5-1 所示。

表 5-1　《电子商务法》涉及个人信息保护内容

类别	条款	内容
个性化推荐	第十八条	电子商务经营者根据消费者的兴趣爱好、消费习惯等特征向其提供商品或者服务的搜索结果的，应当同时向该消费者提供不针对其个人特征的选项，尊重和平等保护消费者合法权益。 电子商务经营者向消费者发送广告的，应当遵守《中华人民共和国广告法》的有关规定。
用户查询、更正、删除信息的权利	第二十四条	电子商务经营者应当明示用户信息查询、更正、删除以及用户注销的方式、程序，不得对用户信息查询、更正、删除以及用户注销设置不合理条件。 电子商务经营者收到用户信息查询或者更正、删除的申请的，应当在核实身份后及时提供查询或者更正、删除用户信息。用户注销的，电子商务经营者应当立即删除该用户的信息；依照法律、行政法规的规定或者双方约定保存的，依照其规定。

对比《个人信息保护法》的最新要求，在个性化推荐方面，《个人信息保护法》第二十四条提出了对于《电子商务法》第十八条的替代性解决方案，即在进行信息推送、商业营销等业务场景中，个人信息处理者除了

可以向该消费者提供不针对其个人特征的选项，也可给予用户对于个性化推荐的拒绝权，两者均为个性化推荐场景下的合规手段。但需要注意的是，在商业营销场景下，电子商务经营者必须给予用户拒绝权。

在个人信息主体权利保障方面，《电子商务法》规定了用户的查询、更正、注销、删除等权利，其中，注销权是《个人信息安全规范》中赋予用户的一项权利类型，但在《个人信息保护法》中已不见其踪影。我们认为《个人信息保护法》第四十七条关于删除权的规定吸收了此前注销权的内容，可以理解为用户对个人信息处理者其账户信息收集的撤回同意，此时，个人信息处理者有义务主动删除相关信息。此外，在用户删除权的行使上，《个人信息保护法》的规定与《电子商务法》有所不同，根据《个人信息保护法》，用户仅在法定情形下享有请求删除个人信息的权利，而在《电子商务法》项下，用户请求删除个人信息，电子商务经营者核实个人身份后即应进行删除操作。对于以上冲突情形如何适用，我们认为根据《立法法》关于法律适用的规则，《个人信息保护法》与《电子商务法》的制定机关均为全国人民大会常务委员会，属于同一法律位阶，应适用"新法优于旧法"的规则，即当两者关于特定事项的规定不一致时，优先适用《个人信息保护法》的相关规定。

（二）《网络交易监督管理办法》

作为《电子商务法》的重要配套规则，为适应网络直播等新兴业态的涌现，国家市场监督管理总局对《网络交易监督管理办法》（《办法》）进行了修订，《办法》于2021年5月1日正式生效，其在个人信息保护方面基本沿袭了《电子商务法》等相关法规的要求，同时又提出了一些新的规定。涉及个人信息保护内容的主要条款如表5-2所示。

表5-2 《网络交易监督管理办法》涉及个人信息保护内容

类别	条款	内容
合法有效的授权同意	第十三条第二款	网络交易经营者不得采用一次概括授权、默认授权、与其他授权捆绑、停止安装使用等方式，强迫或者变相强迫消费者同意收集、使用与经营活动无直接关系的信息。收集、使用个人生物特征、医疗健康、金融账户、个人行踪等敏感信息的，应当逐项取得消费者同意。

续表

类别	条款	内容
数据保存	第三十一条	网络交易平台经营者对平台内经营者身份信息的保存时间自其退出平台之日起不少于三年；对商品或者服务信息，支付记录、物流快递、退换货以及售后等交易信息的保存时间自交易完成之日起不少于三年。法律、行政法规另有规定的，依照其规定。

《办法》再次重申了网络交易经营者收集使用消费者个人信息应遵循合法、正当及必要的基本原则，明确禁止使用"一次概括授权、默认授权、与其他授权捆绑、停止安装使用等方式"获取消费者对收集使用其个人信息的同意。同时，对于敏感个人信息的收集使用提出了"逐项"同意的新要求，但并未进一步说明"逐项"的合规操作要点。此后《个人信息保护法》出台，对于敏感个人信息的收集处理采用了"单独同意"的全新概念，《办法》在法律位阶上属于下位法，因而"逐项取得消费者同意"这一表述，应与《个人信息保护法》的"单独同意"表述内涵保持一致。虽然目前对于"单独同意"的形式也尚未在实务中达成一致意见，相对于一般的授权同意要求，其核心要求应在于破除一揽子同意，与敏感个人信息以外的其他个人信息明显区隔。这意味着，在网络交易经营者公开的个人信息处理规则中，应当针对处理个人敏感信息的每一项目的列明所有涉及的信息处理活动，并就每一项处理目的征得消费者的同意。虽然此举将在一定程度上提高网络交易经营者的运营成本并降低消费者的"高效"体验，但其可以避免网络交易经营者随意收集消费者的个人敏感信息的行为，有效规避个人敏感信息的滥用以及泄露风险。

《办法》第三十一条规定较之《电子商务法》的规定，增加了平台经营者对平台内经营者的身份信息的保存义务，与平台经营者对平台内经营者的身份信息审核登记、报送等义务形成一体，对平台内经营者进行事前、事中、事后的身份信息管理；同时对"交易信息"进行了非穷尽式列举，有利于更好地指导平台经营者履行交易信息保存义务。

（三）《消费者权益保护法》

我国现行有效的《消费者权益保护法》最近一次修正是2013年，对于消费者个人信息保护有所提及但内容较泛，但总体方向与《电子商务法》《个人信息保护法》并未相悖。如经营者收集、使用消费者个人信息，应当遵循合法、正当、必要的原则，明示收集、使用信息的目的、方式和范围，并经消费者同意。经营者收集、使用消费者个人信息，应当公开其收集、使用规则，不得违反法律、法规的规定和双方的约定收集、使用信息。

（四）国家邮政局、商务部《关于规范快递与电子商务数据互联共享的指导意见》

鉴于电子商务行业与快递服务行业的紧密联系和业务运营中对于数据共享的现实需求，国家邮政局与商务部在2019年6月联合发布《关于规范快递与电子商务数据互联共享的指导意见》（以下简称《意见》）。意见支持电子商务经营者与经营快递业务的企业相互传输寄递和快件数据，不得对数据互联共享施加不合理的障碍。对于电子商务经营者和经营快递业务的企业对用户数据的常见使用方式，《意见》也作出了明确要求，主要在于：

- 开展数据挖掘时，应当采用加密、脱敏等方式保护用户数据安全；
- 利用用户大数据进行增值应用的，应当经过用户同意，并不得将具有个人隐私特征的数据提供给其他单位和个人；
- 涉及数据跨境流动的，依照相关法律法规规定。

（五）国家推荐性标准

电子商务领域还陆续发布了一系列有关数据保护与应用的国家标准，对几个主要的标准介绍如下。

1. 电子商务数据交易

2021年5月21日正式实施的《电子商务数据交易》（GB/T 40094—2021）系列标准，共分为四个部分，分别是：第一部分准则，规定了电子商务数据交易中的交易参与方、交易数据、交易方式、交易程序与规则以及争议处理规则；第二部分数据描述规范，适用于电子商务数据交易中交易数据的信息采集、发布、交换、存储和管理等，规定了电子商务数据交易中交易数据的描述属性、描述方法、信息模型、摘要描述、信息扩展方法以及证实方法，从而为电子商务数据交易建立统一数据质量标准；第三部分数据接口规范，适用于电子商务数据交易平台的交易主体之间的数据获取，规定了电子商务数据交易平台的数据接口方式、数据接口要求和证实方法，保证数据交易安全；第四部分隐私保护规范，从数据提供方、数据需求方以及交易平台运营方的职责义务和信息主体权利的要求论述了电子商务数据交易中隐私保护的总原则和具体要求，但此时标准中隐私范畴的定义相对较小，并不等同于个人信息。

2. 第三方电子商务交易平台社会责任实施指南

2020年12月14日颁布并实施的《第三方电子商务交易平台社会责任实施指南》(GB/T 39626—2020)，对第三方电子商务交易平台在应用《社会责任指南》(GB/T 36000—2015)等基础性社会责任国家标准时提供了进一步的详尽指南，旨在帮助第三方电子商务交易平台在遵守法律法规和基本道德规范的基础上实现更高的企业社会价值，最大限度地致力于可持续发展。在相关行动和社会期望中以公平、公开和公正为原则建立隐私权和商业秘密保护的平台规则。在数据方面，要求妥善记录和保存平台上发布的商品和服务信息、交易信息，并采取相关措施确保数据的完整性、准确性、安全性、保密性和可用性，以及原始数据的真实性。可行时，可通过独立的数据服务机构对其信息进行异地备份，并提供对外查询、下载或打印服务。

3. 跨境电子商务交易要求

《跨境电子商务交易要求》(GB/T 40105—2021)适用于跨境电子商务经营活动，规范了跨境电子商务的交易体系、基础保障、交易过程以及客户关系的服务要求。在基础保障要求中提出了信息安全以及隐私保护的要求，包括保障交易数据安全、平台运营安全以及对在线销售商和消费者的信息进行隐私保护。其中交易数据的安全应该满足数据机密性、完整性、可靠性、安全存储、可访问性以及可审核性。

二、电商行业数据资产保护和合规治理的重点

电子商务行业的业务模式不断与其他业态或新技术结合创新，具有富于行业特色的数据资产保护重点和合规治理的风险点。

（一）开展社交电商带来收集个人信息的授权同意风险

自 2019 年起，工信部、公安部等执法机构，密集开展针对电商平台数据合规的相关执法行动，其关注重点更多在于外部易感知的、易引发用户关注及投诉的个人信息收集问题。从已公开的执法案例来看，其中不乏业内知名的购物、餐饮、直播等电商企业，问题颗粒度也渗透至数据收集最小必要性，以及数据共享、权限开启等与技术结合较深的合规问题。

从平台治理角度考虑，鉴于目前国家监管范围已从 App 逐步扩展至小程序、网站、快应用等媒介，与电商投放业态高度重合，关于外部平台个人信息处理规则的设置及用户告知，保证获取用户合法有效的授权同意，应是电商企业优先处理的合规事项。一般而言，如下数据收集事项属于企业应高度关注的高风险场景：

- 未设置个人信息收集处理规则；
- 规则未以突出、显著、易于感知的方式（例如弹窗、显著勾选项等），方便用户阅读及获取其明示授权同意；
- 规则内未如实明示各项功能场景，以及各项场景涉及的数据范围、系统权限等，包括可能涉及的数据向第三方传输、出境的情形。

需关注的是，除上述渠道外，鉴于社交电商开展的多样性及便捷性特征，数据收集还可能渗透在私域流量运营等典型场景中，例如即时通信 App 群聊天或者评论等。除依靠平台自身的隐私政策外，电商企业应结合平台特征，在开展具体数据收集处理活动之前，以各种友情提示或者友好设计，引导用户阅读个人信息收集处理规则，知悉并同意规则内容，以保证数据收集场景的合规性。

（二）新零售业务下个人信息收集处理的合规问题

串联线上线下业务的场景中，线下即门店的个人信息收集合规性问题往往容易被忽视。

如线下门店注册，应首先考虑个人信息收集同意环节的设计，解决方案则需要通过店员及店内消费设计，引导用户阅读数据收集处理规则。

如部分线下门店引入人工智能技术，通过采集用户生物识别信息，以推广相应的"智慧门店"建设，例如"无人店模式"。此时，"智慧门店"中生物识别信息的滥用风险更应引起重视，应审视在收集用户生物识别信息前是否有特别告知环节并获取用户单独明示授权同意。加拿大的信息和隐私专员已经就部分公司在卡尔加里运营的购物中心未经同意使用面部识别技术开展调查。对此，电商企业仍应当在最小必要原则下，谨慎收集处理用户的生物识别信息。

如新零售场景中出现的智能收银等硬件产品，应考虑此时硬件产品收集以及后续处理个人信息的合规性，例如收集用户个人信息是否在履行合同或者用户授权同意的合法必要范围内；此外，在收集完用户的消费行为数据等个人信息后，此类前端是否做到数据仅在前端存储及处理、相关数据是否会流入其他业务场景乃至其他数据处理方进行处理等，均对电商企业的数据合规及安全管理能力提出挑战。

（三）多途径开展个性化营销的合规要求

个性化营销是电商行业使用消费者数据的重要途径和需求。依据《电子商务法》《广告法》《消费者权益保护法》《通信短信息服务管理规定》《个人信息保护法》的规定，通过网络、短信、电话、即时通讯工具等方式发送电子营销信息，对用户开展定向营销推广行为，应满足如下合规要求：

- 告知用户定向推广的相关信息，并获取其授权同意；
- 以显著标识展示个性化推送内容；
- 为用户提供简单直观的退出或关闭个性化展示的选项；
- 当用户退出或关闭个性化展示，明确表示拒绝接受个性化推荐的，不得向其发送商业性信息；
- 通过自动化决策方式向信息主体进行商业营销的，应同时提供不针对其个人特征的选项。

（四）自动化访问并获取海量网络数据时的数据爬取风险

电商企业出于了解市场及竞品情况、数据备份、监控自家投放产品动态、数据报表制定等多种目的，会采用自动化访问采集技术（如常见的数据爬虫），通过网页采集、公开或非公开 API 方式，从第三方平台（部分可能存在直接或间接竞争关系）爬取市场营销相关信息、报表、商品信息、媒体推广活动信息乃至含有用户个人信息的数据（例如用户评论）等。

目前国内应用自动化手段收集网站数据的现实法律风险主要体现在《刑法》对于非法侵入计算机信息系统、非法获取计算机信息系统数据、破坏计算机信息系统的刑事处罚，《反不正当竞争法》对于不正当竞争行为的管制,《网络安全法》对于干扰网络正常功能及防护措施等危害网络安全行为的监管,以及爬取数据可能侵犯版权、个人信息等的民事侵权风险。评估应用自动化技术采集网站数据的合规风险,应综合评估爬取对象(政府公开信息网站/商业性网站)、网站是否具备 Robots 协议或公示条款限制爬取、网站是否具备反爬措施、爬取的数据类型、爬取数据的使用目的、爬取途径(API 或者页面,API 为公开/非公开等)、爬取量及频率、是否影响被爬网站的正常运行等核心因素。

考虑到数据爬取行为不仅引起监管关注,而且容易导致竞争对手的诉讼,从业务角度建议开展相应行动时,应注重考虑如下要素:

• 避免爬取构成直接竞争关系的企业的平台数据,以及具有较高传播度及公众知名度的商业网站数据,以降低爬取行为可能引发的诉讼风险及社会影响。

• 避免爬取平台非公开数据,或者由平台运营者设置一定要求(例如用户认证登录等)才可访问的数据(此类数据的爬取受限于用户协议或者开发者协议等契约约束)。

• 控制数据爬取频率及规模,参考 2019 年国家互联网信息办公室发布的《数据安全管理办法(征求意见稿)》第十六条标准,数据爬取收集流量不得超过网站日均流量的三分之一。

• 关注被爬取平台的动态,如已收到被爬取平台关于停止数据爬取的相关通知说明,或者被爬取平台公开登载禁止、限制数据爬取行为的,应及时采取对策,暂停数据爬取行为。

(五)与第三方的数据交互风险

基于服务支持及提供、数据价值挖掘、数据碰撞分析等不同目的,电商企业在完成数据收集后,除本企业内部处理外,可能涉及向外部第三方共享数据。此类第三方,既包括与电商企业具有股权关联关系的企业(例如同一集团下的关联公司),也包括不存在关联关系的外部第三方(例如技术或服务提供商)等。对于电商行业而言,后者常见为物流、技术服务提供商、第三方平台供应商(微信、淘宝等)以及有关必要服务提供方(如支付、位置、分析等)。

由于数据共享涉及第三方数据合规管理,并存在数据安全管理问题,因此数据共享应作为内部管理高风险项予以规范运作。关于数据共享,应着重关注的风险问题有：
- 基于不同的场景，分析共享情形导致的合规义务区别。
- 识别与共享第三方的关系，确定双方数据保护的权利和责任。
- 委托场景下，要确保在信息主体授权同意范围内委托。评估委托本身也需注意是否存在信息泄露风险。评估受托方，确保其足够的数据安保能力。委托过程中持续监督受托方的信息安全工作，并在侵权（风险）发生时及时补救。
- 共同控制场景下，将与第三方责任约定明确告知信息主体。
- 在使用第三方工具场景下，要对该工具进行技术评估，确定其是否具有直接或间接收集个人信息的能力。如 SDK 能收集个人信息，明示用户并就敏感信息征得同意；持续监督第三方工具是否存在违法或违约收集用户信息的行为。
- 对脱敏信息进行管理和控制，区分不同脱敏数据性质，控制信息安全和合规风险。

三、电商行业的数据资产保护实践

电子商务是数字经济的重要组成部分，2022 年中国电子商务市场规模达 47.57 万亿元，涌现了阿里巴巴、京东、拼多多、唯品会、小米商城、苏宁易购、得物 App、网易严选、抖音电商等众多知名电子商务平台代表。以电商行业的龙头企业阿里巴巴为例，在个人信息保护、向第三方数据传输安全以及电商平台生态圈内的大数据应用等方面的数据资产保护，具有实践参考价值。

（一）淘宝网隐私政策

作为电商平台的代表产品，淘宝网的隐私政策早在 2017 年就受到了国家主管部门重视。2017 年 7 月至 8 月期间，中央网信办、工业和信息化部、公安部、国家标准委四部门组成的专家工作组对包括淘宝在内的首批 10 款网络产品和服务的隐私条款评审，随后淘宝网调整隐私政策，在对个人信息的收集和使用上均作出相关规范，明确指出了收集和使用信息的目的。新版隐私条款在描述上更为通俗化，可操作性更强。如在用户管理个人信息方面，淘宝详细写出操作路径，用户可根据指引管理个人信息，而不再是提纲要领式的文字。在个人信息共享方面，淘宝新版隐私条款均明示了第三方合作伙伴的类型以及共享的个人信息内容。自 2018 年以来，随着有关个人信息保护方面的法律法规和标准日益完善，监管部门的执法活动越发频繁，个人信息保护的重点逐渐清晰和深入，截至 2023 年底，淘宝网的隐私政策也经历了十四次修订之多，并率先落实工业和信息化部要求的隐私政策摘要以及《个人信息收集清单》和《个人信息共享清单》的"双清单"要求，成为行业典范。

（二）向第三方数据传输安全

2021 年 8 月，阿里发布《依法加强消费者订单中敏感信息保护的公告》，要求部分商家对客户管理系统（CRM）进行改造。阿里巴巴在公告中用了"必须"一词体现了阿里巴巴对数据隐私安全的敏感与重视程度，也是对 2021 年 9 月即将正式实施的《数据安全法》以及当时正在酝酿出台的《个人信息保护法》的合规应对。

按照公告的新规定执行，商家 CRM 系统将无法再获取阿里巴巴旗下的淘宝、天猫等交易平台产生的消费者数据，如消费者姓名、手机号和固定电话、详细地址（不包含省市）等。这就意味着，在新规下商家将不得不采取新营销应用方案，例如通过引导用户注册商家的会员体系，建立基于用户本人授权同意基础下的商家个人信息收集及后续数据加工使用等，虽然是个更难的动作，但纠正了电商平台向第三方提供个人信息并不具有合法事由的保护瑕疵。

（三）开放平台的数据安全与保护

电商平台是打通商品、用户、交易、物流等一系列电子商务基础服务的媒介，淘宝网亦形成淘宝开放平台（Taobao Open Platform），打造围绕淘宝电商的内容生态、营销生态、零售生态、客服生态、协同生态五位一体的应用服务市场，为逾千万商家提供便捷的工具和服务。为了充分保护淘宝开放平台上的数据资产，防止电商订单等数据泄露或被恶意攻击入侵，从而威胁消费者的数据安全，淘宝网定期对开放平台进行风险评估，包括：① 加强合作方监督管理，要求独立软件开发商在入驻淘宝开放平台时必须实名注册且提供必要的资质证照信息，确保开发者符合淘宝开放平台基本要求。② 为了日常监测巡查和监督检查的标准化规范化，要求独立软件开发商以《信息安全技术 数据安全能力成熟度模型》（GB/T 37988—2019）为依据，自行开展数据采集、存储、使用、传输、共享、销毁等全流程风险管理和安全保护风险自评。此外，淘宝开放平台基于自评结果进行安全评审，在输出风险的同时，沉淀开放平台安全最佳实践和知识库。通过整合淘宝开放平台和电商云的安全能力，开展产品接入、端口监控、漏洞扫描、配置检测、告警运营等多维度的风险监控，保证异常发生时的快速触达、持续跟进和及时处置。③ 强化数据分级分类及差异性管理措施，对开放 API 透出数据进行分类分级和按需审批授权，以规范独立软件开发商的数据使用。④ 建立企业内部数据安全事件应急响应机制，当独立软件开发商出现信息泄露事件时，淘宝开放平台快速介入、协同止损，并通过事后复盘和问题溯源，对违规行为进行教育、整改，对严重者进行处罚甚至清退。

总体看来，经过淘宝开放平台数据安全风险评估和治理，因开发者应用安全问题导致的消费者数据泄露、欺诈风险事件大幅减少，有效保护了消费者数据安全，同时提升了数千开发者的安全能力。

淘宝开放平台数据安全风险评估和治理工作，通过对开发者进行准入管理、事前评估、事中监控、事后运营以及生态联动，建立了电商开放生态数据安全治理闭环，有效探索了电商数据开放和流动治理的新思路和新模式，在赋能商家创造繁荣的电商生态的同时，有效保护了千万商家和亿万消费者的数据安全，成功入选 2020 年网络数据安全合规性评估优秀案例。[①]

四、域外规定和实践

（一）欧盟

欧盟第 Directive 2000/31/EC 号指令，又称《欧盟电子商务指令》，是有关在线服务（Online Services），特别是电子商务的重要法律，但该电子商务指令明确规定其不适用于税收、数据保护以及博彩活动。个人信息保护成为电子商务发展中出现了若干重要的关切点之一，绝大部分用户担忧

---

① 参见《2020 年网络数据安全合规性评估入选优秀案例系列展示之三：淘宝开放平台数据安全合规评估优秀案例》，载中国工信新闻网 2020 年 9 月 15 日，https://www.cnii.com.cn/rmydb/202009/t20200915_216697.html。

过度让渡个人信息，在线服务的信任瓶颈阻碍了数字经济的发展，而不同地区法律制度的差异和不确定性也造成了进一步的阻碍，需要简化制度避免对新生的在线商务模式造成消极影响。为此，有关制定一般数据保护条例的提案在 2012 年顺势问世，欧洲议会于 2016 年 4 月 14 日通过《一般数据保护条例》（GDPR），2018 年 5 月 25 日在欧盟成员国内正式生效实施。可以说，GDPR 补充了在线服务领域中个人信息保护的空白。

GDPR 颁布以后，美国最大的电子商务公司亚马逊因个人数据处理，违反欧盟严格的数据保护规定，被卢森堡数据保护局 2021 年 7 月 16 日的决定处以 7.46 亿欧元（约合 8.88 亿美元，57.29 亿元人民币）的罚款。该决定表示，亚马逊对个人数据的处理不符合欧盟一般性数据保护条例。但亚马逊认为罚款是"没有根据的"，并将"在这个问题上为自己大力辩护"。该公司将对该决定提出上诉。亚马逊发言人认为："保护用户的信息安全，维持他们的信任，是我们的首要准则。没有任何用户的数据被泄露给了第三方。我们坚决反对该指控，将进一步上诉。关于我们如何向用户投放相关广告这一点，卢森堡数据保护局仅仅是依靠对于欧洲隐私法的主观臆断对我们作出判决，况且就算这项解释成立，罚款金额也远远高出对应标准。"

继 GDPR 之后，欧盟委员会于 2020 年 12 月 15 日推出《数字市场法》（Digital Market Act，DMA）提案和《数字服务法》（Digital Service Act，DSA）提案，两部提案均在 2022 年下半年获得欧盟理事会批准。

《数字市场法》只适用于根据法案中的客观标准被认定为守门人的大型在线企业。守门人可基于客户数量、累积活动能力、市场估值等综合标准进行推定。如果上述条件没有得到全部满足，那么欧盟委员会有权通过市场调查来评估特定企业的具体情况，并有权在定性评估的基础上作出将其认定为守门人的决定。《数字市场法》为被认定为守门人的平台施加了一系列额外的具体义务，既包括积极义务，也包括禁止性义务，确保它们中的任何一个都不会滥用自己的地位。"在欧盟层面监管数字市场将创造一个公平和有竞争力的数字环境，让公司和消费者从数字机会中受益。"该法案已经于 2022 年 7 月 18 日由欧洲理事会批准。

《数字服务法》将适用于传输或存储第三方内容的中介服务，包括提供网络基础设施的服务（如网络接入供应商、域名注册商）、云服务和网络托管服务、在线平台（如社交网络、内容共享平台、应用商店、在线市场、在线旅游和住宿平台等）等。在个人数据保护方面，《数字服务法》完全符合现有的数据保护规则，包括 GDPR 和电子隐私指令（ePrivacy），并未修改这些法律中规定的保障措施。法案要求在线平台采取广泛的透明度措施，包括广告来源、数据访问以及推荐算法的透明度，提高了平台如何收集、使用和保护消费者数据以及将竞争对手的业务信息与自身业务利用隔离开来的透明度；研究人员可以获得最大平台的关键数据，以便仔细研究平台如何工作以及在线风险如何演变；依托于新设立的欧洲数字服务委员会（European Board for Digital Services），欧盟成员国将在监管中扮演主要角色，同时欧盟委员会在加强对大型在线平台的执法和监督方面发挥作用。

（二）美国

美国电子商务的发展与政府提供的制度环境也是密不可分的。虽然说在电子商务交易过程中，美国将政府的参与或干预最小化，主要是市场发挥主导作用，但是美国政府建立和完善法律法规，从税收政策、电子支付系统、知识产权保护、信息安全、保护个人隐私、统一电信技术标准等方面促进电子商务发展。

美国没有单一的主要数据保护立法。在联邦层面，《联邦贸易委员会法》广泛授权美国联邦贸易委员会（FTC）采取执法行动，保护消费者免受不公平或者欺骗行为的影响，并执行联邦隐私和数据保护法规。

加利福尼亚州在隐私保护立法方面有着悠久的历史。2020年1月1日，《加利福尼亚州消费者隐私法案》（CCPA）正式生效；2020年11月，加利福尼亚州通过《加州隐私权法案》（CPRA），并于2023年1月1日正式取代CCPA。与此同时，弗吉尼亚州、华盛顿州等也各自颁布了州层面的消费者隐私法案。2021年7月，美国统一法律委员会（ULC）投票通过了《统一个人数据保护法》（UPDPA），旨在为各州提供一个模板。

CCPA所规制的个人数据共享行为主要是"出售消费者个人信息"以及"为商业目的披露消费者个人信息"。进行前述任何一种行为，企业均应在收集时或收集之前告知消费者将要收集的个人信息类别和使用目的，如果未按照要求进行告知，则企业不得收集相关类别个人信息或将收集的个人信息用于其他目的。针对出售消费者个人信息，CCPA针对区分成年人与未成年人设置了不同的权利请求机制：16周岁以上的成年人适用"选择退出"规则，16岁以下的消费者根据CCPA适用的是"选择加入"。CPRA对企业共享个人信息进行了严格限定，"共享个人信息"是指企业通过任何方式向第三方披露个人信息，进行"跨语境行为广告"，并不考虑双方是否交换对价，该等共享同样应确保加利福尼亚州人有权选择退出。此外,根据 CPRA 消费者可以限制敏感个人信息的商业使用,企业可以在网站设置"限制使用个人敏感信息"按钮为消费者提供退出选择。在关联方之间的数据共享问题上,CCPA、CPRA 并未给予豁免。但弗吉尼亚州、华盛顿州法明确"向控制者的关联公司披露或转移个人数据"不属于出售行为。

第二节 云 服 务

云服务器租赁平台对存储内容的责任边界[①]

原告北京乐动卓越科技有限公司(以下简称"卓越公司")系游戏《我叫 MT online》的著作权人,阿里云计算有限公司(以下简称"阿里云公司")系云服务器租赁服务提供商。案外人将侵害卓越公司著作权的游戏软件上传到其租赁的阿里云服务器中,其他用户可通过阿里云直接下载该软件。

卓越公司就此侵权行为先后三次向阿里云公司致函,要求其删除侵权软件。但阿里云公司仅对前述通知进行了转通知,而没有采取其他措施。卓越公司认为阿里云公司未及时删除侵权游戏,致其损失扩大,构成侵权,因此将阿里云公司起诉至北京市石景山区人民法院。

一审法院认为,阿里云公司属于《侵权责任法》第三十六条[②]规定的网络服务提供者,适用"通知+必要措施"规则。其在收到原告通知后的八个月内均未采取必要措施而造成权利人损失扩大,应承相应的责任。

二审法院虽然支持了一审法院关于阿里云计算公司适用"通知+必要措施"规则的观点,但认为卓越公司发出的三次通知均为不合格通知,而且阿里云公司亦将该通知进行了转通知属于实

---

① 《首例云服务器侵权案改判》,载国家版权局网 2019 年 7 月 2 日,https://www.ncac.gov.cn/chinacopyright/contents/12222/348113.shtml。

② 对应 2020 年通过的《民法典》第一千一百九十四条,内容有修改。

> 施了合理措施，认为不应对阿里云设置过高的免责条件，无须承担赔偿责任。阿里云公司属于一般网络服务提供者，适用《侵权责任法》第三十六条之"通知＋必要措施"规则。

本案件是云服务提供商责任边界的典型案例，在发生云存储内容和资产的侵权行为时，如何界定对此采取的必要措施仍存在分歧。

一、云计算等云服务应用中数据保护的法律法规和标准要求

根据《信息安全技术　网络安全等级保护基本要求》（GB/T 22239—2019），云计算是指通过网络访问可扩展的、灵活的物理或虚拟共享资源池，并按需自助获取和管理资源的模式。云计算等云服务为企业开拓了存储、计算、网络等基础设施资源的租用途径，降低企业对于建设机房、购买服务器等硬件设备的成本开支，云上的软件应用和数据服务也促进了企业用户的管理效率和业务创新。目前已经在各行业企业生产、经营、管理中广泛普及应用，特别是在设计、生产、营销、办公、财务等环节的应用已经非常成熟。

全球云计算市场趋于稳定增长，政策层面国家一直倡导应用和发展云服务和技术。《国务院关于促进云计算创新发展培育信息产业新业态的意见》《推动企业上云实施指南（2018—2020）》《关于推进"上云用数赋智"行动　培育新经济发展实施方案》均要求各地政府相关部门优化企业上云环境，推进企业上云工作。《推动企业上云实施指南（2018—2020）》提出"利用保险模式对上云企业给予保障"；《关于推进"上云用数赋智"行动　培育新经济发展实施方案》进一步强化数字化转型金融供给，为促使企业加快上云步伐，要求"对于获得国家政策支持的试点平台、服务机构、示范项目等，原则上应面向中小微企业提供至少一年期的减免费服务"。

2019年7月，国家互联网信息办公室等四部门发布《云计算服务安全评估办法》（以下简称《办法》），为党政机关、关键信息基础设施运营者采购使用云计算服务提供参考。《办法》规定云服务商可申请对面向党政机关、关键信息基础设施提供云计算服务的云平台进行安全评估，并明确了安全评估的重点，其中包括云服务商人员背景及稳定性特别是能够访问

客户数据、能够收集相关元数据的人，云服务商安全管理能力及云平台安全防护情况，客户迁移数据的可行性和便捷性等。

根据《办法》，云计算服务安全评估主要参照国家标准《信息安全技术 云计算服务安全指南》（GB/T 31167—2014）（以下简称《云计算服务安全指南》），《信息安全技术 云计算服务安全能力要求》（GB/T 31168—2014）（以下简称《云计算服务安全能力要求》）。《云计算服务安全指南》描述了云计算可能面临的主要安全风险，提出了政府部门采用云计算服务的安全管理基本要求以及云计算服务的生命周期各阶段的安全管理和技术要求。《云计算服务安全能力要求》则就云服务商为政府部门提供服务时应该具备的信息安全能力，从系统开发与供应链安全、系统与通信保护、访问控制、配置管理、维护、应急响应与灾备、审计、风险评估与持续监控、安全组织与人员、物理与环境安全等提出具体要求。

考虑云计算的发展和实践变化以及对数据安全和个人信息保护的关注，2020年1月，全国信安标委对《云计算服务安全指南》《云计算服务安全能力要求》进行修订并发布征求意见稿，其中《云计算服务安全能力要求》征求意见稿在基本安全能力要求中专门新增数据保护一章，与关键信息基础设施保护、个人信息和重要数据保护相关标准进行衔接，要求云服务商应严格保护云计算平台的客户数据，确保境内运营中收集和产生的客户数据在境内存储，提供重要数据的备份与恢复功能，协助客户完成数据迁移并在服务结束时安全返回数据。

《办法》和上述标准虽然旨在为政府部门和关键信息基础设施运营者采购和使用云计算服务提供参考，但云服务商也可以参考《办法》的重点评估内容和标准提出的基本安全能力要求进行安全建设和提供服务。特别是《云计算服务安全能力要求》的征求意见稿中已经调整标准适用范围，用于云服务商提供云计算服务时应具备的安全能力，不仅限于为党政部门和关键信息基础设施运营者提供的云计算服务。

与此同时，2019年8月，全国信安标委云计算标准工作组归口管理的《信息技术 工业云服务 能力通用要求》（GB/T 37724—2019）、《信息技术 云计算 云平台间应用和数据迁移指南》（GB/T 37740—2019）等12项云计算国家标准获批正式发布。

此外，针对特定领域的云计算服务国内亦出台了相关行业标准和团体标准，例如中国人民银行针对金融行业云计算服务发布的《云计算技术金融应用规范 技术架构》（JR/T 0166—2020），《云计算技术金融应用规范安全技术要求》（JR/T 0167—2020），《云计算技术金融应用规范　容灾》（JR/T 0168—2020）以及中国保险行业协会联合中国通信标准化协会针对保险行业云计算服务发布的《保险行业云计算场景和总体框架》《保险行业云服务提供方能力要求》等。

二、云服务行业中数据资产保护和合规治理重点

（一）云上数据资产控制权边界

云服务行业的数据资产来源于用户，特别是针对企业端提供云服务时，其用户本身可能既是数据的原始生成方，又是数据的采集方（例如终端消费者信息），云服务提供商作为数据载体平台方和技术服务提供方，对云上数据资产安全责任的承担和划分界限一直为各方探讨的主要问题。

在数据收集、处理和利用的过程中，数据控制者承担着首要的数据安全管理责任和风险。根据《个人信息保护法》中"个人信息处理者"的定义，和《信息安全技术　个人信息安全规范》中"个人信息控制者"的定义，"数据控制者"应被理解为有能力决定数据处理目的、方式等处理事项的组织或个人。因此使用云服务的用户当然是其云上数据资产的数据控制者，对其数据的控制力和对外安全责任的承担，并不会因使用云服务减轻。

埃森哲公司旗下的医疗信息技术公司在 2012 年因亚马逊服务器配置不当导致约 15 万患者的个人信息泄露，这些泄露的个人信息包括姓名、地址、医生、病历记录以及血液检查结果等敏感信息，对患者的隐私造成了极大的影响。事件曝光后，该公司被迫支付了超过 250 万美元的罚款，并且被要求改进。

2017 年，我国互联网金融协会对一家互联网金融公司处以罚款，原因是该公司使用了不符合安全要求的云服务，导致客户的个人信息泄露。若选择云服务，作为云服务用户也应对云服务的安全能力进行审慎判断和履行监控职能，重点关注云服务商的安全保护能力以及其所采取的安全措施而决定的数据在服务器中的安全性、完整性和可用性。避免因云安全问题或云服务商行为增加数据资产安全风险。

软件即服务（SaaS）、平台即服务（PaaS）、基础设施即服务（IaaS）是三种基本的云计算服务模式。根据《信息安全技术　网络安全等级保护基本要求》（GB/T 22239—2019），"在不同的服务模式中，云服务商和云

服务客户对计算资源拥有不同的控制范围,控制范围则决定了安全责任的边界……不同服务模式下云服务商和云服务客户的安全管理责任有所不同。"(如表5-3所示)

表5-3　云计算服务不同模式下安全管理责任区分[①]

服务模式			云堆栈	组件	
SaaS	—	—	用户	登录	
				注册	
				管理	
		PaaS	应用软件	认证授权	工具
				用户界面	事务处理
				管理	控制面板
			应用堆栈	操作系统	编程环境
				应用服务器	中间件
				数据库	监听
			IaaS	基础设施	数据中心	存储
				服务器	防火墙

SaaS(Software as a service)服务提供商提供的是完整的应用程序服务,SaaS模式下客户仅仅是使用由SaaS提供商管理的应用程序。客户无法直接访问或管理其应用程序或数据,而必须依赖SaaS提供商来保护和管理其数据。但是,SaaS服务商通常会提供数据备份和恢复服务,以确保客户数据的安全性和可靠性。

PaaS(Platform as a service)服务商就是给客户提供的能力是使用由云服务提供商支持的编程语言、库、服务以及开发工具来创建、开发应用程序并部署在相关的基础设施上,如谷歌的图片、人脸识别平台,科大讯飞的语音识别平台。尽管客户仍然可以访问和管理他们的应用程序和数据,但是客户对底层基础设施的控制权相比SaaS已经大大降低。客户可能需要将数据存储在PaaS服务商的平台上,并且需要按照服务商的要求进行数据格式和结构的调整。

[①] 表格来源参见[美]迈克尔·J. 凯维斯:《让云落地:云计算服务模式(SaaS、PaaS和IaaS)设计决策》,陈志伟等译,电子工业出版社2016年版。

IaaS（Infrastructure as a service）情况下，用户通常是根据 CPU 计算能力的使用小时来计算使用时间的。常见的例子比如谷歌的引擎、虚拟机、虚拟网络以及存储。相对来说 IaaS 服务下，客户可以完全控制和管理其在 IaaS 上的操作系统、应用程序和数据，拥有最高的数据控制权。IaaS 提供商仅仅是提供了硬件、虚拟化和基础网络等基础设施，此时服务商的功能类似于电信、联通等基础设施提供者。

本节首段介绍的案例中，阿里云公司作为云服务器租赁服务提供商仅向云用户提供基础设施服务。卓越公司网站收集、获取其用户的个人信息及数据，并将其存储于阿里云公司的云服务器上，该网站是直接的、实际的信息与数据控制者。虽然该网站的相关数据存储于阿里云公司的云服务器上，但 IaaS 模式下，云计算服务属于底层网络技术服务，服务商对于服务器上存储及运行的内容数据仅具备有限控制能力。IaaS 云服务商无权制定数据、信息的收集和使用规则，也无权决定处理已收集或存储的个人信息，居于数据托管的法律地位。因此在案例中法院二审改判认可阿里云公司并不是直接的数据控制者，不承担数据侵权的责任。"云服务器提供者对于服务器内的存储信息不具有定点清除的能力，而仅有技术能力对服务器进行整体关停或空间释放（即强行删除服务器内全部数据）。总之，云计算服务商对用户利用云基础设施开设的网站和网络应用中存储的具体信息是无法进行直接控制的。"①

以上司法实践中，我们也能看到二审法院兼顾云计算的特殊行业规范、行业伦理以及云计算行业的发展现状对云服务提供商的数据安全责任的界限判断。法院认为隐私数据安全是云计算行业的敏感问题，会影响到更为广泛的社会及公共利益，"对云计算服务提供者在侵权领域的必要措施和免责条件的要求过于苛刻"，会"给行业发展带来巨大的负面影响"，也会"严重影响用户对其正常经营和数据安全的信心"。

（二）云服务提供商的数据安全责任要求

无论是构成数据控制者、数据受托处理方还是基础设施技术提供方，云服务商均需要对其服务器中存储的数据资产的安全性、完整性和可用性

---

① 《首例云服务器侵权案改判》，载国家版权局网 2019 年 7 月 2 日，https：//www.ncac.gov.cn/chinacopyright/contents/12222/348113.shtml。

负责（当然如上所述，基于不同的云服务模式，云服务提供商的尽职程度要求不尽相同）。对云服务提供者而言，数据资产保护的难点主要体现在以下三个方面：

① 云服务产品可能存在设计缺陷导致的安全漏洞，或者业务流程存在漏洞而被利用进行欺诈等，或者面临黑客攻击，导致数据泄漏等问题；

② 用户数据资产存在未知或者不受其管控的非法内容或者特定数据类型，处理其应当满足特定法律法规强制性要求；

③ 云服务提供者内部人员可能滥用访问权限，造成用户的数据被恶意使用或者数据泄漏；

④ 云服务提供者的第三方供应商的产品可能存在缺陷或者第三方供应商的员工滥用数据访问权限；

⑤ 用户日益增长的云安全管理需求，特别是用户对其数据的迁移和删除等权利要求实现保障。

三、合规建议

云服务提供商在搭建内部的数据资产保护和数据合规体系时，除了加强漏洞管理提高云服务产品的安全防护能力外，可以重点关注以下三个方面：

（一）法律强制性规定梳理

云服务商需要根据云服务客户和客户迁移到云计算平台中的数据类型梳理核对适用的强制性法律及监管要求。例如，如果云服务客户为党政机关或者关键信息基础设施运营者，云服务商需申请通过专门机关的安全评估，遵守政府信息系统和关键信息基础设施安全管理法律法规和政策标准。与客户明确迁移到云服务中的数据和个人信息类型，例如是否构成重要数据或敏感个人信息，并根据适用的数据安全和个人信息保护法律法规和国家标准来约定和提供相应的安全和保护机制。同时，云服务商还需根据客户所在法域考察是否存在数据本地化存储要求，例如，我国人口健康信息、健康医疗大数据、关键信息基础设施所掌握的重要数据应在我国境内存储。

（二）数据访问使用权限控制

云服务商应与云服务客户通过协议方式明确云服务商或第三方访问和使用迁移到云计算平台后的数据和业务系统、后续运行过程中生成、获取的数据的情形以及采取的确保客户数据安全性、保密性的措施。例如云服务商将对客户数据的访问使用权限控制在提供云服务或遵守适用的法律法规及政府机关的约束性命令。如果访问使用客户数据或者收集客户的资源消耗、通讯流量、缴费等云服务衍生数据用于其他目的，例如用于营销广告、生成统计数据、大数据分析、个性化服务时，或者提供给第三方，例如分包商或者其他云服务提供商，应在协议中明确并获得客户的明确授权。值得注意的是，云服务商还需要考察不同法域对于执法、司法机构调取数据是否存在限制性规定，例如，未经主管机关批准在我国境内存储的数据不得向外国司法和执法机构提供。

（三）客户数据的迁移和删除

由于缺乏统一的标准和接口，当服务到期或服务变更时客户难以将数据和业务系统迁回自身的数据中心和其他云服务平台。虽然对于云服务平台的数据的可迁移性和互操作性，法律尚未进行强制性规定，但客户迁移数据的可行性和便捷性是云服务商通过安全评估的一个重要评估内容，也会成为客户甄选云服务商的一个重要关注点，特别是对那些将收集到的个人信息和处理系统上云的客户，基于《个人信息保护法》赋予个人信息主体的可携权的要求，数据的可迁移性和互操作性是客户满足自身合规义务的需求。同时在客户退出云服务时，还应根据数据的类型和敏感性质按照法律法规和国家标准或者与客户的约定采取相应的删除数据措施，除了从云服务商的数据中心删除数据外，还应明确从分包商或者其他第三方中删除数据。

四、云服务数据资产保护案例

（一）云服务商内部人员访问权限控制不当引发侵权与刑事风险

2020年2月23日，微盟员工贺某酒后因生活不如意、无力偿还网贷等个人原因，通过电脑连接公司虚拟专用网络、登录公司服务器后执行删除任务，将微盟服务器内数据全部删除，导致微盟自2020年2月23日19时起瘫痪，300余万用户（其中付费用户7万余户）无法正常使用该公司SaaS产品，经抢修于3月3日9时恢复运营，故障时间长达8天14个小时。

截至2020年4月30日，造成微盟公司支付恢复数据服务费、商户赔付费及员工加班报酬等经济损失共计人民币2260余万元。贺某因犯破坏计算机信息系统罪，被判处有期徒刑六年。①

（二）云服务商技术措施不当引发数据完整性受损风险

2018年，腾讯云客户某科技公司所属平台一块操作系统云盘发生故障，导致该客户的文件系统元数据损坏。复盘发现，该故障缘起于因磁盘静默错误导致的单副本数据错误，再加上数据迁移过程中的两次不规范的操作，导致云盘的三副本安全机制失效，并最终导致客户数据完整性受损。

腾讯采取的合规体系整改措施是，通过技术复盘，腾讯云技术团队深入到每个环节，从责任到人与流程闭环双管齐下，相应作出加强和改进措施：

第一，全面审视所有的数据流程，涉及数据安全的流程自动化闭环，进一步提升常规运维自动化和流程化，降低人工干预。同时把全流程的数据安全校验作为系统的常开功能，不允许被关闭。

第二，针对物理硬盘静默数据错误，在当前用户访问路径数据校验自愈的基础上，优化现有巡检机制，通过优先巡检主副本数据块、跳过近期用户访问过的正确数据块等方法，加速发现该类错误，进行数据修复。②

（三）亚马逊云服务平台错误安全配置频繁导致数据泄露事件

2017年7月13日，美国电信巨头公司发生数据泄露事故，600万客户的姓名、地址、帐户信息（包括帐户个人识别码PIN）可以被公开访问。

---

① 《微盟"删库跑路"主角贺某被判6年有期徒刑：酒后因生活不如意、无力偿还网贷等个人原因"删库"》，载IT之家网2020年9月20日，https://www.ithome.com/0/509/799.htm。

② 《关于客户"前沿数控"数据完整性受损的技术复盘》，载腾讯云开发者社区网2018年8月8日，https://cloud.tencent.com/developer/article/1180156。

事故原因是该公司的第三方服务商错误地配置了亚马逊的云服务平台的访问权限。

2017年10月11日，某安全公司发现全球最大的管理咨询公司埃森哲（Accenture）因亚马逊S3存储服务器配置不当导致大量敏感数据暴露在网上，至少有4台云存储服务器中的数据可供公开下载。暴露的数据包括API数据、身份验证凭证、证书、加密密钥、客户信息，以及能被攻击者用来攻击埃森哲及其客户的其他更多数据。埃森哲客户包含94家《财富》杂志世界100强企业和超过四分之三的《财富》杂志世界500强企业。攻击者可能会利用这些数据对这些跨国企业发起攻击。

2017年7月，由于亚马逊云存储服务器上的配置错误，包括《华尔街日报》订户在内的220万道琼斯公司的私密信息都遭到未经授权的访问。事件发生后，道琼斯公司对外发言人表示，"这是由于内部错误，而不是黑客或攻击。"其中，受影响的数据包括姓名、电子邮件地址、家庭地址、内部账户详细信息、信用卡号码的最后四位数字以及紧急联系电话号码。

2019年7月美国第一资本金融公司（Capital One）被曝一名软件工程师利用其系统防火墙的漏洞，侵入了其保存处理客户数据的亚马逊云服务平台（AWS S3）的服务器并窃取了数百万信用卡申请资料，包括14万个社会安全号和近8万个银行账号，该公司因此面临集体诉讼。而亚马逊云服务被爆出的相关事件不止这一桩。2017年，一名安全研究员发现了一个亚马逊云服务子域名未被保护的S3存储桶，其中存储了上千万条敏感的数据记录。这些数据涉及美国国家安全局、美国军方和美国中情局等机构，包括机密的情报文件、安全许可证明以及政府承包商的薪资信息。此次事件被认为是云服务提供商数据泄露事件中规模最大的一次，暴露了亚马逊云服务对于S3存储桶配置的安全性管理不足。

2019年12月，美国联邦贸易委员会（FTC）也和亚马逊达成了一项和解协议。根据协议，亚马逊需要支付1亿美元的罚款，以解决其云服务在2015至2018年期间存在的数据安全问题。美国联邦贸易委员会表示，这些问题导致数百万亚马逊云服务客户的数据在不知情的情况下被泄露或被未经授权的第三方访问。此外，亚马逊还需要采取一系列措施加强数据安全，包括实施更好的访问控制措施、更好地监控系统和加强员工培训等。

五、华为云的云服务安全保护实践

作为国内领先的云服务商，华为云致力于为客户提供稳定可靠、安全可信、可持续发展的云服务，通过安全的云服务保护客户的数据资产。根据华为云发布的《华为云安全白皮书》[1]《华为云隐私保护白皮书》[2]，华为云的网络安全和个人隐私保护方面在技术和组织管理上已建立相对全面的合规体系。

（一）安全和隐私保护相关认证

目前，华为云通过了国际以及国内众多安全测评及认证，除了国际标准化组织的信息安全管理体系 ISO/IEC 27001、云计算管理体系 ISO/IEC 27017、健康信息安全管理体系 ISO/IEC 27799 认证外，还有《数据中心设计规范》（GB 50174—2017）、TIA-942《数据中心电信基础设施标准》T3+标准，英国标准协会（BSI）和国际云安全权威组织云安全联盟（CSA）云安全评估金牌认证，以及某些行业领域的数据安全标准，例如支付卡行业数据安全标准 PCI DSS 和 PCI-3DS 认证等等。特别是华为云通过 ISO/IEC 27018 标准认证，该标准与 ISO/IEC 27001 标准配合使用，可用于支持证明现有和潜在客户数据得到了安全的保护，不会被用于任何其未明确同意的用途。

在组织方面，华为云设立全球网络安全与隐私保护委员会（Global Security & Privacy Committee，GSPC）作为公司的最高网络安全管理机构，负责决策和批准公司总体网络安全战略。全球网络安全与用户隐私保护官（Global Security & Privacy Officer，GSPO）是 GSPC 的重要成员，负责领导团队制定安全战略，统一规划、管理和监督研发、供应链、市场与销售、工程交付及技术服务等相关体系的安全组织和业务，确保网络安

---

[1] 《华为云安全白皮书》，载华为云网，https://www.huaweicloud.com/content/dam/cloudbu-site/archive/china/zh-cn/securecenter/security_doc/SecurityWhitepaper_cn.pdf。

[2] 《华为云隐私保护白皮书》，载华为云网，https://www.huaweicloud.com/content/dam/cloudbu-site/archive/china/zh-cn/securecenter/security_doc/PrivacyWhitepaper_CN_cn.pdf。

全保障体系在各体系、各区域、全流程的实施，积极推动与政府、客户、合作伙伴、员工等各利益相关方的沟通。华为云建立并完善其适合云服务持续集成、持续部署的扁平化组织。

在业务流程方面，安全保障活动融入研发、供应链、市场与销售、工程交付及技术服务等各主业务流程中。安全作为质量管理体系的基本要求，通过管理制度和技术规范来确保其有效实施。华为云通过内部审计和接受各国政府安全部门、第三方独立机构的安全认证和审计等来监督和改进各项业务流程。2004年起，华为云的安全管理体系通过了BS 7799-2/ISO 27001认证。华为云在公司级的业务流程基础上，大胆地将已在华为全面采用的安全周期管理（Security Development Lifecycle，SDL）集成于当前适合云服务的DevOps工程流程和技术能力，形成有华为云特色的DevSecOps方法论和工具链，既支撑云业务的敏捷上线，又确保研发部署的全线安全质量。

在人员管理方面，华为云严格执行华为长期以来行之有效的人事和人员管理机制。华为云全体员工、合作伙伴及外部顾问都必须遵从公司相关安全政策，接受安全培训，使安全理念融入整个组织之中。华为云对积极执行网络安全保障政策的员工给予奖励，对违反的员工给予处罚，违反相关法律法规的员工，还将依法承担法律责任。

在云安全技术能力方面，华为云依托华为云自身强大的安全研发能力，以数据保护为核心，开发并采用世界领先的云安全技术，致力于实现高可靠、智能化的云安全防护和自动化的云安全运维运营体系。同时，通过对现网安全态势的大数据分析，有目的地识别出华为云存在的重要安全风险、威胁和攻击，并采取防范、削减和解决措施；通过多维、立体、完善的云安全防御、监控、分析和响应等技术体系支撑云服务运维运营安全，实现对云安全风险、威胁和攻击的快速发现、快速隔离和快速恢复，让用户受益于华为云先进技术带来的便捷、安全与业务增值。

在云安全合规方面，面向提供云服务的地区，华为云积极与监管机构对话，贡献华为云的知识和经验，不断巩固华为云在云技术、云服务和云安全方面与相关法律法规的契合度。同时，华为云也将法律法规的分析结果共享给用户，避免信息缺失导致的违规风险，通过合同明确双方的安全职责。华为云一方面通过跨行业、跨区域的云安全认证满足监管机构要求，另一方面通过获得重点行业、重点区域所要求的安全认证，建立并巩固华为云业务的客户信赖度，最终在法律法规制定者、管理者、用户三者间共建安全的云环境。

在云安全生态方面，华为云认识到单靠一个公司、一个组织的力量不足以应对日益复杂的云安全威胁与风险。因此，华为云诚邀全球所有安全伙伴，携手共建云安全商业和技术生态体系，共同向用户提供安全保障与服务。

（二）隐私保护管理体系

华为云成立了专门的隐私保护团队，明确业务的隐私保护责任人，并持续提升相关人员的隐私保护意识和能力，以支撑华为云业务中实现默认的隐私保护。

1. 隐私保护组织

华为云设置了隐私保护专家团队，包括隐私保护领域专家、法务人员以及网络和信息安全专职人员，为华为云隐私保护战略和实践上提供专业的支撑。在各产品、服务的业务团队中，华为云设置专门的隐私保护角色，负责云服务的隐私保护合规与能力建设。在各个业务所在国家和地区，华为云配备了法务和隐私保护专职人员，帮助华为云在当地开展的各类活动满足适用的隐私法律法规要求。

2. 人员管理

华为云从多方面确保全体员工资质、能力和行为符合隐私保护的需求，要求员工每年应通过隐私保护的相关考核。在此基础上，华为云识别隐私保护相关岗位，明确定义岗位职责。华为云对新员工进行背景调查和技能考核确保员工符合要求。当员工不再负责当前工作时，相关权限将被删除。

3. 意识和能力提升

华为云通过多种形式的培训定期为全员提供隐私保护意识培训，以加深员工对隐私保护的理解和对华为隐私保护政策规定的了解。所有员工在职期间需要参加隐私保护意识相关培训，并通过考核。对于特殊岗位如涉及接入客户网络或数据处理的人员，根据岗位性质和风险，将开展定制的隐私保护技能培训和考试，只有通过考核后方能上岗。

4. 流程框架

华为云在各业务领域广泛应用隐私融入设计方法（PbD）的理念，将隐私保护基本原则全面融入相关业务流程中，以期在业务开展之前即考虑隐私保护，实现默认的隐私保护。华为云已建立全面的隐私保护流程体系，通过发布隐私保护政策和目标统一思想和认识，发布管理规定和流程要求明确业务规范，并配套相应的操作指导、工具和模板等以帮助工作人员合规且高效地开展业务活动。确保在华为云业务活动开展中落实隐私保护基本原则，切实保护个人数据的安全，保障数据主体相关的权利。

5. 隐私风险管理

为有效地识别和控制隐私风险，华为云在云服务各项业务中广泛地开展隐私风险分析和管理工作。华为云要求在所有业务处理个人数据前必须开展隐私风险分析（PIA），主要包括识别业务涉及的个人数据项、业务场景及处理过程、合规分析，对数据主体可能产生的影响、风险分析并制定风险控制措施和计划等，只有将隐私风险降低至可接受的水平后才能开展业务。

6. 个人数据处理全生命周期管理

为更好地保障数据主体权利与保护个人数据安全，华为云将个人数据处理基本原则贯彻到个人数据处理的各个阶段，明确个人数据处理全生命周期的管控要求，并将这些要求融入所有业务活动中。

7. 隐私技术

华为云研究团队同时致力研发各类隐私增强技术（Privacy Enhancing Technology，PET），积累隐私保护工程技术能力，以满足客户不同需要实施隐私保护。华为云现已拥有的一系列隐私增强技术，包括等价类匿名、差分隐私、防跟踪技术、区块链私人支付以及隐私保存计算等。

8. 第三方安全措施

华为云基于严进宽用的原则，保障开源及第三方软件的安全引入和使用。华为云对引入的开源及第三方软件制定了明确的安全要求和完善的流程控制方案，在选型分析、安全测试、代码安全、风险扫描、法务审核、软件申请、软件退出等环节，均实施严格的管控。例如在选型分析环节，增加开源软件选型阶段的网络安全评估要求，严管选型。在使用中，须将第三方软件作为服务或解决方案的一部分开展相应活动，并重点评估开源及第三方软件和自研软件的结合点，或解决方案中使用独立的第三方软件是否会引入新的安全问题。

六、域外主流云服务安全标准和技术规范

（一）美国联邦风险和授权管理计划云安全基线要求

联邦风险和授权管理计划（FedRAMP）成立于 2011 年，旨在为联邦政府采用和使用云服务提供一种具有成本效益的、基于风险的方法。FedRAMP 授权各机构使用现代云技术，强调联邦信息的安全和保护。

在 FedRAMP 之前，云服务提供商必须满足每个联邦机构的不同安全需求。FedRAMP 通过提供统一的安全框架消除了这种重复，使联邦机构和云服务提供商能够避免重复授权。各机构根据统一的安全基线审查一套标准化的安全材料。云服务产品一旦获得授权，其安全包就可以被任何联邦机构使用。

（二）《信息系统和组织的安全和隐私控制》（NIST SP 800-53）

美国国家标准与技术研究所（NIST）是美国商务部下属机构，负责制定数据安全标准和指导方针。根据联邦信息安全管理法、公法（PL）107-347 的法律义务，编制了特别出版物 800-53《信息系统和组织的安全和隐私控制》（NIST SP 800-53，以下简称 NIST 800-53）。这项联邦法律要求美国政府机构建立、审查和报告优先考虑信息安全的内部实践。NIST 800-53 对联邦机构基础设施和关键基础设施提出了特定安全和隐私设置要求。

NIST 800-53 为信息系统和组织提供了安全和隐私控制措施目录，以保护组织运营和资产、个人、其他组织和国家免受各种威胁和风险，包括敌对攻击、人为错误、自然灾害、结构失败、外国情报实体和隐私风险。这些控制措施是灵活和可定制的，并作为组织范围内的风险管理流程的一部分实施。这些控制措施解决了源自任务和业务需求、法律、行政命令、指令、法规、政策、标准和指南的各种要求。最后，控制措施目录从功能的角度（即这些控制措施提供的功能和机制的强度）和安全保障的角度（即对控制措施

提供的安全或隐私能力的可信度）解决安全和隐私问题。立足于功能和安全保障有助于确保信息技术产品和依赖这些产品的系统足够值得信赖。

（三）ISO/IEC 27017 及 ISO/IEC 27018 标准

ISO/IEC 27017：2015《云服务实践规范标准》提供了 ISO/IEC 27002 与云环境相关的控制措施实施指引，同时提供了针对云服务的额外安全控制措施。ISO/IEC 27017 能在组织和服务商中清楚地定义云服务提供商和云服务客户之间的责任，避免可能在服务过程中所产生的歧义，导致服务中断。ISO/IEC 27017 标准除了引用 37 个来自 ISO/IEC 27002 的控制措施，还额外提供了 7 个专门针对云服务的安全控制措施。

ISO/IEC 27018：2019《公有云作为个人身份信息处理者的个人身份信息保护实践规范标准》提供了一套用于公有云中个人身份信息处理者的个人身份信息保护实用规则。这些规则让云服务供应商的个人信息安全控制变得标准化和透明化，使得公有云服务提供商在扮演个人身份信息处理者时，有足够能力去处理公有云服务中的信息安全问题，能够在满足客户合约以及相应法规前提下，有效应对云服务中个人隐私保护的特定风险。ISO/IEC 27018 标准参考了 ISO/IEC 27002 的 16 项控制措施，以及根据 ISO/IEC 29100 的 11 项隐私框架原则追加的 25 项控制措施。

（四）云安全联盟云控制矩阵（CSA CCM）

云安全联盟云控制矩阵（CSA CCM）（以下简称CCM）是由国际领先的云安全组织云安全联盟（Cloud Service Alliance，CSA）发布的云上安全指南。CCM 结构包含控制域、控制措施、对于每个控制措施对应的架构内容、公司治理的相关性、涉及的云服务类型、与云服务供应商和客户的相关性以及同 42 个标准、法规、最佳实践的映射关系。CCM 中一共囊括了应用与接口安全、数据安全与信息生命周期管理、数据中心安全、互操作性和可移植性等 16 个控制领域，共计 133 个控制措施，覆盖了云安全中相关的常用控制措施。

基于 CCM 与 ISO 27001，云安全联盟与英国标准协会合作开发了 CSA STAR 云安全评估认证，通过评估云服务供应商对 CCM 与 ISO 27001 要求的控制措施的落实情况进行认证评级，评级结果存在金牌、银牌或铜牌三个等级。

（五）新加坡多层云安全标准（MTCS）

新加坡多层云安全标准（MTCS）在新加坡资讯通信媒体发展管理局（IMDA）信息技术标准委员会（ITSC）的指导下拟定，是首个具有不同安全级别的云安全标准，可让经认证的云服务提供商指定他们所属的级别。MTCS建立在公认的国际标准（如ISO/IEC 27001）基础之上，覆盖的领域有数据保存、数据主权、数据可移植性、债务、可用性、业务连续性、灾难恢复和事件管理。

（六）德国云计算合规标准目录（C5）

云计算合规标准目录（Cloud Computing Compliance Criteria Catalogue，C5）是由德国联邦信息安全办公室（BSI）在德国推出的一种德国政府支持的鉴证机制，可帮助云服务提供商证明其在德国政府的"对于云提供商的安全建议"中提到的常见网络攻击方面的运营安全性。C5以业内已有的信息安全标准（例如ISO/IEC 27001和CSA CCM）为基础，并使审计员可以根据国际审计标准进行审计。该标准目录包含有关云服务信息安全的17个目标。每个目标均被分解为实现该目标所需的标准。这些标准分为基本标准和附加标准。

（七）欧盟SWIPO系列规范

云服务商变更和数据转移（Switching Cloud Providers and Porting Data，以下简称SWIPO，网址为https://swipo.eu/）是由欧盟委员会推动的多利益相关方组织，旨在开发自愿行为准则，以正确实施《欧盟非个人数据自由流动法规》（EU Free Flow of Non-Personal Data Regulation）第6条"数据转移"条款。SWIPO目前拥有微软、亚马逊、谷歌等21家成员，通过云服务商声明遵从SWIPO覆盖云计算数据的透明度、数据保护、安全和用户权益的规范，使用户放心云服务商提供安全的业务数据传输。目前在其官网公布的规范包括：《SWIPO行为准则》（SWIPO Code of Conduct）、《SWIPO聚合行为准则》（SWIPO Converged Code of Conduct）、《SWIPO IaaS行为准则》（SWIPO IaaS Code of Conduct），以及《SWIPO IaaS行为准则透明度声明》（SWIPO IaaS Code of Conduct Transparency Statement）、《SWIPO SaaS行为准则》（SWIPO SaaS Code of Conduct）。这些规范旨在帮助云服务提供商和用户更好地理解和履行云计算数据保护方面的责任，并加强数据保护的监管和实施。严格地说，欧盟 SWIPO 的一系列规范只具有自治性和市场自我约束性。

第三节　人工智能

数据、算法与算力一起共同构成了人工智能技术发展的三大核心要素。我国目前对于人工智能技术研发和提供服务行业，主要围绕数据和算法这两大核心资产，分别从科技伦理、数据安全、互联网信息服务算法治理等多重维度进行监管。同时，自 2017 年国务院印发《新一代人工智能发展规划》，国家也分别从特定行业人工智能监管、地方人工智能立法探索、人工智能标准化建设搭建人工智能的监管框架。

ChatGPT 作为目前最成功的人工智能应用，它的横空出世让更多人可以直观感受和关注到人工智能技术特别是生成式人工智能可能带来的法律和伦理风险，也加速了全球各地包括我国在内的人工智能专门立法监管。《生成式人工智能服务管理暂行办法》在此背景下快速出台作出响应，对风险主要成因也即生成式人工智能的两大关键技术训练数据和算法模型提出合规和治理要求。对于从事人工智能活动的组织来说，了解国内以及其他人工智能技术发展领先国家地区的合规监管要求，准确识别研发设计、部署应用、使用等不同环节中可能面临的风险，对数据和算法这两大核心资产的保护至关重要。

生成式人工智能引发数据资产在人工智能开发运用中的法律与伦理讨论

2019 年 8 月 30 日，换脸 App "ZAO" 以 "一张照片出演天下好戏" 的宣传语刷屏朋友圈，上线第二天，"ZAO" 就在苹果应用商店位居下载排名第一。随着 "ZAO" 走红，对该款 App 的质疑声音也越来越大，特别是人脸信息本身的敏感性以及 "ZAO" 用户协议要求用户对其上传的内容，其中就包括人脸图片，同意授权 "ZAO" 及其关联公司以及 "ZAO" 用户在 "全球

> 范围内永久完全免费、不可撤销、永久、可转授权和可再许可的权利"等，引起大众对于该款 App 在肖像权、图片版权、隐私和数据安全方面问题的关注。① 9 月 3 日，针对媒体公开报道和用户曝光的"ZAO"用户隐私协议不规范、存在数据泄漏风险等网络数据安全问题，工业和信息化部网络安全管理局对其运营公司进行了约谈。② "ZAO" App 从上线到被下架，仅仅用了 3 天时间。

2022 年 11 月，美国 Open AI 公司基于大型语言模型开发的人工智能聊天机器人工具 ChatGPT 作为一款现象级的对话问答式人工智能产品火爆全球。紧随其后，国外和国内的各大互联网公司也纷纷入场表示正在研发或要推出类似产品。在浪潮澎湃之下，其身后暗藏的法律和伦理道德隐患也逐渐浮出水面，引起公众关注：

① 知识产权侵权：ChatGPT 在研发和训练模型时可能挖掘他人具有著作权的作品作为语料库，同时用户在使用 ChatGPT 过程中也会涉及输入他人具有著作权的作品，如要求 ChatGPT 对该作品进行总结分析。例如，《华尔街日报》等美国主流新闻媒体质疑 Open AI 公司利用他们的文章来训练人工智能，并且没有支付任何费用。③

② 生成和传播虚假信息：一方面，ChatGPT 本身无法核实数据来源的真实性，也不直接提供数据来源，因此在使用具有虚假信息的数据来源生成内容时，用户也无法得知信息的可靠性。例如，澳大利亚的一位市长表示将起诉 Open AI 公司诽谤，因为 ChatGPT 传播了关于他的虚假传闻，

---

① 《换脸软件 ZAO 的微信分享链接被停止访问，被指存在安全风险》，载澎湃网 2019 年 9 月 1 日，https：//www.thepaper.cn/newsDetail_forward_4312917。

② 《工业和信息化部网络安全管理局就"ZAO" App 网络数据安全问题开展问询约谈》，载工业和信息化部网 2019 年 9 月 4 日，https：//wap.miit.gov.cn/gyhxxhb/jgsj/wlaqglj/sjaq/art/2019/art_2599b8a4773d4a91897ef6c681242863.html。

③ 《媒体指责 Open AI 用新闻文章训练 ChatGPT：需获授权》，载澎湃网 2023 年 2 月 20 日，https：//www.thepaper.cn/newsDetail_forward_21991880。

ChatGPT 告诉用户，他曾因外国贿赂丑闻而在监狱服刑。① 另一方面，在缺乏足够数据和语料库进行深度学习的情况下，模型给出的答案本身也会存在问题，很多网友就发现了 ChatGPT 在"一本正经地胡说八道"。

③ 数据隐私和商业秘密：ChatGPT 作为一款互动型的聊天机器人，基于对用户数据的收集和分析来作出回答，用户可能在毫无警觉的情况下向 ChatGPT 输入个人信息、商业秘密或其他敏感数据从而引发法律风险，包括用户自身行为的侵权风险以及 ChatGPT 将这些数据作为训练数据进行使用时的合规风险。例如，韩国三星电子公司的设备解决方案部门启用 ChatGPT 不到 20 天就发生了 3 起员工将半导体设备测量、良品率/缺陷、内部会议内容输入 ChatGPT 而传输到 ChatGPT 的服务器的芯片机密信息泄露事件。② 在数据高敏感的金融领域，例如摩根大通、美国银行、花旗集团、高盛集团、德意志银行等都已禁止员工使用 ChatGPT；③ 日本的软银、富士通、瑞穗金融集团、三菱日联银行、三井住友银行等，也限制了 ChatGPT 的商业用途。④ 2023 年 4 月，中国支付清算协会也发布了要求支付行业从业人员谨慎使用 ChatGPT 等工具的倡议，要求全面评估使用风险，不上传关键敏感信息。⑤

④ 学术不端和作弊问题：教育界和学术界也开始作出反应，对生成式人工智能使用进行抵制或限制。为了防止学术欺诈和剽窃，法国巴黎政治大学宣布禁止使用 ChatGPT 和其他所有基于人工智能的工具完成学习和

---

① 《澳洲一市长准备就 ChatGPT 内容提全球首例诽谤诉讼》，载澎湃网 2023 年 4 月 26 日，https://www.thepaper.cn/newsDetail_forward_22596870。

② 《三星考虑禁用 ChatGPT？员工输入涉密内容将被传送到外部服务器》，载澎湃网 2023 年 4 月 4 日，https://www.thepaper.cn/newsDetail_forward_22568264。

③ 《美银、高盛等华尔街大行对 ChatGPT 集体说"不"》，载新浪网 2023 年 2 月 25 日，https://finance.sina.com.cn/stock/usstock/c/2023-02-25/doc-imyhwhwx1562741.shtml。

④ 《软银、日立等多家日企限制使用 ChatGPT 以防泄密》，载凤凰网 2023 年 3 月 12 日，https://i.ifeng.com/c/8O5Qcy0VxI8。

⑤ 《【倡议】关于支付行业从业人员谨慎使用 ChatGPT 等工具的倡议》，载微信公众号"中国支付清算协会"，2023 年 4 月 10 日，https://mp.weixin.qq.com/s/RzKBuiCndX3s6etkL_SCuQ。

考试任务。① 国内外学术期刊，例如国外的 Nature② 和国内的《暨南学报（哲学社会科学版）》《天津师范大学学报（基础教育版）》③ 等也陆续发声，针对在论文创作中使用大型语言模型工具（即 LLM，例如 ChatGPT）明确规则：一是大型语言模型工具不能成为作者，因为其无法对作品承担责任；二是如果论文创作中使用过相关工具的，作者应在论文的方法、致谢、参考文献或其他适当部分进行明确说明。

为了应对 ChatGPT 等基于大型语言模型工具的生成式人工智能所带来的法律和伦理道德风险，包括欧盟、美国和中国在内的国家和地区都作出了相应立法或其他行政监管上的响应，例如欧盟在《人工智能法案》（草案）中增加了对基础模型以及生成式人工智能的监管规定，中国起草颁布了专门的《生成式人工智能服务管理暂行办法》，美国则是改变了过往对人工智能一直谨慎监管的态度，开始探讨是否对 ChatGPT 等人工智能工具实行审查以及新的人工智能模型在发布前是否应经过认证程序，相关立法和监管具体介绍请见下文。

一、我国人工智能领域现行立法和监管框架

（一）概述

目前我国已颁布的部分人工智能相关法律、法规、标准如表 5-4 所示。

表 5-4　人工智能相关法律、法规、标准列表

名称	发布主体	生效时间
《新一代人工智能发展规划》	国务院	2017.07.08
《关于加强科技伦理治理的意见》	中共中央办公厅、国务院办公厅	2022.03.20

---

① 《巴黎政治大学禁用 ChatGPT 以防抄袭，使用者或面临开除处分》，载界面新闻网 2023 年 1 月 28 日，https://www.jiemian.com/article/8802500.html?from-Module=lemma_middle-info。

② 《Nature 立新规：ChatGPT 等大模型不可以成为作者》，载"学术头条"，2023 年 1 月 28 日，https://mp.weixin.qq.com/s/WhVQ1fJhy3vHG_mkHWutgg。

③ 《国内 C 刊声明：隐瞒 ChatGPT 使用情况将被退稿或撤稿》，载观察者网 2023 年 2 月 12 日，https://www.guancha.cn/politics/2023_02_12_679541.shtml。

续表

名称	发布主体	生效时间
《科技伦理审查办法（试行）》	科技部等十部委	2023.12.01
《互联网信息服务算法推荐管理规定》	国家互联网信息办公室、工业和信息化部、公安部、国家市场监督管理总局	2022.03.01
《互联网信息服务深度合成管理规定》	国家互联网信息办公室、工业和信息化部、公安部	2023.01.10
《生成式人工智能服务管理暂行办法》	国家互联网信息办公室等七部门	2023.08.15
《国家新一代人工智能标准体系建设指南》	国家标准化管理委员会、中央网信办、国家发展改革委、科技部、工业和信息化部	2020.07.27
《上海市促进人工智能产业发展条例》	上海市人民代表大会常务委员会	2022.10.01
《深圳经济特区人工智能产业促进条例》	深圳市人民代表大会常务委员会	2022.11.01
《关于加强智能网联汽车生产企业及产品准入管理的意见》	工业和信息化部	2021.07.30
《自动驾驶汽车运输安全服务指南（试行）》	交通运输部办公厅	2023.11.21
《人工智能医用软件产品分类界定指导原则》	国家药品监督管理局	2021.07.01
《人工智能医疗器械注册审查指导原则》	国家药品监督管理局医疗器械技术审评中心	2022.03.07
《人工智能辅助检测医疗器械（软件）临床评价注册审查指导原则》	国家药品监督管理局医疗器械技术审评中心	2023.11.07

续表

名称	发布主体	生效时间
《人工智能算法金融应用评价规范》（JR/T 0221—2021）	中国人民银行	2021.03.26
《人工智能算法金融应用信息披露指南》（JR/T 0287—2023）	中国人民银行	2023.11.08
《新一代人工智能治理原则——发展负责任的人工智能》	国家新一代人工智能治理专业委员会	2019.06.17
《新一代人工智能伦理规范》	国家新一代人工智能治理专业委员会	2021.09.25
《网络安全标准实践指南——人工智能伦理安全风险防范指引》	全国信息安全标准化技术委员会秘书处	2021.01.05
《信息安全技术 机器学习算法安全评估规范》（GB/T 42888—2023）	全国信息安全标准化技术委员会	2024.03.01
《网络安全标准实践指南——生成式人工智能服务内容标识方法》（TC260-PG-20233A）	全国信息安全标准化技术委员会秘书处	2023.08.25

2017年国务院印发的《新一代人工智能发展规划》（以下简称为《规划》）中明确了我国在人工智能伦理规范和政策法规建设方面的三步走战略目标：第一步，到2020年部分领域的人工智能伦理规范和政策法规初步建立；第二步，到2025年初步建立人工智能法律法规、伦理规范和政策体系，形成人工智能安全评估和管控能力；第三步，到2030年建成更加完善的人工智能法律法规、伦理规范和政策体系。《规划》把制定促进人工智能发展的法律法规和伦理规范、建立人工智能技术标准、建立人工智能安全监管和评估体系等作为具体的保障措施，在重点任务中，明确提出将在人工智能基础较好、发展潜力较大的地区，组织开展国家人工智能创新试验，探索体制机制、政策法规。

在具体落实《规划》的目标和要求的基础上，我国目前人工智能的监管方式呈现立法"强监管"、标准指南"软治理"以及特定行业"沙盒监管"、地区政策法规监管试验并存的特点，同时结合国内现有对于科技伦理、数据安全和个人信息保护以及互联网信息服务算法推荐的通用监管要求，我国对于人工智能的监管主要围绕以下几个方面和层次展开和推进：

- 科技伦理治理和相关人工智能伦理规范；
- 对人工智能的技术核心也即数据和算法进行监管；
- 特定行业领域（例如自动驾驶、医疗、金融科技）的立法和沙盒监管；
- 人工智能分类分级的政策监管探索；
- 生成式人工智能的专门立法；
- 人工智能技术标准建设。

（二）伦理治理

科技伦理是开展科学研究、技术开发等科技活动需要遵循的价值理念和行为规范。近年来，基因编辑技术、人工智能技术、辅助生殖技术等新技术的迅猛发展，在给人类带来福祉的同时，也给人类的伦理底线带来了挑战。为了推动科技向善，加强科技伦理治理，国家在健全科技伦理工作机制和制度规则方面采取了一系列措施。

1. 成立国家科技伦理委员会

2019年10月，我国国家科技伦理委员会正式成立，在国家科技伦理委员会的指导下，科技部按照《国家科技伦理委员会组建方案》的部署，先后成立了人工智能、生命科学、医学三个分委员会，并推动相关部门成立科技伦理专业委员会，指导各地方结合工作实际，建立或者筹建地方科技伦理委员会。

2. 颁布《关于加强科技伦理治理的意见》

2022年3月，中共中央办公厅、国务院办公厅发布《关于加强科技伦理治理的意见》（以下简称《意见》），《意见》首次对我国科技伦理治理工作作出了系统部署，明确了治理要求与科技伦理原则，并主要从落实主体责任、开展伦理审查以及健全监管机制这三个方面对从事科技活动的企事业单位提出治理要求：

(1) 落实主体责任

《意见》要求高等学校、科研机构、医疗卫生机构、企业等单位要履行科技伦理管理主体责任，并强调从事人工智能、医学、生命科学等科技活动的单位，研究内容涉及科技伦理敏感领域的，应设立科技伦理（审查）委员会。

(2) 开展伦理审查

《意见》要求开展科技活动应进行科技伦理风险评估或审查，涉及人、实验动物的科技活动必须通过本单位科技伦理（审查）委员会审查批准。

(3) 健全监管机制

《意见》要求从事科技活动的单位应建立健全科技活动全流程科技伦理监管机制和审查质量控制、监督评价机制，加强对科技伦理高风险科技活动的动态跟踪、风险评估和伦理事件应急处置。

意见指出要建立科技伦理高风险科技活动伦理审查结果专家复核机制，国家科技伦理委员会将研究制定科技伦理高风险科技活动清单，开展科技伦理高风险科技活动应按规定进行登记。

3. 出台《科技伦理审查办法（试行）》

为贯彻落实意见，加强科技伦理审查和监管，科技部会同其他部门发布了《科技伦理审查办法（试行）》（以下简称《审查办法》）并于2023年12月1日正式实施。《审查办法》对科技伦理审查的适用范围、审查主体包括科技伦理审查委员会的职责、审查程序包括审查内容和标准以及科技伦理审查委员会、高风险科技活动的登记和报告要求等都进行了细化规定。

《审查办法》对应当进行科技伦理审查的科技活动范围进行不完全列举，[①] 其中明确将涉及人的科技活动包括涉及使用个人信息的科技活动纳入了科技伦理审查范围。

[①] 《科技伦理审查办法（试行）》第二条："开展以下科技活动应依照本办法进行科技伦理审查：（一）涉及以人为研究参与者的科技活动，包括以人为测试、调查、观察等研究活动的对象，以及利用人类生物样本、个人信息数据等的科技活动；（二）涉及实验动物的科技活动；（三）不直接涉及人或实验动物，但可能在生命健康、生态环境、公共秩序、可持续发展等方面带来伦理风险挑战的科技活动；（四）依据法律、行政法规和国家有关规定需进行科技伦理审查的其他科技活动。"

《审查办法》还附上了伦理高风险科技活动清单①，其中包括"具有舆论社会动员能力和社会意识引导能力的算法模型、应用程序及系统的研发"以及"面向存在安全、人身健康风险等场景的具有高度自主能力的自动化决策系统的研发"。根据《审查办法》，纳入清单管理的伦理高风险科技活动在通过本单位科技伦理（审查）委员会的初步审查后，还需要报请所在地方或相关行业主管部门组织开展专家复核。

4. 人工智能伦理规范

在国家科技伦理治理总体要求和框架下，针对从事人工智能的科技活动，国家新一代人工智能治理专业委员会于2021年9月25日发布了《新一代人工智能伦理规范》（以下简称《伦理规范》），旨在将伦理道德融入人工智能全生命周期，为从事人工智能相关活动的自然人、法人和其他相关机构等提供伦理指引。《伦理规范》提出了增进人类福祉、促进公平公正、保护隐私安全、确保可控可信、强化责任担当、提升伦理素养等6项基本伦理要求，并就人工智能管理、研发、供应、使用等特定活动提出18项具体伦理要求。

5. 监管措施

随着国家科技伦理治理体制机制健全和制度完善，国家逐步加大和落实对从事人工智能科技活动的企事业单位在科技伦理治理方面的监管。

一方面，近年来，证券监管机构和交易所对拟上市的人工智能企业都开始进行关于科技伦理方面的审核和问询。北京格灵深瞳信息技术股份有

---

① 《科技伦理审查办法（试行）》附需要开展伦理审查复核的科技活动清单："1. 对人类生命健康、价值理念、生态环境等具有重大影响的新物种合成研究。2. 将人干细胞导入动物胚胎或胎儿并进一步在动物子宫中孕育成个体的相关研究。3. 改变人类生殖细胞、受精卵和着床前胚胎细胞核遗传物质或遗传规律的基础研究。4. 侵入式脑机接口用于神经、精神类疾病治疗的临床研究。5. 对人类主观行为、心理情绪和生命健康等具有较强影响的人机融合系统的研发。6. 具有舆论社会动员能力和社会意识引导能力的算法模型、应用程序及系统的研发。7. 面向存在安全、人身健康风险等场景的具有高度自主能力的自动化决策系统的研发。本清单将根据工作需要进行动态调整。"

限公司①和旷世科技有限公司②都被上海证券交易所要求披露和说明公司保证人工智能技术可控、符合伦理规范的措施和规划，旷世科技有限公司还被进一步要求说明分析公司在技术和业务开展过程所面临的伦理风险。

另一方面，有关部门也开始着手落实国家关于加强科技伦理治理的决策部署。例如，2023年5月，工业和信息化部正式成立工业和信息化部科技伦理委员会、工业和信息化领域科技伦理专家委员会。工业和信息化部科技伦理委员会负责统筹规范和指导协调工业和信息化领域科技伦理治理工作。工业和信息化领域科技伦理专家委员会在科技伦理委员会的领导下开展工作，提供决策咨询支撑，开展科技伦理审查专家复核。专家委员会覆盖政策、技术、管理、伦理、法律等多学科，秘书处设在中国信息通信研究院。

（三）数据安全和算法治理

对于国家在数据安全方面的监管内容本节不再赘述，将着重介绍与人工智能的数据应用有关的算法治理内容。

1. 算法治理背景

近年来，算法在经济社会生活多领域得到越来越多的应用，但与此同时，"信息茧房""算法歧视""大数据杀熟"以及诱导沉迷等算法的不合理应用也影响了正常的市场秩序和社会秩序，特别是为了回应广大网民关注的互联网平台纵容"饭圈"利用算法进行刷量、控评、打榜滋生"饭圈"乱象等网络信息内容生态问题，国家网信办在2021年网络"清朗"系列专项行动中，专门组织开展了"清朗·算法滥用治理"专项行动，对全国范围内300余家互联网企业进行了算法检查。在2021年"清朗·算法滥用治理"专项行动的推动下，2021年9月，国家网信办等九部门印发《关于加强互联网信息服务算法综合治理的指导意见》，决定启动一项三年计

---

① 《关于北京格灵深瞳信息技术股份有限公司首次公开发行股票并在科创板上市申请文件的审核问询函的回复》，载上海证券交易所网，http：//static.sse.com.cn/stock/disclosure/announcement/c/202108/000936_20210825_M872.pdf。

② 《关于旷视科技有限公司首次公开发行存托凭证并在科创板上市申请文件的审核问询函之回复》，载上海证券交易所网，http：//static.sse.com.cn/stock/information/c/202105/c0283f8ad8134a08a50b07b5c12b1af2.pdf。

划，在三年左右时间里逐步建立治理机制健全、监管体系完善、算法生态规范的算法安全综合治理格局。2022年1月，国家网信办等四部门联合发布《互联网信息服务算法推荐管理规定》（以下简称《算法推荐管理规定》）并于2022年3月1日正式施行。同年，国家网信办组织开展"清朗·2022年算法综合治理"专项行动，目的就是落地落实落好《算法推荐管理规定》，推动算法综合治理工作的常态化和规范化。在《算法推荐管理规定》之后，国家网信办等三部门又专门针对深度合成技术颁布《互联网信息服务深度合成管理规定》（以下简称《深度合成管理规定》）。

结合我国开展算法治理的背景以及对于算法治理的主要监管依据也即《算法推荐管理规定》《深度合成管理规定》，可以看出我国目前对于算法的监管主要是围绕互联网信息服务，特别是信息内容安全的监管。

2. 算法监管的主要内容

《算法推荐管理规定》作为对利用算法推荐技术（包括生成合成类、个性化推送类、排序精选类、检索过滤类、调度决策类）提供互联网信息服务的基本监管框架，主要规定内容包括落实算法安全主体责任，对算法分类分级监管，特别是对具有舆论属性或者社会动员能力的算法推荐服务提供者提出要求其开展安全评估并办理算法备案手续。

3. 深度合成技术监管

根据《深度合成管理规定》，深度合成技术是指利用深度学习、虚拟现实等生成合成类算法制作文本、图像、音频、视频、虚拟场景等网络信息的技术，包括篇章生成、文本风格转换、问答对话等生成或者编辑文本内容的技术。《深度合成管理规定》在《算法推荐管理规定》对一般算法推荐服务提供者的规定义务之外，针对深度合成技术特点在以下几个方面对深度合成技术服务提供者提出了加强要求：

① 用户管理义务加重：要求制定和公开管理规则、平台公约，对使用者进行真实身份信息认证；

② 加强合成内容管理：要求采取技术或者人工方式对输入数据和合成结果进行审核；

③ 建立健全辟谣机制：要求发现利用深度合成服务制作、复制、发布、传播虚假信息的，应当及时采取辟谣措施，保存有关记录，并向网信部门和有关主管部门报告；

④ 特定功能的安全评估（自行或委托）要求：提供生成或编辑人脸、人声等生物识别信息，或者生成或编辑可能涉及国家安全、国家形象、国家利益和社会公共利益的特殊物体、场景等非生物识别信息的应当开展安全评估；

⑤ 内容标识要求：要求对生成或编辑的信息内容添加标识，对于导致公众混淆或者误认的，例如智能对话、智能写作、人脸合成等则进行显著标识。

（四）特定行业的人工智能立法监管

对于人工智能应用可能对社会和公众权益造成重大影响的特定行业领域，特别是自动驾驶、医疗器械、金融等，相关部门也在陆续起草和出台相关指南、标准和监管文件，例如《自动驾驶汽车运输安全服务指南（试行）》（征求意见稿）、《智能网联汽车道路测试与示范应用管理规范（试行）》、《人工智能医疗器械注册审查指导原则》、《人工智能算法金融应用评价规范》（JR/T 0221—2021）等进行重点监管。

此外，国家还在自动驾驶等领域试点沙盒监管。2022年4月1日，国家市场监督管理总局、交通运输部等五部门联合发布《关于试行汽车安全沙盒监管制度的通告》，共同启动对于在车辆中使用的环境感知、智能决策、协同控制等前沿技术，或实现各级别自动驾驶、远程升级等新功能新模式的汽车安全沙盒监管试点工作。

（五）人工智能分类分级监管的政策探索

2022年9月，深圳和上海相继颁布《深圳经济特区人工智能产业促进条例》（以下简称《深圳条例》）和《上海市促进人工智能产业发展条例》（以下简称《上海条例》），要求地方政府及有关部门对人工智能应用开展基于风险等级的分类分级治理。对于高风险的人工智能应用，《深圳条例》和《上海条例》设置了事前合规评估/审查的高门槛，《深圳条例》规定采用事前评估和风险预警的监管模式，《上海条例》表明将实行清单式管理，开展合规审查。而对于中低风险人工智能应用，《深圳条例》和《上海条例》都采用事先披露和事后跟踪/控制的治理模式，以鼓励创新的态度促进人工智能企业先行先试。

关于分类分级的具体监管办法将由两地人民政府另行制定。而如何判断评估确定将某一类人工智能应用归类为高风险人工智能应用是分类分级立法监管的重点和难点，深圳和上海的立法先行探索也将会为国家的立法监管提供宝贵经验。

（六）生成式人工智能专门立法

为了回应和防范 ChatGPT 等生成式人工智能应用带来的法律和伦理风险，2023 年 7 月，国家网信办等七部门正式发布《生成式人工智能服务管理暂行办法》并于 2023 年 8 月 15 日起施行。办法明确将对生成式人工智能服务实行包容审慎和分类分级监管。内容上，该暂行办法主要围绕生成式人工智能的核心数据资产之训练数据的合法性和质量要求、算法模型设计和优化等方面作出了规定，在防范风险的同时兼顾了生成式人工智能技术创新发展的需要。

1. 训练数据治理

办法要求提供者使用具有合法来源的数据和基础模型，涉及知识产权的，不得侵害他人依法享有的知识产权，涉及个人信息的要求必须征得个人信息主体同意或者具备豁免同意的法定事由。相比征求意见稿要求提供者从结果上应当保证训练数据的真实性、准确性、客观性和多样性，办法正式稿只要求提供者采取有效措施提高训练数据质量，增强训练数据的真实性、准确性、客观性、多样性。

为了提升训练数据集的质量从而提高模型输出结果的准确性，确保模型可以有效运行，办法要求在技术研发过程中进行数据标注的，提供者应当制定符合办法要求的标注规则，对数据标注质量进行评估和抽样核验，并对标注人员进行必要培训和监督指导。

2. 算法模型治理

除训练数据外，办法还要求提供者使用具有合法来源的基础模型。在算法设计、模型生成和优化过程中，采取有效措施防止歧视性内容的生成，对于运行中发现违法内容的，采取模型优化训练等措施进行整改。

作为我国首部专门的人工智能监管规定，该办法仍有许多待完善的地方。例如，办法主要聚焦于服务提供者，而未对生成式人工智能价值链上不同环节参与主体，包括训练数据提供方、人工智能技术支持者、下游应用提供方等的义务和责任承担做划分。

除了生成式人工智能的专门立法外，人工智能法草案作为预备提请全国人大常委会审议的法律草案列入《国务院2023年度立法工作计划》。2017年国务院发布的《新一代人工智能发展规划》明确提出，到2025年初步建立人工智能法律法规、伦理规范和政策体系，形成人工智能安全评估和管控能力。在经过数据安全、个人信息保护、算法推荐、深度合成以及智能驾驶等立法前期经验积累下，我国也将加快对人工智能的立法。

（七）人工智能标准建设

2020年7月27日，国家标准化管理委员会、国家网信办等五部门联合印发《国家新一代人工智能标准体系建设指南》，加强人工智能领域标准化顶层设计，推动人工智能产业技术研发和标准制定，促进产业健康可持续发展。在具体建设思路方面，该指南分别从"A基础共性""B支撑技术与产品""C基础软硬件平台""D关键通用技术""E关键领域技术""F产品与服务""G行业应用""H安全/伦理"等八个部分提出构建人工智能标准体系结构。

指南明确，到2023年，初步建立人工智能标准体系，重点研制数据、算法、系统、服务等重点急需标准，并率先在制造、交通、金融、安防、家居、养老、环保、教育、医疗健康、司法等重点行业和领域进行推进。建设人工智能标准试验验证平台，提供公共服务能力。

二、人工智能数据资产保护和合规治理重点

（一）人工智能数据资产保护和治理重点

数据、算法与算力共同构成了人工智能技术发展的三大核心要素。其中，具有深度学习能力的算法模型是推动人工智能技术取得突破性发展的关键技术，高质量的训练数据是实现和提升算法模型应用效果的基础燃料。

我们整理了2021年至2023年间国内证券交易所对拟上市人工智能企业的审核问询要点，数据特别是训练数据在采集、使用和存储等处理环节上的合法合规和安全，算法模型的可解释性和应用上的合乎伦理规范要求等是交易所在数据合规和科技伦理方面的审查关注点。而上述问题也是我

们在为人工智能产品提供合规服务的实践过程中所了解和观察到的人工智能数据资产保护和合规治理的主要难点和重点。

1. 数据采集来源合法

人工智能算法模型的研发需要大量的训练数据，这些数据可能包含敏感数据或者涉及他人具有知识产权的内容，确保这些数据来源的合法是关键。同时，人工智能系统在面向用户提供产品和服务的过程中也会涉及收集大量的数据包括用户个人信息，如用户信息、偏好、行为等作为训练数据进行使用。在收集、存储和处理这些数据时，未经授权地收集和使用这些数据可能导致侵害个人信息主体和其他数据主体合法权益。

训练数据采集来源渠道多种多样，从事人工智能行业的组织应当建立数据采集规范，对各个渠道的数据采集来源合法性和授权进行审查，并针对不同渠道的数据采集明确合规审查要点。结合我们为人工智能产品提供合规服务的实践经验，我们整理了常见的数据采集来源渠道和对应的主要审查要点（如表5-5所示）。

表 5-5　数据采集来源对应的监管重点

序号	采集来源	主要审查要点
1	向外部供应商采购	审查数据供应商的资质、业务合法合规情况以及数据安全能力；审查或者要求供应商说明数据来源合法合规以及授权使用范围。
2	获取公开数据集数据	审查公开数据集的许可使用范围。
3	自动化工具采集公开数据	审查数据获取方式手段、获取数据内容以及获取数据后的使用方式的合法性和正当性，是否违法、扰乱市场竞争秩序、损害他人合法权益。
4	采集用户数据（包括企业用户和个人用户）	审查是否获取用户授权以及授权范围，采集个人信息的，审查是否按照个人信息保护相关法律规定和国家标准获得个人信息主体同意以及同意范围；用户提供第三方数据，是否有相关协议要求用户就数据的合法性进行承诺保证。

续表

序号	采集来源	主要审查要点
5	向其他个人主体采集	审查是否获取个人主体授权，采集个人信息的审查是否按照个人信息保护相关法律规定和国家标准获得个人信息主体的同意以及同意范围。个人主体提供第三方数据，是否有相关协议要求其就数据的合法性进行承诺保证。

2. 数据存储和使用合法

从事人工智能行业的组织采集不同来源渠道的数据后，在存储和使用过程中也要注意合规治理。在数据存储方面，应当对数据进行分类分级存储和管理，例如对于敏感个人信息应当采取相应的去标识化和加密措施，对于重要数据应当进行备份。此外，从事人工智能行业的组织还应当建立数据存储期限和删除管理规范，除法律法规对数据存储期限有特别要求外，应按照数据主体的授权期限范围以及最小必要原则明确数据存储期限。

在数据使用加工方面，从事人工智能行业的组织应当注意审查是否存在超出数据主体的授权范围对数据进行使用或加工分析，特别是用于商业化变现时还应当满足数据安全和个人信息保护相关现行规定对于数据汇聚融合、用户画像、自动化决策的要求。

3. 数据流转和出境

组织在提供人工智能产品和服务的过程中如果使用第三方的技术支持包括例如将人工智能产品服务部署在第三方的云服务器中，或者使用第三方的算法模型，还应注意在此过程中的第三方和数据流转的安全管理。

如果涉及使用境外比较成熟的技术，例如对接 Open AI 公司的基础模型的 API 等，因为技术支持方的服务器部署在境外，数据流转过程中还涉及数据跨境的传输，需要满足国家关于数据出境的相关规定。

4. 数据安全保障

在数据安全保障方面，从事人工智能行业的组织应按照现行规定建立健全网络安全、数据安全、个人信息保护的相关内部管理制度和操作规程，特别是采集、存储、使用等环节的合规要求和措施；建立供应商特别是数据供应商的管理制度和流程等。

同时，从事人工智能行业的组织还应当采取相应的安全技术措施，合理确定相关人员的数据访问和操作权限，确保只有经过授权的人员能够访问和修改数据，以防止数据被非法获取、篡改或破坏。

5. 算法模型的合规治理

（1）算法模型的可解释性和透明性

人工智能模型通常非常复杂，特别是具有深度学习能力的算法模型进一步发展，其内部运作方式难以理解和解释，从而出现算法"黑箱"现象。而从事人工智能行业的相关组织只有在了解算法模型是如何运行决策后，才能正确评估人工智能应用可能存在的风险和问题，提升人工智能应用的可控性。另外，算法的可解释性和透明性还关涉到人类的知情利益和主体地位，特别是当应用人工智能对关涉个人权益的事项做出决策时。

为保证算法决策机制的可解释性、透明性和结果的公平公正以及人工智能应用的可靠性和可控性，提供人工智能应用的相关组织应当根据《个人信息保护法》《算法推荐管理规定》《深度合成管理规定》等法律法规要求建立健全算法机制机理审核制度，定期审核、评估、验证算法机制机理、模型、数据和应用结果。为了保证算法应用使用者包括消费者的知情权益，提供人工智能应用的相关组织还应当根据前述法律法规在相关应用界面或者通过用户协议、隐私政策等文件告知用户其提供算法推荐服务的情况，以及公示算法的基本原理、目的意图和主要运行机制等信息。

如果通过人工智能应用对涉及公共服务、金融服务、健康卫生、福利教育等对个人权益有重大影响的领域作出决策，应确保算法决策机制的可解释性，并向个人主体提供进行人工审核的途径。

（2）特定服务的算法备案要求

我们在本章第一部分"我国人工智能领域现行立法监管框架"中算法监管部分提到，我国对算法推荐服务提供者实施分类分级监管，对于应用算法推荐技术提供具有舆论属性或社会动员能力的互联网信息服务，国家要求根据《具有舆论属性或社会动员能力的互联网信息服务安全评估规定》（以下简称《安全评估规定》）进行安全评估，并按照《算法推荐管理规定》进行算法备案。

根据《安全评估规定》，具有舆论属性或社会动员能力的互联网信息服务包括下列情形：（一）开办论坛、博客、微博客、聊天室、通讯群组、公众账号、短视频、网络直播、信息分享、小程序等信息服务或者附设相应功能；（二）开办提供公众舆论表达渠道或者具有发动社会公众从事特定活动能力的其他互联网信息服务。

目前公示的算法备案情况囊括了生成合成类、个性化推送类、排序精选类、检索过滤类、调度决策类等各类算法应用产品，既有面向普通大众用户的应用产品，也有面向特定用户的调度决策类算法应用产品，如美团配送调度决策算法和蜂鸟物流配送算法等面向骑手这类特定劳动者用户的应用产品。①

提供人工智能应用的组织经评估符合备案条件的，应当在提供服务之日起十个工作日内通过互联网信息服务算法备案系统（htts：//beian.cac.gov.cn/♯/index）填报服务提供者的名称、服务形式、应用领域、算法类型、算法自评估报告、拟公示内容等信息，履行备案手续。完成备案后，应当在提供人工智能产品和服务的网站、应用程序等的显著位置标明其备案编号并提供公示信息链接。备案信息发生变更的，还应当在变更之日起十个工作日内办理变更手续。

6. 人工智能安全和合规风险的持续管理

人工智能特别是其核心资产数据和模型的保护和合规治理是一个持续的过程。一方面，人工智能在研究开发、设计制造、部署应用等不同环节所涉及的安全和合规风险不同；另一方面，随着人工智能的发展，全球包括我国对人工智能的监管政策和规定也在快速地进行迭代更新。

因此，从事人工智能行业的组织应当对其人工智能产品建立涵盖研究开发、设计制造、部署应用等全生命周期的风险管理机制，对人工智能产品特别是数据安全、算法模型进行定期的安全评估、监测，以确保能够及时识别和应对新出现的安全和合规风险。

（二）生成式人工智能数据资产保护和合规治理重点

对于从事生成式人工智能相关工作的组织来说，生成内容是其在训练

---

① 《国家互联网信息办公室关于发布互联网信息服务算法备案信息的公告》，载中国网信网 2022 年 8 月 12 日，http：//www.cac.gov.cn/2022-08/12/c_1661927474338504.htm。

数据、算法模型之外的另一核心资产。其中，生成内容的合法性以及生成内容的权利保护是这一核心数据资产保护的重点也是难点。

1. 生成内容的合法性

生成式人工智能通常基于深度学习等技术，训练模型来学习生成类似于训练数据集的内容，如图像、文本或音频。在无法保证训练数据完全合法、真实、准确、客观的情况下很难保证通过训练数据形成的算法模型生成的内容完全合法。这种高水平的数据清洁工作目前很少有组织可以实现。而且训练数据内容本身是否存在侵权信息或者违法违规信息通常还需要专业或进一步司法的认定和判断。

虽然从结果上无法完全避免，但从事生成人工智能相关工作的组织应当根据《网络安全法》《网络信息内容生态治理规定》《算法推荐管理规定》《深度合成管理规定》对于网络信息内容安全的要求，从事前预防、事后处置这两个环节建立相应的制度机制和采取相应的措施保障其人工智能应用制作、复制、发布、传播的内容的合法性，具体措施包括加强平台用户管理，通过平台规则和用户协议等方式要求用户确保其上传作为生成素材内容的合法合规性以及不得将生成内容用作违法目的，建立健全用户输入内容和生成内容的审核机制、对生成内容的标识机制、违法和不良信息处置机制、应对虚假信息的辟谣机制以及投诉举报机制等。

2. 生成内容的可版权性

根据《中华人民共和国著作权法（以下简称《著作权法》）》第三条规定，作品是指文学、艺术和科学领域内具有独创性并能以一定形式表现的智力成果。根据《著作权法》第十一条规定，创作作品的自然人是作者，以及在符合《著作权法》规定条件的情况下将组织视为自然人代表组织创作的作品的作者。

从文义解释来看，智力成果暗含了作品创作主体的自然人属性，即离不开自然人思想、情感等智力活动对作品创作的投入。[①] 因此在谈及生成内容是否构成《著作权法》保护的作品时，是否为自然人创作以及内容是否具有独创性是决定是否构成作品的关键要素。

---

① 冯晓青、张子玥：《探析人工智能生成内容可保护性》，载《中国知识产权报》2023年5月26日，第8版。

（1）菲林诉百度网讯案和腾讯诉盈讯科技案

菲林诉百度网讯案[①]和腾讯诉盈讯科技案[②]是生成内容是否可作为《著作权法》的作品主张权利保护的两个典型案例（如表5-6所示）。

表5-6 生成内容可版权性案例对比

案件	菲林诉百度网讯案	腾讯诉盈讯科技案
审理法院	北京互联网法院	深圳市南山区人民法院
案件事实	菲林律所利用法律信息库生成的分析报告文章，百度网讯未经许可在其百家号平台发布。	腾讯公司运用 Dreamwriter 软件生成的文章，盈讯公司未经许可复制在旗下平台发布。
裁判要旨	计算机软件智能生成的报告的文字部分具有一定的独创性；自然人创作完成仍应是著作权法上作品的必要条件。涉案分析报告的生成过程有两个环节有自然人作为主体参与，一是软件开发环节，二是软件使用环节。软件开发者（所有者）没有根据其需求输入关键词进行检索，该分析报告并未传递软件研发者（所有者）的思想、感情的独创性表达，故不应认定该分析报告为软件研发者（所有者）创作完成。同理，软件用户仅提交了关键词进行搜索，应用"可视化"功能自动生成的分析报告亦非传递软件用户思想、感情的独创性表达，故该分析报告亦不宜认定为使用者创作完成。	涉案文章外在表现符合文字作品的形式要求，具有一定的独创性；涉案文章的生成过程主要经历数据服务、触发和写作、智能校验和智能分发四个环节。在上述环节中，数据类型的输入与数据格式的处理、触发条件的设定、文章框架模板的选择和语料的设定、智能校验算法模型的训练等均由主创团队相关人员选择与安排，属于与涉案文章的特定表现形式之间具有直接联系的智力活动。

---

① 《北京菲林律师事务所诉北京百度网讯科技有限公司著作权侵权纠纷一案民事判决书》，载北京互联网法院网 2019 年 4 月 26 日，https：//www.bjinternetcourt.gov.cn/cac/zw/1556272978673.html。

② 《腾讯诉盈讯科技侵害著作权纠纷案——首例人工智能生成文章作品纠纷案》，载中国法院网 2021 年 1 月 9 日，https：//www.chinacourt.org/article/detail/2021/01/id/5709690.shtml。

续表

案件	菲林诉百度网讯案	腾讯诉盈讯科技案
判决结果	由于分析报告不是自然人创作的，因此，即使法律信息库"创作"的分析报告具有独创性，该分析报告仍不是著作权法意义上的作品。	该文章的特定表现形式及其源于创作者个性化的选择与安排，并由 Dreamwriter 软件在技术上"生成"的创作过程均满足著作权法对文字作品的保护条件，涉案文章属于著作权法所保护的文字作品。

虽然这两个案子的判决结果不同，但北京互联网法院和深圳市南山区人民法院在这两个案子中体现的裁判思路是一致的，在判断是否为著作权法意义上的作品时，都对通过智能软件工具生成内容的独创性以及生成内容是否由自然人创作完成进行了检视。

独创性方面，法院主要围绕是否独立创作及外在表现上是否与已有作品存在一定程度的差异，或具备最低程度的创造性进行分析判断。在这两个案子中，法院都对生成内容的独创性进行认可，主要是自然人在利用智能软件工具生成内容的过程中参与创作的情况不同，生成内容是否体现了自然人的思想和感情表达的情况不同，因此造成法院对于生成内容是否由自然人创作这一构成要件认定上的不同，进而判决结果不同。

需要说明的是，即使生成内容不构成著作权法意义上的作品，也不意味着相关人员对于生成内容的合法权益不受法律保护。例如，在菲林诉百度网讯案中，法院就认为菲林律所对付费使用法律信息库获得的分析报告"具有进一步使用、传播分析报告的动力和预期。因此，应当激励软件使用者的使用和传播行为，将分析报告的相关权益赋予其享有，以促进文化传播和价值发挥"。除此之外，生成内容的利益相关方包括智能软件开发者或使用者还可以通过《反不正当竞争法》等法律法规对自己的合法权益进行保护。

（2）域外观点

2023年2月，美国版权局拒绝了一位艺术家的漫画书版权登记申请，该漫画书中包含了使用 Midjourney 技术（可基于文本生成图像的生成式人工智能技术）生成的漫画插图。

紧接着，2023年3月，美国版权局发布《含有人工智能（AI）生成元素的作品的版权注册指南》[①]。指南重申，美国《宪法》和《版权法》中使用的"作者"（author）一词排除了非人类作者。而且基于美国联邦最高法院的司法先例，版权局现有的注册指南也一直要求作品是人类作者的产物。

指南介绍了包含人工智能生成元素的作品是否可以受到《版权法》保护需要根据个案情况进行判定，特别是人工智能工具如何运行以及其如何被用于创作最终作品。作品中的传统作者要素（文学、艺术或音乐表达或选择、编排等要素）应为人类完成，如果是由机器生成，则会被认为缺乏人类创作，将无法在版权局注册。

可见，在生成内容的可版权性上，美国与我国一样都将自然人在利用人工智能工具生成内容中的参与程度和是否有智力活动投入作为了版权保护的前提要件。

（3）我国人工智能生成图片著作权侵权第一案[②]

2023年11月27日，北京互联网法院对全国人工智能生成图片著作权侵权第一案作出一审判决，认定人工智能生成的图片，由于原告进行了智力投入且内容具备独创性，因此被认定为作品，受到著作权法保护。此次案件庭审显示，2023年2月，原告李先生使用某开源软件，通过输入提示词的方式生成涉案图片，图片内容为一张美人图，发布于社交平台；被告刘某在网络发布文章时，将这幅图片作为配图使用。原告认为被告严重侵犯了其享有的署名权和信息网络传播权，诉至法院，要求赔偿经济损失5000元，并赔礼道歉。

案件的争议焦点集中在人工智能生成图片是否构成作品。北京互联网法院审理认为，原告为这幅图片的产生进行了一定的智力投入。原告在模型中详细描绘了人物细节如皮肤状态、眼睛和辫子的颜色，环境为"外景""黄金时间""动态灯光"，人物呈现方式为"酷姿势""看着镜头"，风格为"胶片纹理""胶片仿真"等，同时设置了相关参数，根据初步生成的图片，又增加了提示词、调整了参数，最终选择了一幅自己满意的图片。

---

① Copyright Registration Guidance：Works Containing Material Generated by Artificial Intelligence，https：//www.federalregister.gov/documents/2023/03/16/2023-05321/copyright-registration-guidance-works-containing-material-generated-by-artificial-intelligence.

② 王广燕：《用"高科技画笔"创作有了法律保障》，载《北京日报》2023年12月9日，第7版。

法院认为，人利用人工智能模型生成图片本质上仍然是人利用工具进行创作，即整个创作过程中进行智力投入的是人而非人工智能模型。鼓励创作是著作权制度的核心目的，人工智能生成图片，只要能体现出人的独创性智力投入，就应当被认定为作品，受到著作权法保护。

因此，北京互联网法院作出一审判决，认定原告是涉案图片的作者，享有涉案图片的著作权，被告侵害了原告就涉案图片享有的署名权和信息网络传播权，应在社交平台发布声明赔礼道歉，并在判决生效之日起七日内赔偿原告经济损失 500 元。

三、业内良好实践

我们以公开查询到的蚂蚁集团人工智能领域数据资产保护与合规治理的行业实践为例做介绍。

（一）组织管理

2022 年蚂蚁集团启动 ESG 可持续发展战略，"科技伦理建设"作为重要子议题上升为集团重点工作。

2023 年 3 月 2 日，蚂蚁集团宣布，在设立公司内部科技伦理委员会的基础上，已正式成立蚂蚁集团科技伦理顾问委员会，由 7 名外部专家构成，为蚂蚁集团科技伦理建设给予方向性、战略性、针对性的指导建议。7 位顾问委员中，不仅有专注人工智能治理等科技领域专家，还包括哲学、金融等社会科学专家。未来，顾问委员会将以研讨会、年度评估等形式开展工作，包括参与蚂蚁集团重要项目沟通评估、年度科技伦理建设工作评估、指导相关课题研究等。[①]

（二）资质

2021 年 12 月 24 日，中国信息通信研究院正式发布了"人工智能模型风险治理能力成熟度测评"的首批评估结果。其中，蚂蚁集团送测的、基

[①] 《蚂蚁集团成立科技伦理顾问委员会，由 7 位科技及社会科学领域专家构成》，载蚂蚁集团网 2023 年 3 月 2 日，https://www.antgroup.com/news-media/press-releases/1677741894000。

于可信人工智能（AI）技术的"智能金融犯罪风险防控模型"，在"AI模型全生命周期管理""应急响应""决策透明"三个测试项目中，均排名第一；并在考察人工智能可解释性的"决策透明"项目中，获得了本期测评的最高评级（卓越级）。[1]

此次测评参照的标准是由中国信息通信研究院联合20余家行业优秀企业和专家依托中国互联网协会平台联合制定的《人工智能模型风险治理能力成熟度模型》。该标准聚焦企业人工智能模型风险治理，建立了一套围绕人工智能模型的风险治理能力成熟度的治理框架。

测评围绕"AI模型全生命周期管理""应急响应""决策透明""专利保护""模型安全影响评估""交互与沟通""外部合作"等板块展开；对参评企业在可信人工智能领域，包括鲁棒性、可解释性、公平性、数据隐私保护等不同维度的技术能力及技术治理方案都做出了规范和要求。

（三）技术应用

蚂蚁集团将可信人工智能作为重要的技术发展方向，并提出了包含数据隐私保护、鲁棒性、可解释性与因果分析和公平性四个方面的技术架构体系。基于可信人工智能，蚂蚁集团在反欺诈、反盗用、交易合规、内容合规等多方面展开技术探索和实践；同时，对于创新的人工智能技术，联动内部积极展开审计、治理，联动外部积极推动标准建设。

（四）行业倡议

从2015年蚂蚁就积极投入可信人工智能的技术研究。2021年同浙江省内一些学术机构和同业发起成立浙江金融科技伦理委员会，参与编写《浙江金融科技伦理七倡议》，呼吁行业从业者应始终坚持以人为本，稳妥创新，并在发展中充分考虑公平包容、开放共赢、安全审慎、尊重伦理和社会责任。

蚂蚁集团旗下的数字金融平台也发布平台自律准则，从机构准入、消费者权益保护、数据隐私保护、金融伦理、金融消费安全教育、平台治理

---

[1] 《中国信通院发布人工智能模型风险治理能力测评结果 蚂蚁集团成绩排名第一》，载快科技网2021年12月27日，https://news.mydrivers.com/1/805/805508.htm。

等环节对平台责任义务进行明确，确保平台合规、有序、健康发展。① 据介绍，蚂蚁集团的数字金融平台联合全国金融机构，面向全国消费者提供互联网保险、小微经营者贷款、数字消费信贷、在线理财、信用科技服务。这项自律准则由理财、保险、消费信贷、小微经营者贷款、芝麻信用五大分平台板块组成，不仅对金融科技的创新和展业做了更明确的自律要求，也从加强伦理规范建设上提出了实际举措。

自律规范的通用总则是：

·平台应建立专业、严格的机构准入、清退机制以及相应的管理规范，确保平台运行有规则可依、健康有序。当入驻机构的资质低于平台标准，平台将依法合规停止相关合作；

·平台管理规范应当对所有机构一视同仁，确保公平公正；

·平台应保障数据安全，保护用户隐私，数据获取和使用应获得用户授权，并遵循合法、正当和必要的原则；

·平台应接受社会各界监督，开放投诉举报通道，并公布平台治理进展。

四、域外规定和实践

在促进人工智能创新发展的同时，确保人工智能的可信赖并降低人工智能发展和应用所带来的风险，已经成为全球性的议题。尽管监管目的和初衷的不同，各国政府在具体监管方式的选择和侧重点上有所不同，但为了在预防人工智能应用所带来的风险和对所有人工智能进行一刀切监管的过度立法之间实现平衡，在具体监管思路上，"基于风险的方法"（risk-based approach）已然成为人工智能监管中的全球趋势。

（一）欧盟

欧盟强调个人基本权利的保护以及维护欧盟内部市场的统一，因此青睐于立法这一强监管工具。2020年2月，欧盟委员会颁布《人工智能白皮

---

① 《蚂蚁集团公布数字金融平台自律准则：将遵循适当性原则》，载新浪网2021年3月12日，https://finance.sina.com.cn/tech/2021-03-12/doc-ikkntiak9132178.shtml。

书》，提出要建立一个明确的人工智能监管框架。《人工智能白皮书》的出台意味着欧盟对人工智能的监管从伦理指引转向了立法监管。欧盟委员会认为，新的监管框架应采取"基于风险的方法"，以确保监管干预的程度是适当的，从而在有效实现监管目标的同时不会因为过度规范而对人工智能实践者特别是中小企业造成不成比例的负担。

1.《人工智能法案》的分类监管

基于《人工智能白皮书》，2021年4月21日，欧盟委员会发布了欧洲议事和理事会的《关于制定人工智能统一规则》提案（以下简称《人工智能法案》）。《人工智能法案》根据可能对人的基本权利和安全产生风险的等级将人工智能系统分为四个类别，并采取不同的监管措施（如表 5-7 所示）。

表 5-7 《人工智能法案》风险分级

类别	监管措施
不可接受风险	禁止，例如政府的社会评分、鼓励危险行为的语音辅助玩具等。
高风险	允许，但须满足《人工智能法案》规定的合规要求并在投入市场和使用前开展事前合格评估（conformity assessment）。
有限风险	允许，对于特定类别的人工智能系统赋予透明度义务，例如与人类互动、用于情绪或生物特征识别或"深度伪造"。
最小或无风险	允许，并鼓励制定旨在促进自愿应用的行为准则。

《人工智能白皮书》将立法监管的目标锚定高风险的人工智能应用，在对人工智能系统进行分类监管的基础上，《人工智能法案》主要针对高风险人工智能系统，从以下三个层面对高风险人工智能系统的实践进行了强制性规范：

第一，高风险人工智能系统本身应当满足的合规要求：建立风险管理机制，使用高质量的训练、验证和测试的数据，透明度和用户告知义务，人类的有效监管等；

第二，高风险人工智能系统合规义务的参与者：提供商、进口商、分销商、使用者等；

第三，高风险人工智能系统的全生命周期合规：事前合格评估、产品投入市场后的售后监督、重大事件报告机制。

为避免高风险人工智能系统判断标准模糊而导致监管泛化，《人工智能法案》明确了可被识别为高风险人工智能系统的两个分类规则，并分别通过附件二和附件三以清单的方式对高风险人工智能系统进行了列举；旨在用作由欧盟协调立法所覆盖产品的安全组件的人工智能系统，例如个人安保产品、医疗设备、无线电设备等；其他影响基本权利进而被视为高风险的人工智能系统。

对于第二个分类规则，《人工智能法案》在法案附件三列举了八个领域。但并非只要是这八个领域的人工智能系统就会被视为高风险，只有符合这八个领域下明确列举的使用目的的人工智能系统才会被视为高风险：

① 自然人进行生物特征识别和分类（例如用于对自然人的实时和事后远程生物识别的人工智能系统）；

② 关键基础设施管理和运营（例如作为管理和运营道路交通安全组件的人工智能系统）；

③ 教育和职业培训（例如用于确定个人进入教育和职业培训机构的机会和分配、对学生进行评估的人工智能系统）；

④ 就业、员工管理和开展自营职业的机会（例如用于筛选候选人申请、在面试中评估候选人的人工智能系统）；

⑤ 获得和享受基本的私人服务和公共服务及福利（例如对自然人进行信用评分或者用于消防队员和医疗救援等紧急响应服务调度的人工智能系统）；

⑥ 执法（例如用于评估自然人犯罪风险的人工智能系统）；

⑦ 移民、庇护和边境管制（例如用于验证旅行证件真实性的人工智能系统）；

⑧ 司法和民主程序（例如协助法官研究和解释事实和法律，并将法律适用于事实的人工智能系统）。

《人工智能法案》还赋予了欧盟委员会经过评估确定，如果一个人工智能系统对人的健康安全的损害或对基本权利构成不利影响风险的严重程度和发生概率相当于或大于附件三八个领域下已列举的人工智能系统时，可适时对清单进行更新补充的权力。在开展评估时，《人工智能法案》规定了欧盟委员会应当考虑的评估标准，包括人工智能系统的预期用途；使用人工智能系统在多大程度上已经对健康安全造成了损害，或对基本权利造成了不利影响；可能受到损害或不利影响的人在多大程度上依赖于人工智能系统产生的结果以及处于弱势地位的程度；产生的结果在多大程度上容易逆转等。《人工智能法案》是世界上首部人工智能监管法律，它在很大程度上会成为全球其他地区治理和监管人工智能的参考对象。

2.《人工智能法案》：ChatGPT带来的挑战和应对

《人工智能法案》根据人工智能系统的使用目的来判断其是否属于高风险，进而对高风险人工智能系统进行监管的模式，在ChatGPT出来后受到了挑战和质疑。对于ChatGPT等生成式人工智能以及其背后的基础模型，它们在研发过程中并没有限定于特定目的或者本就基于可应用于各种不同场景和目的而研发的，这样就可能出现本身用于高风险领域，或集成在其他高风险人工智能系统中的情况。

对此，在2023年5月，欧洲议会通过的《人工智能法案》折中修订中增加了通用目的人工智能系统（General Purpose AI System）和基础模型（Foundation Model）的定义和规范。通用目的人工智能系统是指可用于和适应广泛应用的人工智能系统，而不是有意专门设计的。基础模型是指在广泛的数据上进行规模化训练的人工智能模型，其设计是为了实现输出的通用性，并能适应各种不同的任务。

对于通用目的人工智能系统，《人工智能法案》折中修订规定，如果投放市场或投入使用时未被归类为高风险，但后续进行了实质性修改成为高风险人工智能系统的将被归入高风险人工智能系统进行监管。对于基础模型提供者，《人工智能法案》折中修订模型要求投入市场或使用前（不管以任何形式：API或免费开源许可）应满足：

① 评估和减轻可能的风险，并记录开发后剩余的不可缓解的风险；

② 数据治理措施：只处理和纳入经过适当的基础模型数据治理措施的数据集，特别是审查数据来源的适当性（suitability of data sources）和可能的偏差以及适当的纾解措施；

③ 技术设计要求：设计和开发基础模型，以便在其整个生命周期内达到适当的性能、可预测性、可解释性、可纠正性、安全性和网络安全水平，并通过适当的方法进行评估（独立专家评估且广泛测试）；

④ 环境保护：设计和开发基础模型，利用适用的标准来减少能源使用、资源使用和浪费，并提高能源效率以及系统的整体效率；

⑤ 对下游者的信息义务：制定广泛的技术文件和可理解的使用说明，以使下游供应者能够承担高风险人工智能提供者或其他人工智能价值链上责任；

⑥ 质量管理：建立一个质量管理系统，以确保和记录对本条的遵守；

⑦ 备案：在欧盟数据库中备案该基础模型。

3. 欧盟基于 GDPR 对 ChatGPT 的执法行动

在《人工智能法案》正式出台之前，欧盟的数据保护监管部门基于GDPR 对 ChatGPT 给个人数据保护带来的安全问题首先作出了反应。意大利数据保护机构（Garante）于 2023 年 3 月 31 日宣布暂时禁止意大利用户使用 ChatGPT，限制 Open AI 公司处理意大利用户信息，在此之后，法国、西班牙等国的数据保护监管部门也启动对了 ChatGPT 的调查。基于此，欧盟数据保护委员会（EDPB）于 2023 年 4 月 13 日决定成立 ChatGPT 特别工作组，以促进合作，并就数据保护当局可能采取的执法行动交换信息。

经调查，意大利数据保护机构认为 ChatGPT 及其所有者 Open AI 公司具体存在以下几个问题：未告知用户收集、处理个人信息的情况；收集、处理个人数据行为缺乏合法性基础；所处理的数据不准确；未验证用户年龄（是否年满 13 岁）。鉴于上述情况，意大利数据保护机构认为，ChatGPT 处理用户数据行为违反了 GDPR 第 5、6、8、13 和 25 条。同时，其还宣布，Open AI 公司必须就前述问题在 2023 年 4 月 30 日采取相应整改措施，方可在意大利境内恢复运营。

2023 年 4 月 28 日，意大利数据保护机构宣布收到了 Open AI 公司的来信，后者为遵守其发布的命令而对 ChatGPT 采取如下措施：扩大了提供给欧盟用户和非用户的信息；修改和澄清数个机制并部署解决方案，以使用户和非用户能够行使他们的权利，例如选择不为训练算法而处理其个人数据的权利；在为意大利注册用户保留的专门页面中增加了一个按钮，确认用户在获得服务之前他们至少年满 18 岁，或者确认他们年满 13 岁并已获得父母同意。基于 Open AI 公司采取的行动，意大利数据保护机构授权意大利用户恢复使用 ChatGPT，确保欧盟用户和非用户的权利及透明度。

（二）美国

美国强调人工智能的创新和发展，以维护美国作为全球人工智能创新领导者的地位，因此对于立法监管采取非常谨慎的态度，更倾向于通过组织自愿适用的指引、框架或标准等非监管方法对人工智能应用采取软治理。

1. 监管政策制定：风险评估和风险管理

2020年1月，美国白宫科技政策办公室（OSTP）发布《人工智能应用监管指南》，为联邦机构针对人工智能应用制定监管和非监管措施提供指引，该指南强调在现有法规足够监管或颁布新法规不符合成本效益分析时，联邦机构应考虑不采取任何行动或者只采取可以解决特定人工智能应用所带来风险的非监管方法。但不管是监管方法还是非监管方法，指南强调在具体监管政策制定时都应当遵守风险评估和风险管理的原则，一是监管政策的制定本身是一个风险衡量的结果，应当使用基于风险的方法确定哪些风险可接受，哪些风险可能带来不可接受的损害或者带来成本大于收益的损害；二是要求联邦政府机构公开风险评估的结果，并在适当的时间间隔重新评估其假设和结论，同时在此期间人工智能工具本身的失败或成功，也有助于确定真正适合识别和减轻人工智能应用风险的监管政策（不管是监管程度上还是具体措施上）。

2. 自愿适用的风险管理工具

基于《人工智能应用监管指南》，美国白宫科技政策办公室和美国商务部下属国家标准与技术研究所（NIST）相继颁布了自愿适用的人工智能风险管理工具，用以指导人工智能相关方建立相适应的内部风险管理制度，在设计、开发、部署和使用人工智能系统过程中对风险进行识别、评估和处理。

2022年10月，美国白宫科技政策办公室发布《人工智能权利法案蓝图》，列出了美国公众应该享有的五项核心权利保护：安全有效的系统，算法歧视保护，数据隐私，通知和解释，人工替代方案、考虑和退路。《人工智能权利法案蓝图》还在每一项权利保护下详细阐述了该项权利保护的重要性，以及政府、企业或其他人工智能相关方在设计、使用和部署自动化系统时可以采取的具体步骤，以确保将这些权利保护考虑真正付诸实践。

2023年1月，美国国家标准与技术研究所在经过几轮公开征求意见后正式颁布《人工智能风险管理框架》（AI RMF）的1.0版本。该框架将风险管理框架分为四个具体模块，即治理（govern）、映射（map）、测量（measure）和管理（management），在这四个具体模块下又进行了分类和子分类，并分解成具体的行动和结果，以促进人工智能风险管理中的对话、理解，帮助组织在实践中具体解决人工智能系统的风险，负责任地开发可信赖的人工智能系统。

美国"基于风险的方法"的人工智能监管，一方面为联邦政府机构制定人工智能监管政策提供了基于"风险评估和风险管理"的方法论，另一方面通过积极地为人工智能实践者提供自愿适用的风险管理工具，以实现对公民权利的保护而又不阻碍人工智能创新发展的目的。同时，值得关注的是，与欧盟相同，美国也拒绝对人工智能应用进行无差别监管，强调应根据人工智能应用带来的风险和后果进行差异化的分级监管。

3. ChatGPT 带来的监管态度转变

如前文所述，美国对于立法监管人工智能抱着非常谨慎的态度，但 ChatGPT 问世后引发的公众对生成式人工智能的关注也使得美国对于人工智能的监管态度发生了转变。

美国人工智能和数字政策中心（CAIDP）2023 年 3 月 30 日向美国联邦贸易委员会提出投诉，要求美国联邦贸易委员会对 ChatGPT 的运营商 Open AI 公司展开调查。投诉文件指出，ChatGPT 具有内容引导性和欺骗性，对隐私和公共安全构成风险，其产出的内容无法被证明或复制，且在部署该服务前未进行任何独立的隐私安全评估。

2023 年 10 月 30 日，美国总统签署了具有里程碑意义的《关于安全、可靠和可信地开发和使用的人工智能的行政命令》，旨在加强对人工智能潜在风险的监管，发展安全、可靠和值得信赖的人工智能，促进人工智能创新，确保美国在人工智能领域的领先地位。

这项行政命令将指导八项行动：为人工智能安全制定新标准，保护隐私，促进公平和公民权利，维护消费者、患者和学生的权利，支持劳动者，促进创新和竞争，提升美国在人工智能技术方面的领导地位，并确保政府负责任且有效地使用该技术。该行政命令要求开发高风险人工智能模型的公司与政府共享安全测试结果，以确保人工智能系统在公开和上市之前是安全、可靠和值得信赖的；制定标准、工具和测试，确保人工智能系统安全、可靠和可信，并将其应用于关键基础设施部门，确保人工智能不会对关键基础设施和网络安全造成威胁；制定生物合成筛选新标准，防范利用人工智能设计危险生物材料的风险；建立内容认证和水印指南，保护公民免受人工智能带来的欺诈和欺骗等。

第四节 工业互联网

工业互联网是新一代网络信息技术与制造业深度融合的产物，是实现产业数字化、网络化、智能化发展的重要基础设施，通过人、机、物的全面互联，全要素、全产业链、全价值链的全面连接，推动形成全新的生产制造和服务体系，是经济转型升级的关键依托、重要途径、全新生态。① 工业互联网领域的数据安全管理一直都是行业数据资产保护的重中之重。2021年9月及2022年2月，工业和信息化部先后两次对《工业和信息化领域数据安全管理办法（试行）》征求意见，并于2022年12月发布《工业和信息化领域数据安全管理办法（试行）》正式稿，明确了工业数据处理者在工业数据全生命周期各个环节的主体责任及在数据安全风险评估、防范、应急处置等工作中的安全义务。

工业互联网发展中数据安全问题频出

近年来，全球工业互联网安全事件频发，恶意软件、数据泄露、新型勒索攻击等不同类型的安全威胁轮番上演。

• 2020年9月，以色列一家芯片代工厂塔尔半导体遭到网络攻击，为防止影响扩大，该公司暂停了部分服务器和设施。②

• 2021年11月，丹麦风力涡轮机巨头维斯塔斯遭遇网络攻击，破坏了其部分内部信息技术基础设施并导致尚未明确的数据泄露。③

---

① 《工业互联网是什么？》，载中国工业互联网研究院网，https://www.china-aii.com/glyjj。

② 《攻击事件频发，保障工业互联网安全之路在何方？》，载微信公众号"工业互联网观察"，2023年2月1日，https://mp.weixin.qq.com/s/gVGLZIMY8ck6nU ZeJl86sg。

③ 《攻击事件频发，保障工业互联网安全之路在何方？》，载微信公众号"工业互联网观察"，2023年2月1日，https://mp.weixin.qq.com/s/gVGLZIMY8ck6nUZeJl 86sg。

• 2022年2月，丰田在日本国内的所有工厂（共计14家工厂，28条生产线）已经全部停工，原因是其国内供应商小岛冲压工业株式会社遭到了网络攻击；黑客攻击的服务器上，存储有近310万丰田用户的信息，包括了用户姓名、地址、出生日期、身份信息和就业方面的敏感信息。①

• 2022年4月，德国风力涡轮机制造商在3月31日遭受网络攻击后，被迫关闭多个地点和业务部门的信息技术系统，以阻止问题蔓延。②

• 2022年11月，澳门司警局表示，网络安全事故预警及应急中心今天较早时收到消息，阿里云的香港机房节点发生故障，导致澳门金融管理局、澳门银河、莲花卫视、澳门水泥厂等关键基础设施营运者的网站、外卖平台以及部分本地传媒应用程序，暂时无法访问使用。③

• 2023年3月，美国网络安全和基础设施安全局（CISA）发布了八项工业控制系统（ICS）公告，警告称存在影响Delta Electronics公司和Rockwell Automation公司设备的严重缺陷，包括Delta Electronics公司的实时设备监控软件InfraSuite Device Master中的13个安全漏洞，1.0.5之前的所有版本都受这些问题的影响。④

工业互联网打破了传统网络安全界限，但工控系统设备等网络安全防护能力普遍不足的特点，导致工业互联网受到外部黑客攻击的数据安全事件频发，而内部数据安全管理制度和安全保护措施的不完善亦极易引发数据泄露风险。企业须对工业互联网领域数据全生命周期产生的相

---

① 《攻击事件频发，保障工业互联网安全之路在何方？》，载微信公众号"工业互联网观察"，2023年2月1日，https：//mp.weixin.qq.com/s/gVGLZIMY8ck6nUZeJl86sg。

② 《2022年全球工控安全事件盘点》，载网安网 2022年12月30日，https：//www.wangan.com/p/11v6c4aeb430a68f。

③ 《2022年全球工控安全事件盘点》，载网安网 2022年12月30日，https：//www.wangan.com/p/11v6c4aeb430a68f。

④ 《CISA警告：美国八个工业控制系统存在多个高危漏洞》，载网安网 2023年3月24日，https：//www.wangan.com/p/11v73b3ac33539e8。

关数据进行安全防护，并根据数据的重要性等级不同，实施相应的安全保护措施，保护重要及核心数据资产，落实数据资产的精细化管理。

一、工业互联网中数据保护法律法规和标准要求

（一）法律法规及规范性文件

数字化转型作为我国工业企业的核心战略，一直受到我国的高度重视。《网络安全法》《数据安全法》《个人信息保护法》中均规定了通用数据方面保障安全和促进发展的监管要求；除此之外，工业行业本身也出台了多项法律政策，提出促进工业互联网发展规划，从工业数据分类分级、大数据发展以及工业领域数据安全管理等方面加强对工业数据资产保护。

1. 工业互联网发展战略

2017年11月19日，国务院发布了《关于深化"互联网＋先进制造业"发展工业互联网的指导意见》，明确提出构建网络、平台、安全三大体系。并将建立工业数据安全保护体系明确列为规范和发展工业互联网的主要任务之一；2018年，工业和信息化部发布了《工业互联网发展行动计划（2018-2020年）》，提出网络、平台、安全相关行动目标和任务；2019年，十部委共同发布《加强工业互联网安全工作的指导意见》，构建了体系化的工业互联网安全工作格局；同年，工业和信息化部发布《省级工业互联网安全监测与态势感知平台建设指南》，指导各相关部门建设专业化安全监测和预警通报技术手段；2020年，工业和信息化部发布了《关于推动工业互联网加快发展的通知》，进一步明确网络、标识、平台、安全等发展重点。同年4月28日，工业和信息化部发布了《关于工业大数据发展的指导意见》，从加快数据汇聚、推动数据共享、深化数据应用、完善数据治理等方面指导工业企业贯彻落实国家大数据发展战略，促进工业数字化转型，并激发工业数据资源要素潜力。

2. 工业数据的分类分级

2020年2月，工业和信息化部发布《工业数据分类分级指南（试行）》以指导企业全面梳理自身工业数据，提升数据分级管理能力，促进

数据充分使用、全局流动和有序共享。该指南适用于工业和信息化主管部门、工业企业、平台企业等开展工业数据分类分级工作，指出了工业企业工业数据分类维度包括但不限于研发数据域（研发设计数据、开发测试数据等）、生产数据域（控制信息、工况状态、工艺参数、系统日志等）、运维数据域（物流数据、产品售后服务数据等）、管理数据域（系统设备资产信息、客户与产品信息、产品供应链数据、业务统计数据等）、外部数据域（与其他主体共享的数据等）；平台企业工业数据分类维度包括但不限于平台运营数据域（物联采集数据、知识库模型库数据、研发数据等）和企业管理数据域（客户数据、业务合作数据、人事财务数据等）。该指南根据不同类别工业数据遭篡改、破坏、泄露或非法利用后，可能对工业生产、经济效益等带来的潜在影响，将工业数据分为一级、二级、三级三个级别，并要求企业结合工业数据分级情况，做好防护工作。

3. 工业数据安全管理

2022年12月，工业和信息化部发布了《工业和信息化领域数据安全管理办法（试行）》，共八章四十二条，自2023年1月1日起施行。主要内容包括七个方面：一是界定工业和信息化领域数据和数据处理者概念，明确监管范围和监管职责。二是确定数据分类分级管理、重要数据识别与备案相关要求。三是针对不同级别的数据，围绕数据收集、存储、加工、传输、提供、公开、销毁、出境、转移、委托处理等环节，提出相应安全管理和保护要求。四是建立数据安全监测预警、风险信息报送和共享、应急处置、投诉举报受理等工作机制。五是明确开展数据安全监测、认证、评估的相关要求。六是规定监督检查等工作要求。七是明确相关违法违规行为的法律责任和惩罚措施。

该管理办法对工业和信息化领域数据处理活动进行安全监管。依据国家数据分类分级保护制度要求，规定重要数据处理者在履行一般数据处理者数据安全保护义务的基础上，还应承担以下保护义务：一是开展数据识别备案，按照相关标准规范识别重要数据，形成本单位具体目录并进行备案；二是加强内部管理，建立数据安全工作体系，明确数据安全负责人，加强数据处理关键岗位管理，构建重要数据处理登记审批机制，强化数据全生命周期安全保护措施；三是组织常态化监测预警与应急处置，涉及重要数据和核心数据安全事件应第一时间进行上报；四是定期实施风险评估，及时发现整改风险问题，并按照要求上报风险评估报告。

此外，鉴于工业数据中含有大量的重要数据，且工业行业的信息系统或工业控制系统可能会被认定为关键信息基础设施，作为工业数据处理者的相关主体还应该注意遵从《网络安全法》《数据安全法》《关键信息基础设施安全保护条例》等相关法律规定对重要数据处理者和关键信息基础设施运营者的更为严格的法律责任要求，履行相应数据安全保护义务。

（二）部分重要工业互联网安全标准

在标准方面，我国亦已出台多项标准指导工业企业开展数据安全保护工作。例如，GB/T 37025—2018《信息安全技术 物联网数据传输安全技术要求》、GB/T 36951—2018《信息安全技术 物联网感知终端应用安全技术要求》、GB/T 37024—2018《信息安全技术 物联网感知层网关安全技术要求》、GB/T 38619—2020《工业物联网 数据采集结构化描述规范》等系列标准中明确规定了物联网数据安全的有关要求，其中在数据传输安全的隐私保护方面，提出宜"告知用户可能的隐私暴露环节，告知可能的隐私收集与存储部分"，对"敏感数据，例如用户口令、生物特征、私钥、对称密钥等，不能以明文的形式显示或存储"；"需要时，对数据传输双方身份进行隐私保护，可采用数据脱敏算法等进行敏感信息保护"；"感知终端应对鉴别信息、隐私数据和重要业务数据等敏感信息采用密码算法进行存储和传输加密保护。加密算法应符合国家密码相关规定。"YD/T 3865-2021《工业互联网数据安全保护要求》规定了工业互联网数据安全保护的范围及数据类型、工业互联网数据重要性分级与安全保护等级划分方法，规定了低、中、高重要性数据在数据产生、传输、存储、使用、迁移及销毁阶段的具体安全保护要求。2022年10月14日，国家市场监督管理总局（国家标准化管理委员会）发布2022年第13号中国国家标准公告，批准GB/T 41870—2022《工业互联网平台 企业应用水平与绩效评价》和GB/T 23031.1—2022《工业互联网平台 应用实施指南 第1部分：总则》2项国家标准，这是我国工业互联网平台领域发布的首批国家标准，对我国工业互联网平台标准化建设具有重要意义。2022年12月，全国信安标委发布国标《工业互联网企业网络安全 第4部分：数据防护要求》征求意见稿，标准规定了不同级别工业互联网数据的安全防护流程、防护要求和安全管理要求，适用于应用工业互联网的工业企业、工业互联网平台企业、工业互联网标识解析企业开展数据防护，也可供第三方评估机构等主体开展数据安全评估时参考。

2023年5月22日，工业和信息化部发布《工业领域数据安全标准体系建设指南（2023版）》（征求意见稿）。其中提到，到2024年，初步建立工业领域数据安全标准体系，有效落实数据安全管理要求，基本满足工业领域数据安全需要，推进标准在重点行业、重点企业中的应用，研制数据安全国家、行业或团体标准30项以上；到2026年，形成较为完备的工业领域数据安全标准体系，全面落实数据安全相关法律法规和政策制度要求，标准的技术水平、应用效果和国际化程度显著提高，基础性、规范性、引领性作用凸显，贯标工作全面开展，有力支撑工业领域数据安全重点工作，研制数据安全国家、行业或团体标准100项以上。

征求意见稿指出工业领域数据安全标准体系由基础共性、安全管理、技术产品、安全评估与产业评价、新兴融合领域、垂直行业六大类标准组成。其中，基础共性标准用于明确工业数据安全术语，包括术语定义、分类分级规则、识别认定、分级防护标准，为各类标准研制提供基础支撑；安全管理标准用于开展数据安全风险监测与应急处置、数据处理安全和组织人员管理；技术产品标准包括数据分类分级、数据安全防护、数据行为防控、数据共享安全技术、产品标准；安全评估与产业评价标准用于支撑工业数据安全评估及数据安全产业评价工作；新兴融合领域标准包括智能制造、工业互联网领域数据安全标准；垂直行业标准面向重点工业行业、领域的数据特点和安全需求，制定行业数据安全管理和技术标准规范。

基于以上分类，我们整理了工业领域数据安全已发布和制定中的标准文件如图5-1所示。其中，已发布的标准文件有《工业数据质量　通用技术规范》《信息安全技术　数据安全能力成熟度模型》《工业互联网数据安全保护要求》，以及细分行业的《无人机云系统数据规范》《可穿戴产品数据规范》《信息技术服务　数据资产　管理要求》。

二、工业互联网行业数据资产保护和合规治理重点

（一）物联网中的数据保护挑战

美国通用电气公司早在2012年提出工业互联网的概念，"工业互联网，就是开放、全球化的网络，将人、数据和机器连接起来。"[①] 在实现"人、

---

① ［美］通用电气公司（GE）编译：《工业互联网：打破智慧与机器的边界》，机械工业出版社2015.5年版。

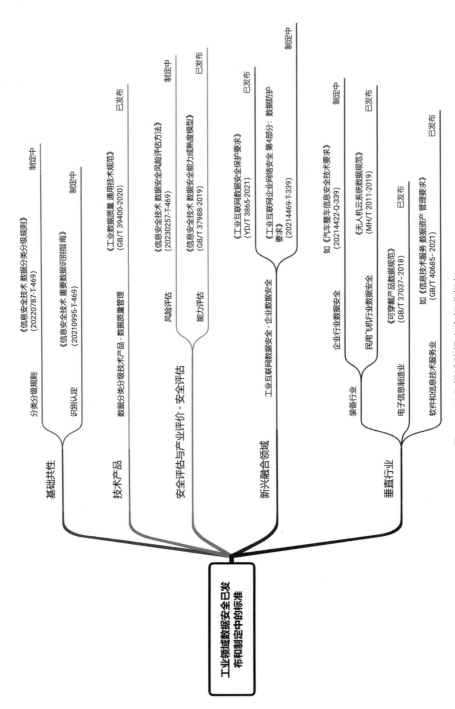

图5-1 工业领域数据安全标准框架

数、机"的互联工程中,离不开连接物与物的物联网技术,将具有感知、监控能力的各类采集、控制传感器或控制器,以及移动通信、智能分析等技术不断融入工业生产过程各个环节,从智能设备和网络中获取数据,利用大数据分析工具进行存储、分析和可视化,最终实现工业自动化。由此可见,对物联网层面的数据保护挑战应给予足够的重视。

第一,由于物联网应用场景中接入了较多的感知节点,由不同的供应商生产,使用不同的协议和标准,使得物联网系统容易受到攻击和侵入。因此需要采取与应用场景相适应的密码技术保证数据链接和传输时安全,通过身份授权认证机制只允许经过身份验证的设备相互连接;建立监测预警机制,监测入侵并实时发送警报。

第二,面向消费者的物联网应用与消费者的个人信息保护紧密相关。相对于常规互联网应用,通过传感器、控制器等终端设备采集用户身份信息、位置信息从而分析获得生活喜好等敏感个人信息具有隐蔽性,用户知情同意的授权界面如何设计缺乏关注和成熟经验,需要从工业行业应用的需求、技术发展和隐私保护等多角度积累优秀的合规治理实践。

(二)工业数据的分类分级与重要数据识别管理

1. 工业数据分类分级

工业数据包括研发数据、生产运行数据、管理数据、运维数据、业务服务数据、个人信息等,不同类别工业数据遭篡改、破坏、泄露或非法获取、非法利用后,可能对工业生产、经济效益、国家安全、公共安全利益、个人合法权益等带来不同的潜在影响。因而需要对工业数据进行准确分类分级,并针对不同级别数据可能造成的潜在影响确定其共享范围及应采取的防护措施,以此提升企业对工业数据的安全管理能力,促进工业数据的使用、流动与共享。

根据《工业数据分类分级指南(试行)》,将工业数据分为一级、二级、三级等3个级别,其中三级数据带来的潜在影响最大。《工业和信息化领域数据安全管理办法(试行)》在衔接《数据安全法》《工业数据分类分级指南(试行)》等法律规定的基础上,将工业数据分为一般数据、重要数据和核心数据三级,并明确了各级数据的判定条件;同时,聚焦重要数据和核心数据建立工作体系,明确应对重要数据进行重点保护,对核心数据在重要数据保护基础上实施更严格的管理和保护。不同级别数据同时被处理且难以分别采取保护措施的，应当按照其中级别最高的要求实施保护。

2. 重要数据识别

对于工业领域的重要数据识别而言，企业需持续关注本地区、本行业相关主管部门对于重要数据识别落地细则的出台动态，以便准确识别本企业涉及的重要数据并对列入相关主管监管部门重要数据具体目录的数据进行重点保护，落实相关重要数据处理者的安全保护义务。

关于重要数据在数据全生命周期中的特殊安全管理要求和建议包括：

数据收集阶段，采取安全措施，加强收集人员、设备的管理，记录收集过程，间接获取时需签署相关协议；

数据存储阶段，采用校验技术、密码技术等措施进行安全存储，并实施数据容灾备份和存储介质安全管理，定期开展数据恢复测试；

数据使用阶段，要加强访问控制；

数据传输阶段，采取校验技术、密码技术、安全传输通道或者安全传输协议等措施。

数据销毁阶段，销毁后不得进行恢复；引起备案内容发生变化的，应当履行备案变更手续；

数据出境阶段，应当进行数据出境安全评估后方可出境；

数据转移阶段，重要数据备案内容发生变化的，应当履行备案变更手续；

委托处理时，对受托方的数据安全保护能力、资质进行核验；

数据流转时，包括跨主体提供、转移、委托处理重要数据的，流转前需审批。

（三）数据汇聚融合及共同处理

工业互联网平台将各个环节的数据进行整合和分析，提供集中化的管理和控制，实现数据的共享和应用。如，中国电信自主研发翼联工业互联网平台，依托完善的数据采集能力、可靠的数据传输保障和中立的数据运营立场，构建安全可控的工业互联网应用生态。

但鉴于大多数工业设备在设计之初一般缺乏数据安全保护设计，其接入工业互联网平台后可能导致存在大量不安全的接口，且不同工业互联网平台间对于工业数据的规格尚未完全统一，大量的工业设备特别是大型厂商的设备有各自的系统，要实现互联就必须和设备的系统进行对接。若协议不开放或者设备的协议种类太多，很难采集到数据。

（四）关键信息基础设施的认定

《关键信息基础设施安全保护条例》明确，关键信息基础设施是指公共通信和信息服务、能源、交通、水利、金融、公共服务、电子政务、国防科技工业等重要行业和领域的，以及其他一旦遭到破坏、丧失功能或者数据泄露，可能严重危害国家安全、国计民生、公共利益的重要网络设施、信息系统等。关键信息基础设施的认定由这些重要行业和领域的主管部门、监督管理部门结合本行业、本领域实际，制定认定规则并报国务院公安部门备案。

但相关保护工作部门对关键信息基础设施的认定是结果导向，并非一成不变，且目前相关规定大部分仍语焉不详。因此，对于工业互联网企业而言，其应保持与监管部门的积极沟通，关注有关关键信息基础设施识别和认定的落地细则，以便及时对相关数据安全管理工作进行调整。

（五）数据本地化存储和出境问题

根据《数据安全法》《网络安全法》的规定，关键信息基础设施的运营者在中华人民共和国境内运营中收集和产生的个人信息和重要数据应当在境内存储。因业务需要，确需向境外提供的，应当按照国家网信部门会同国务院有关部门制定的办法进行安全评估；法律、行政法规另有规定的，依照其规定。

《工业和信息化领域数据安全管理办法（试行）》进一步将重要数据本地化存储的主体扩大至工业和电信数据处理者，不再限于关键信息基础设施运营者范畴，并且明确核心数据不得出境。

三、工业行业数据安全管理试点典型案例

2023年2月27日，工业和信息化部办公厅发布29个国家工业领域数据安全管理试点典型案例，总结了工业领域数据安全管理试点经验和成果，促进工业领域数据安全工作向纵深推进；化工、轻工、建材、软件和信息技术、食品、有色、钢铁等领域的29个方案上榜，涉及重要数据和核

心数据识别、数据安全防护、数据安全监测、数据出境安全管理等方面的内容。以下为部分案例简介，分别是九洲集团旗下四川九洲电器公司的"装备制造全过程数据识别方法"、长虹控股集团的"全流程工业数据安全防护方案"及华新水泥公司的"数据安全大脑与工业安全态势分析一体化解决方案"。

（一）四川九洲电器公司的"装备制造全过程数据识别方法"

九洲电器公司构建了由三大核心能力组成的数据安全治理体系：数据安全识别能力，解决"管什么"的问题；数据安全防护能力，解决"用什么管"的问题；数据安全运营能力，解决"管好了吗"的问题。通过三个能力的循环，持续保障业务安全运行，支撑先进制造模式的落地应用，赋能企业高质量安全发展。[①]

（二）长虹控股集团的"全流程工业数据安全防护方案"

长虹控股集团加强内外资源整合与应用，构建集安全防护、监测感知、风险处置、应急响应于一体的全流程工业数据安全保障体系，实现工业数据安全全流程可感、可控、可防，实现数据安全风险、安全策略的集中管控，有效保障智能制造业务的安全运营。[②]

（三）华新水泥公司的"数据安全大脑与工业安全态势分析一体化解决方案"

华新水泥公司梳理和识别出工业领域数据，制定工业领域数据安全管理和技术策略，提升整个集团及分公司在工业领域数据安全防护能力，加强集团总部对整个企业的数据安全态势的监测、分析和运营能力。以"规划、建设、运营、评估"四阶段组成可持续运转的数据安全管理工作闭环框架，最终按照"以数据为中心、以合规为驱动、以组织为单位"的建设

---

① 黄小芹：《三大核心能力支撑数据安全治理入选全国工业领域试点典型案例》，载《绵阳日报》2023年3月10日，http：//epaper.myrb.net/html/2023-03/10/content_80310.htm。

② 《29个国家工业领域数据安全管理试点典型案例发布 家电行业入选一例》载中国经济网2023年2月28日，http：//www.ce.cn/cysc/zgjd/kx/202302/28/t20230228_38417831.shtml。

原则，形成华新水泥工业领域数据安全全生命周期治理一体化解决方案，为企业数字化转型提供强有力的保障和支撑。①

四、域外规定和实践

目前，运用工业互联网等新兴技术推动制造业数字化转型、培育产业竞争新优势，已成国内外普遍共识。下面以世界制造业标杆的德国为例来看。

（一）工业 4.0 战略中的数据保护

2013 年 4 月，德国政府发布了《保障德国制造业的未来——关于实施工业 4.0 战略的建议》。德国工业 4.0 战略是主要以物联网（IoT）和服务互联网（IoS）为基础，以迅速发展的新一代互联网技术为载体，加速向制造业等工业领域全面渗透的技术革命，充分融合互联网＋制造业，构建智能工厂、实现智能制造。德国以鼓励创新为核心，为工业 4.0 战略的发展予以政策支持。2014 年 8 月，德国通过《数字化行动议程（2014-2017）》，2016 年发布"数字战略 2025"，2017 年又发布了数字平台白皮书，制定"数字化的秩序政策"。

工业 4.0 的发展与网络安全和数据保护密切交融，网络攻击的目标不仅仅是个人计算机系统，还将是网络化的机械设备和控制设备。德国联邦经济和能源部的数据显示，51％的德国企业都曾经遭受过网络犯罪的袭击。在数据保护和网络安全上不断增加的投入被企业视为"工业 4.0"最大的风险。② 为应对未来网络安全和数据保护方面的挑战，德国政府在 2015 年就开始了一项针对信息技术安全的跨部门研究计划，其中包含了四个重点领域：信息技术安全方面的新技术、安全可靠的信息通信技术系统、信息技术安全的应用领域、隐私和数据保护。

在构建支持工业 4.0 的法律环境中，德国对数据保护与密码系统等相关法规进行调整。欧盟《一般数据保护条例》是应对信息化时代工业

---

① 《华新数字化成果上榜工信部典型案例名单》，载黄石新港（物流）工业园区网 2023 年 2 月 10 日，http://hsxg.huangshi.gov.cn/zjxg/hsyw/202302/t20230210_989180.html。

② 《德国"工业 4.0"战略的进展与挑战（下）》载新浪网 2018 年 7 月 11 日，http://news.sina.com.cn/o/2018-07-11/doc-ihfefkqq0793494.shtml。

数据安全的重要文件，同时，德国也重点强化大数据场景下的安全防护，综合运用加密传输等方式，确保数据资源的安全可控，降低盗用、泄露、滥用等风险。

（二）工业数据开放共享的探索

工业数据价值越高，对保护措施的要求就越高，与其他行业一样，将工业数据在安全的场景下开放共享发挥最大价值的冲突就越强烈。在工业数据开放共享的探索上，德国弗劳恩霍夫协会（Fraunhofer）成立智能分析和信息系统研究所（IAIS）开发出一个用于安全数据空间的参考架构模型并实施了第一批跨部门用例，做出了尝试性突破。它在德国工业4.0项目中，启动和领导了德国工业数字化创新的工业数据空间子项目（IDS），该子项目专注于跨行业数据代理交换和数据应用。其目的是将分散的工业数据转换为一个可信的数据网络空间，目前已经得到德国或国际30多个重点企业支持，其中不乏世界500强企业如欧洲著名的保险公司Allianz、最大的信息技术服务公司Atos Origin、世界知名的拜耳制药公司、世界顶级会计师事务所普华永道、德国技术检验协会TUV、大众汽车、重型工业公司蒂森克虏伯等。①

工业数据空间（IDS）是一个基于标准化通信接口并用于确保数据共享安全的虚拟架构，其关键特征是数据主权。它允许用户决定谁拥有访问他们专有数据的权利并提供访问目的，从而实现对其数据的监控和持续控制。也就是说在这个数据分享空间，产出数据的一方决定它的数据应该怎样使用。工业数据空间由所有参加这个项目的三十几家企业的数据中心构成，它们只是通过工业数据空间提供的标准接口（IDS Connector）进行连接，它们中间没有一个权威机构负责数据管理。为了促进数据的开放与共享，弗劳恩霍夫协会的专家们还专门为工业数据空间设计了一整套规范化参照模型，其中包括业务模型、数据与服务模型、安全模型和软件模型四个组成部分。

德国在工业数据空间项目上的探索与目前实践中搁置数据产权和主权的思路一致，强调数据的控制者享有决定数据资产如何共享、运营和保护的权利，促进工业数据价值的最大限度发挥。

---

① 《数据开放与共享：德国工业4.0中的大数据》，载爱码网2023年11月8日，https://www.likecs.com/show-204488331.html。

第五节 金融行业

> **中信银行泄露脱口秀演员池子个人流水事件**
> **凸显金融机构个人信息保护意识不足**
>
> 2020年5月6日，脱口秀演员王越池（艺名"池子"）发表声明指责中信银行股份有限公司（以下简称"中信银行"）虹口支行在未经其授权、未经任何司法机关合法调查程序的情况下，将其个人银行账户交易明细直接打印提供给与其存在经济纠纷的上海笑果文化传媒有限公司，侵犯了其个人隐私。
>
> 就王越池公开反映一事，中信银行致歉称，该行员工违规向公司提供王越池个人收款记录，反映出该行个别机构在客户信息保护方面的制度上执行不到位。该行将举一反三，全面检查，坚决避免此类问题再次发生，保护金融消费者合法权益。2021年3月17日，银保监会发布对中信银行在客户信息收集、保护等方面违法违规事项的450万元处罚决定。

池子事件一方面暴露了在金融行业存在着大量的敏感个人信息，金融机构应该谨慎地做好内部个人信息保护工作流程，另一方面也表明越来越多个人对于自己的金融资产以及敏感数据的重视，维权意识强烈。据国家金融监督管理总局公布数据，仅2023年第一季度，监管部门共接收并转送银行业消费投诉104909件。[①] 同时，近年来针对金融机构的数据治理、金融消费者权益保护等数据资产相关监管查处也日益严格与细化。在金融行业，数据资产的保护无论对金融机构，还是对消费者个人都举足轻重。

---

① 《关于2023年第一季度银行业消费投诉情况的通报》，载国家金融监督管理总局网2023年6月15日，http://www.cbirc.gov.cn/cn/view/pages/ItemDetail.html?docId=1113176&itemId=925。

一、金融行业数据保护法律法规和标准要求

现代金融行业是数字化服务水平最高和业务创新最领先的服务行业，数据资产在金融行业领域的展现形式丰富，监管保护要求较为成熟，除金融行业的基本法律的概括性要求外，我们将从不同的角度分别介绍。

（一）金融行业反洗钱与反恐怖融资特殊监管的数据收集与存储时间要求

为了满足金融行业关于反洗钱和反恐怖融资的特殊监管要求，需要包括组织和个人在内的金融客户提供身份资料以开展客户身份资料核查，即KYC（know your customer，直译"了解你的客户"）。对于金融机构而言，客户身份资料的核查分为两方面，一方面是核查客户有效身份证件（或其他身份证明文件）并留存影印件或复印件，另一方面是登记客户身份基本信息。同时要求金融机构保留客户的交易记录以便进行交易回溯及可疑交易调查。

关于反洗钱和反恐怖融资的相关法律要求见《中华人民共和国反洗钱法》《银行业金融机构反洗钱和反恐怖融资管理办法》《金融机构大额交易和可疑交易报告管理办法》《金融机构反洗钱规定》《金融机构客户身份识别和客户身份资料及交易记录保存管理办法》《中国保险监督管理委员会关于报送保险业反洗钱工作信息的通知》《中国人民银行关于进一步做好受益所有人身份识别工作有关问题的通知》。其中《金融机构客户身份识别和客户身份资料及交易记录保存管理办法》（以下简称《管理办法》）对客户身份资料范围进行了明确，自然人客户的身份基本信息包括客户的姓名、性别、国籍、职业、住所地或者工作单位地址、联系方式，身份证件或者身份证明文件的种类、号码和有效期限。客户的住所地与经常居住地不一致的，登记客户的经常居住地。法人、其他组织和个体工商户客户的身份基本信息包括客户的名称、住所、经营范围、组织机构代码、税务登记证号码；可证明该客户依法设立或者可依法开展经营、社会活动的执照、证件或者文件的名称、号码和有效期限；控股股东或者实际控制人、法定代表人、负责人和授权办理业务人员的姓名、身份证件或者身份证明

文件的种类、号码、有效期限。此外,《管理办法》在第二十九条对客户身份资料以及交易记录的保存时间作了至少五年的规定。

> 《管理办法》第二十九条　金融机构应当按照下列期限保存客户身份资料和交易记录：
>
> （一）客户身份资料，自业务关系结束当年或者一次性交易记账当年计起至少保存5年。
>
> （二）交易记录，自交易记账当年计起至少保存5年。
>
> 如客户身份资料和交易记录涉及正在被反洗钱调查的可疑交易活动，且反洗钱调查工作在前款规定的最低保存期届满时仍未结束的，金融机构应将其保存至反洗钱调查工作结束。
>
> 同一介质上存有不同保存期限客户身份资料或者交易记录的，应当按最长期限保存。同一客户身份资料或者交易记录采用不同介质保存的，至少应当按照上述期限要求保存1种介质的客户身份资料或者交易记录。
>
> 法律、行政法规和其他规章对客户身份资料和交易记录有更长保存期限要求的，遵守其规定。

（二）金融机构数据资产保护要求

前述法律、部门规章等仅对金融机构出于客户身份识别目的收集的信息类型以及存储时间作出要求，仅仅涉及金融数据生命周期的两个环节（即收集和存储），实际上，针对关乎国计民生的重点行业金融业，相关部门以国家标准及行业标准先行的方式对金融数据生命周期的全环节提出了合规要求。纵向而言包括但不限于数据分类分级、技术保护要求、内控要求以及金融机构内的专门机构设置等，横向而言涉及金融机构的适普性要求以及针对证券行业的特殊性要求。用于金融机构的适普性标准主要包括《个人金融信息保护技术规范》《金融数据安全　数据生命周期安全规范》《金融数据安全　数据安全分级指南》。2020年的《个人金融信息保护技术规范》与2021年的《金融数据安全　数据生命周期安全规范》均为中国人民银行发布，规定的内容均以数据全生命周期的保护要求为主，区别在于前者主要从安全技术与安全管理两方面介绍了个人金融数据的保护要求，后者内容则更为全面与细致，从安全原则、防护要求、组织保障要求以及信息系统运维保障要求各方面进行了规定，且从标准的发布时间来看，《金融数据安全　数据生命周期安全规范》发布的时间更为靠后，不排除其代表监管部门的最新监管倾向。因此，本书以《金融数据安全　数据安全分级指南》及《金融数据安全　数据生命周期安全规范》两规范为抓手对金融数据资产保护要求进行整体性介绍。

1.《金融数据安全　数据安全分级指南》

2020年9月23日，中国人民银行正式发布《金融数据安全　数据安全分级指南》（JR/T 0197—2020）（以下简称《数据安全分级指南》）金融行业标准。标准给出了电子化的金融数据安全分级的目标、原则和范围，明确了数据安全定级的要素、规则和定级过程，适用于金融机构开展数据安全分级工作，以及第三方评估机构等参考开展数据安全检查与评估工作。

（1）金融数据定级范围

《数据安全分级指南》对金融数据安全定级的范围从正反两方面进行了规定。具体而言，金融数据的安全定级范围不包括：未经电子化的金融数据，依据档案文件等有关管理规范执行；涉及国家秘密的金融数据，依据国家有关法律法规执行；证券行业数据，安全分级工作可参照《证券期货业数据分类分级指引》（JR/T 0158—2018）执行。

（2）企业如何进行数据安全定级

《数据安全分级指南》从数据安全定级要素、识别、定级规则、组织保障等方面对金融机构数据安全定级进行了框架性的全面指引。为方便金融机构简单理解适用，《数据安全分级指南》还在附录A给出了金融行业典型数据类型及其建议划分的最低安全级别作为金融机构数据安全定级的重要参考。金融机构可以首先根据《数据安全分级指南》附录A的数据定级表格对机构内的数据资产进行初步分级分类，在此基础上再根据机构内数据资产的具体类别情况进行补充删改以形成贴合机构自身的金融数据定级表格。具体流程如图5-2所示。

金融机构在进行数据安全级别判定时应参考表5-8要求进行。

图 5-2　金融机构数据安全定级流程

表 5-8　金融机构数据安全定级判定

最低安全级别参考	数据定级要素		数据一般特征
	影响对象	影响程度	
5	国家安全	严重损害 一般损害 轻微损害	重要数据，通常主要用于金融业大型或特大型机构、金融交易过程中重要核心节点类机构的关键业务，一般针对特定人员公开，且仅为必须知悉的对象访问或使用。 数据安全性遭到破坏后，对国家安全造成影响，或对公众权益造成严重影响。
5	公众权益	严重损害	
4	公众权益	一般损害	数据通常主要用于金融业大型或特大型机构、金融交易过程中重要核心节点类机构的重要业务，一般针对特定人员公开且仅为必须知悉的对象访问或使用。 个人金融信息中的 C3 类信息。 数据安全性遭到破坏后，对公众权益造成一般影响，或对个人隐私、企业合法权益造成严重影响，但不影响国家安全。
4	个人隐私	严重损害	
4	企业合法权益	严重损害	

续表

最低安全级别参考	数据定级要素		数据一般特征
	影响对象	影响程度	
3	公众权益	轻微损害	数据用于金融业机构关键或重要业务，一般针对特定人员公开，且仅为必须知悉的对象访问或使用。 个人金融信息中的C2类信息。 数据安全性遭到破坏后，对公众权益造成轻微影响，或对个人隐私、企业合法权益造成一般影响，但不影响国家安全。
3	个人隐私	一般损害	
3	企业合法权益	一般损害	
2	个人隐私	轻微损害	数据用于金融业机构一般业务，一般针对受限对象公开，通常为内部管理且不宜广泛公开的数据。 个人金融信息中的C1类信息。 数据安全性遭到破坏后，对个人隐私或企业合法权益造成轻微影响，但不影响国家安全、公众权益。
2	企业合法权益	轻微损害	
1	国家安全	无损害	数据一般可被公开或可被公众获知、使用。 个人金融信息主体主动公开的信息。 数据的安全性遭到破坏后，可能对个人隐私或企业合法权益不造成影响，或仅造成微弱影响但不影响国家安全、公众权益。
1	公众权益	无损害	
1	个人隐私	无损害	
1	企业合法权益	无损害	

金融机构应制定数据安全级别变更策略，对已有的数据安全定级进行动态监控。

金融机构数据安全定级需要遵循合法合规性原则、可执行性原则、时效性原则、自主性原则、差异性原则、客观性原则。概而言之，金融机构应在满足国家法律法规以及行业规定的前提下自主制定具有可实施性、级别可调整性、差异性、可校验性的数据安全定级规则以及级别变更策略。其中需要注意时效性原则是指数据安全级别具有一定的有效期限，金融机构宜按照级别变更策略对数据级别进行及时调整。

具体而言，数据安全级别为何会有有效期？结合《个人金融信息技术规范》的规定，低敏感级别的个人金融信息会因为参与身份鉴别等关键活动导致其敏感程度上升。同理，根据《数据安全分级指南》附录B数据安全级别变化事宜及其列举项，金融机构的数据安全级别也可能因为数据脱敏、删除关键字段、汇聚融合等导致其安全级别发生升降。此外，根据《数据安全分级指南》第5.5条，级别变更的原因还包括：数据内容发生变化，导致原有数据的安全级别不适用变化后的数据；数据内容未发生变化，但因数据时效性、数据规模、数据使用场景、数据加工处理方式等发生变化，导致原定的数据安全级别不再适用；因数据汇聚融合，导致原有数据安全级别不再适用汇聚融合后的数据；因国家或行业主管部门要求，导致原定的数据安全级别不再适用；需要对数据安全级别进行变更的其他情形。因此《数据安全分级指南》规定数据安全级别有效期是为了督促金融机构自主自发根据数据处理现状进行安全级别的实时判定以便采取相应的数据保护措施。

2.《金融数据安全 数据生命周期安全规范》

2021年4月8日，中国人民银行正式发布金融行业标准《金融数据安全 数据生命周期安全规范》（JR/T 0223—2021）（以下简称《数据生命周期安全规范》），规定了金融数据生命周期安全原则、防护要求、组织保障要求以及信息系统运维保障要求建立覆盖数据采集、传输、存储、使用、删除及销毁过程的安全框架。《数据生命周期安全规范》适用于指导金融业机构开展电子数据安全防护工作，并为第三方测评机构等单位开展数据安全检查与评估工作提供参考。

整体而言，根据《数据生命周期安全规范》，金融数据生命周期是指金融业机构在开展业务和进行经营管理的过程中，对金融数据进行采集、传输、存储、使用、删除、销毁的整个过程。数据生命周期安全框架（如图5-3所示）遵循数据安全原则，以数据安全分级为基础，建立覆盖数据生命周期全过程的安全防护体系，并通过建立健全数据安全组织架构和明确信息系统运维环节中的数据安全需求，全面加强金融业机构数据安全保护能力。

以下从金融数据的数据安全原则、数据生命周期安全防护要求、数据安全组织保障、信息系统运维保障等方面对《数据生命周期安全规范》进行整体性的介绍。

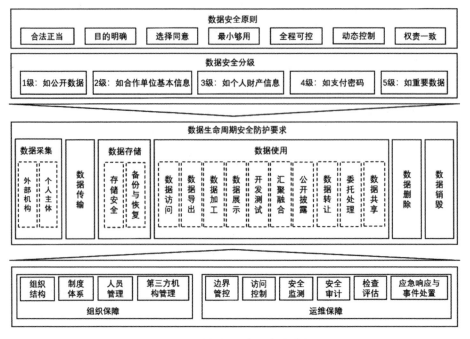

图 5-3　金融数据生命周期安全框架

（1）数据安全原则

为指导金融机构数据资产保护，金融机构应当遵循合法正当原则、目的明确原则、选择同意原则、最小够用原则、全程可控原则、动态控制原则、权责一致原则。其中选择同意原则与最小够用原则是金融机构在面对个人金融信息主体时应当遵循的原则。选择同意原则是指金融机构应向个人金融信息主体明示数据采集和处理的目的、方式、范围、规则等，制定完善的隐私政策，在进行数据采集和处理前征得其授权同意。最小够用原则是指金融业机构应仅处理个人金融信息主体授权同意的金融数据，且处理的金融数据为业务所必需的最小金融数据类型和数量。除此之外，其他原则为针对金融机构在数据处理过程中的合法合规性、技术安全保障、实施监控以及部门职责方面提出的要求。

（2）数据生命周期安全防护要求

数据生命周期包括数据采集、传输、存储、使用、删除、销毁六大阶段，该六大阶段进行细分还会涉及诸多场景下的数据应用，例如数据采集可以根据数据来源的不同细分为从外部机构采集和从个人信息主体采集两种方式，之所以进行这样的区分，主要是因为通常情况下，外部机构并非第一手数据来源，而是类似"二房东"。类比常见的房屋租赁场景，在出租人没有出示房产证等房屋所有权以及来源合法性证明的情况下，承租人的承租权益可能无法得到保障。同理，在从外部机构进行数据采集的过程中，也需要对外部机构的数据来源进行把控，通过协议约定、真实性认证等合规与技术保障措施尽可能保障外部机构数据来源的合法性，从而保障金融机构采集的外部机构来源数据的安全合法可用。从个人信息主体采集则通常个人信息主体作为数据的直接来源方，在此种数据采集情况下，金融机构需要根据《个人信息保护法》以及相关标准和规范性文件的要求征求个人信息主体的授权同意并提供投诉举报等个人信息主体权益保障途径。《数据生命周期安全规范》从数据生命周期的各个细分阶段，以数据分级为基础，针对不同级别的数据提出了不同的数据安全防护要求。

（3）数据安全组织保障

在组织机构方面，《数据生命周期安全规范》要求金融机构设立数据安全管理委员会，建立自上而下的覆盖决策、管理、执行、监督四个层面的数据安全管理体系。

在制度体系方面，《数据生命周期安全规范》要求金融机构建立统一的金融数据安全管理制度体系，明确各层级部门与相关岗位数据安全工作职责，规范工作流程。要求金融机构制定本机构数据分级规程，识别并维护本机构数据资产清单，并标注相应的数据级别。

在人员管理方面，对员工录用及日常管理、人员调离岗位、人员培训和教育、人员管理及关键岗位设置等方面提出了细化要求。

在第三方机构管理方面，《数据生命周期安全规范》要求金融机构建立第三方机构管理制度，在第三方机构接入前进行安全评估，接入中对第三方机构的数据处理行为进行动态持续监管与核查，合作结束后要求第三方机构不再以任何方式保存从金融业机构获取的数据及相关衍生数据，并向用户进行告知。

（4）信息系统运维保障

该部分主要强调金融机构履行信息安全职责的部门在各个维度应当履行的职责，包括边界管控、访问控制、安全检测、安全审计、检查评估、应急响应与事件处置。

3. 其他监管要求

除针对金融数据资产的保护要求之外，以银保监会为代表的监管机构还从第三方委托要求、金融消费者权益保护等方面发布了规章或规范性文件,以期从多维度、多角度全面保护金融数据资产。这些规范包括但不限于:

(1) 第三方委托要求

《银行保险机构信息科技外包风险监管办法》所规制的信息科技外包行为,不仅包括信息科技活动的外包,也包括涉及重要数据或客户个人信息处理活动的外包。该办法并未对外包服务提供商新增任何其他准入门槛,由银行保险机构自主决定服务提供商的选择标准和准入方式。但要求银行保险机构将信息科技外包风险纳入全面风险管理体系,同时将涉及集中存储或处理银行保险机构重要数据和客户个人敏感信息的外包列入重点外包,要求机构对客户信息、源代码和文档等敏感信息采取严格管控措施,对敏感信息泄露风险进行持续监测。

该办法规定,银行保险机构在实施信息科技外包时不得将信息科技管理责任、网络安全主体责任外包,保障网络和信息安全,加强个人信息保护,强调事前控制和事中监督。同时对信息科技外包准入提出监管要求,包括准入前评估、尽职调查、合同等,并对非驻场集中式外包、跨境外包、同业和关联外包提出附加要求。明确信息科技外包监控评价要求,对外包过程监控、效能和质量监控、服务监控及评价、服务提供商经营监控、异常纠正、关联外包评价、外包终止作出规定。信息科技外包的风险评估涵盖了准入评估、过程评估和审计评估等从进入到退出的全过程,对银行保险机构的信息科技外包行为提出了全流程的规范化要求。

(2) 金融消费者权益保护

金融消费者权益保护的部门规章和规范性文件非常多,包括《银行保险机构消费者权益保护管理办法》《银行业保险业消费投诉处理管理办法》《银行保险机构消费者权益保护监管评价办法》《中国人民银行金融消费者权益保护实施办法》《中国人民银行关于金融机构进一步做好客户个人金融信息保护工作的通知》。该类规范明确了银行保险机构承担保护消费者权益的主体责任。在明确了金融消费者作为消费者的一般权益基础上,对金融消费者的信息安全权进行了规定,对银行保险机构处理消费者个人信息、开展外部合作、管理系统和员工权限等方面进行了规定。为金融机构数据资产中的重要部分——用户数据治理奠定了规范基础。

（三）从处罚案例看金融数据合规风险

金融机构的数据保护要求较高，监管关注的方面覆盖了从整体的数据治理体系建设到具体的业务流程及管理要求的众多细节，例如数据统计和报送义务、个人金融数据保护、信息系统安全机制以及具体金融行业的要求等，处罚案例也不时见诸报端。我们收集了一些不同角度的处罚案例，供参考了解常见的有代表性的合规监管要求。

1. 存在数据治理与合规文化建设问题

2023年6月9日，国家金融监督管理总局发布的行政处罚信息显示，宁波鄞州农村商业银行因存在"EAST数据与1104数据交叉校核不一致、EAST数据与客户风险统计数据交叉校核不一致、EAST数据存在错报漏报等数据质量问题"等违法违规事实，依据《中华人民共和国银行业监督管理法》第四十六条，被宁波银保监局罚款90万元。

值得一提的是，同一天，宁波奉化农村商业银行的罚单也涉及数据治理问题。因存在"数据治理问题突出""监管意见落实不到位""合规文化建设缺失、个别员工存在严重违规行为""员工管理存在严重缺漏"等多项主要违法违规事实，依据《中华人民共和国银行业监督管理法》第四十六条，被宁波银保监局罚款380万元。该处罚体现了监管部门对金融机构数据合规技术手段的关注，同时要求金融机构以整体的数据治理体系搭建为基础而不仅以"重点突破""查缺补漏"的突击式合规手段开展数据合规治理。

2. 金融机构内部数据访问控制不当，未经用户授权同意对外提供用户个人信息

2021年3月19日，中信银行股份有限公司与脱口秀演员池子之间的个人信息泄露纠纷以银保监会对中信银行进行监管处罚落下帷幕，处罚事由如下：

一是客户信息保护体制机制不健全。柜面非密查询客户账户明细缺乏规范、统一的业务操作流程与必要的内部控制措施，乱象整治自查不力。

二是客户信息收集环节管理不规范。客户数据访问控制管理不符合业务必须知道和最小授权原则；查询客户账户明细事由不真实；未经客户本人授权查询并向第三方提供其个人银行账户交易信息。

三是对客户敏感信息管理不善，致其流出至互联网；违规存储客户敏感信息。

四是系统权限管理存在漏洞，重要岗位及外包机构管理存在缺陷。

3. 未建立以分级授权为核心的消费者金融信息使用管理制度

2023 年 3 月 30 日，北京银行股份有限公司石家庄分行因未建立金融消费者权益保护专职部门或者指定牵头部门、未建立以分级授权为核心的消费者金融信息使用管理制度、漏报投诉数据等多项事由被警告并罚款 141 万元。时任北京银行石家庄分行行长助理被罚款 6.75 万元；时任北京银行石家庄分行法律合规部总经理助理被罚款 6.75 万元。本处罚体现了在金融行业的消费者金融数据保护中，组织管理架构以及制度的完善重要性。

4. 存在对第三方合作机构、外包合作机构权限管理问题

2021 年 9 月 29 日，重庆富民银行股份有限公司因对第三方合作机构缺乏管控、部分核心风控外包合作机构、消费者权益保护不到位、网络安全管理失职等原因被处罚。日前，中信银行同样因为重要岗位及外包机构管理存在缺陷受到了处罚。

5. 未经同意查询个人信息

因未经同意查询个人信息（包括征信信息）的处罚案例多如牛毛。举例来说，2021 年 8 月 5 日，福建福州农村商业银行因未经同意查询用户征信信息等原因被监管处罚。2021 年 1 至 5 月，中国工商银行股份有限公司济宁分行屡次因未经同意查询个人（征信）信息受罚。

6. 网络信息系统存在较多漏洞

2021 年 1 月 29 日，中国农业银行因网络信息系统安全漏洞受到银保监会处罚，具体如下：发生重要信息系统突发事件未报告；制卡数据违规明文留存；生产网络、分行无线互联网络保护不当；数据安全管理较粗放，存在数据泄露风险；网络信息系统存在较多漏洞；互联网门户网站泄露敏感信息。信息系统漏洞直接威胁金融数据的安全存储和消费者个人信息保护。

7. 违规存储敏感信息

2021年1月12日,中国人民银行福州中心支行受到监管处罚,处罚事由包括违规存储银行卡敏感信息。

二、金融行业数据资产保护和合规治理重点

金融行业的发展经历了从传统电子化到互联网金融、再到现在的金融科技的三阶段转变,所谓金融科技是指运用前沿技术推动金融业务创新。例如蚂蚁金服等头部企业积极发展应用了人工智能算法、区块链、大数据等技术用于金融数据的加密保护、分级分类以及异常调用的实时监控与预警。其中蚂蚁金融还自主研发了帮助其第三方合作方进行数据安全传输的技术工具,致力于提升金融数据全生命周期的安全性。金融科技的创新带来更多发展与机遇的同时也带来了风险与挑战,钓鱼软件、挖矿木马、僵尸网络、勒索病毒、APT类攻击等层出不穷,监管也对金融行业的数据资产保护提出了更高要求。

(一)金融领域的强制性法规先行遵守

金融行业关乎国计民生,国家对金融行业一直保持强监管态度,并随着金融资产数字化持续出台监管新规。从这些规定中可以窥见金融领域存在为了满足金融监管的需要而必须收集的个人信息,这一前提就需要从业者在进行金融行业数据合规之前对金融领域的法律法规事先进行了解,明晰金融行业的基本逻辑,从而明确数据处理的合法理由,即哪些数据属于为了履行法律法规的强制性要求而必须收集的个人信息,在此基础之上再根据数据合规的通用要求对收集各个数据字段的合法理由进行分类。

(二)金融数据质量应从源头重视

金融行业中基础统计数据的录入直接决定了数据资产的质量和价值转化,而在实践中,由于部分基层统计人员填报随意性较大,统计业务知识缺乏、统计观念停留在数据搬运、未对数据标准理解到位、未及时发现数据源逻辑错误,交叉统计、重复统计等原因,源头数据失真现象时有发生。

统计数据在录入的源头应有章可循，制定统一的基础数据录入标准及相应的执行规范。这样才能避免前台柜员或客户经理为客户录入基础信息时，仅凭个人理解进行系统字段录入，未切实按照开户资料信息对应选择正确选项，导致录入信息错误。

系统建设中应提前考虑兼容性和统一性。由于银行业务体系扩展的需要，各个业务部门及具体数据分散于各个具体业务部门，多数银行由于系统建设初期没有从更高的角度看待系统建设问题，未对业务信息系统建设进行统筹规划，各业务部门根据自身需求自行开发系统，导致出现以下两个方面问题：一是对单个系统来说，出于需求考虑、厂商技术开发水平、投入资金等因素局限，业务部门主要在业务流程设计、自身数据处理能力、本部门数据应用方面倾注过多的精力，仅重视数据的片面性，导致数据丰富，信息缺乏；二是对系统间数据整合来说，由于系统来源于不同业务条线，一方面开发厂商众多，厂商间协调与数据接口开发耗时费力，另一方面同一客户不同系统字段配置信息存在差异或同一字段信息不一致等，在对差异数据信息确认整合方面需要投入大量人力物力。以上两方面造成系统兼容性受到极大约束，系统间有效整合难度大，成为大数据集中与应用方面最大障碍。

（三）不同组织形式之间数据流转需要合法授权

金融行业组织形式具有复杂性，例如集团内部、各个母子机构、合作社与联社之间统一的数据利用规划（如数据中台）导致由一个机构收集的用户个人信息需要在庞大的金融机构之间流转与使用。为了寻找这种数据流转的合法依据，需要对各个金融机构之间的关系进行详细了解，制定与签署组织机构之间数据流转的协议，确定各方的权利义务关系，最大程度地避免合规困境。

（四）对外包合作方、第三方服务提供商的监管问题

部分金融行业应用程序的开发运营商安全意识薄弱、技术手段落后，未对集成的第三方插件、SDK等进行必要的数据安全评估或未通过合法形式规定双方的合作模式与权利义务分配等，导致第三方服务提供商违法违规收集个人信息，应用程序运营主体不自知或未尽到监督义务从而触碰监管红线。

（五）数据主体行权响应问题

由于金融行业的反洗钱反恐怖融资等特殊监管要求，部分个人信息有法定存储时间要求。此外为了保障敏感信息与金融账户的安全，部分个人信息的访问、更正与删除权的实现可能因各个金融行业内部制度设计与技术架构的不同而需要满足不同程度的前提条件，例如必须通过线下渠道、需要事先进行身份验证等，从而导致对用户行权产生不同程度与不同阶段的阻碍。

三、蚂蚁金服公司在金融数据保护实践

根据蚂蚁集团官网与白皮书，蚂蚁金服公司在数据合规体系建设方面的内容包括：

（一）金融领域相关的安全和隐私保护认证

蚂蚁金服公司的相关系统积极获取安全和隐私保护认证，已公开的认证包括：

- ISO/IEC 27701：2003 信息安全管理体系认证
- 个人信息安全管理体系认证证书
- ISO/IEC 27701：2019 隐私信息保护认证
- 国际支付卡行业安全标准委员会的 PCIDSS 检测认证
- 国家信息安全等级保护
- 隐私计算一体机测评证书
- 中国信通院泰尔实验室测评

（二）网络安全和隐私保护体系

1. 组织架构

在组织架构方面，公司管理团队包含首席合规官、数字金融事业群以及大安全事业群。在蚂蚁金服公司层面，有一整套数据安全组织，分别由策略层、管理层、控制层和执行层组成，每个事业部的经理，都是部门的第一数据安全责任人。蚂蚁金服公司还建立了审计监督机制来评估整体数

据安全体系，对内有专门的内审机构评估数据安全管理的有效性，对外则引入第三方机构参与审计评估工作。

2. 隐私保护设计

隐私保护设计方面加强新产品上线的隐私保护能力评估流程，执行"三同时制度"，即：产品设计时，同时制定隐私保护和数据安全的管理方案；产品方案开发时，同时实施隐私保护和数据安全管理措施；产品上线运行时，同时上线运行隐私保护和数据安全管理功能。

3. 数据分类分级

通过技术赋能数据分类分级，将大数据技术充分应用到数据安全监测和管理之中。对数据进行标准化处理，抽取数据特征，通过人工智能算法进行智能分类分级。根据数据内容将其分为身份信息、财产信息、账户信息和交易信息等多种类别；根据数据的敏感程度将其分为机密、保密、内部和公开四个级别。对敏感数据进行特别标识，并对合作伙伴异常调用和员工异常使用敏感数据的行为进行实时监测。

4. 严控数据访问程序

公司严格控制对个人数据的访问并严格执行评估和批准程序，以禁止无效或非法使用。访问个人数据被限制为按需，并会保存数据访问记录。公司的政策要求涉及访问或处理个人数据的新产品和新服务必须经过评估和批准程序。公司根据适用法律和法规对个人数据进行存储。利用大数据技术进行人员管理，对访问量激增、行为基线偏离、操作时间集中等行为进行监测，一旦超过正常数值即触发风险监测模型和高风险事件警告，由风险运营团队对相关人员开展调查和应急响应。用大数据技术对整体生态安全进行监测，建立合作伙伴异常分析模型并对风险进行量化，达到相应风险阈值时触发报警系统。

5. 数据加密等安全技术

在软件和硬件层面使用各种加密技术来保护个人数据的传输和存储。定期测试和评估，来确保数据处理和管理科技的效率。同时，使用反恶意软件、端点保护、网络保护、安全监控以及应用和平台安全工具来保护数据隐私。为了最大程度地减少数据丢失或泄漏的风险，蚂蚁金服公司维持应急措施和预留冗余度,并定期进行数据备份和数据恢复测试。公司运用技术基础设施,包括蚂蚁链技术、网络安全专业知识和 OceanBase 自有数据库技术来进一步保护公司的数据。公司运用这些自有科技增强数据的可靠性、稳定性和安全性。

6. 数据共享与监测

公司与第三方的数据共享协议需要经过各自的数据安全和隐私保护团队以及相关业务和合规团队的评估和批准。该评估包括对数据分享的目的、法律依据(例如用户授权)、数据敏感性、保护措施的适用性(例如数据传输协议),以及是否符合适用的法律和法规等方面的评判。在数据共享阶段,不但对数据异常调用行为进行实时监测,而且限制合作伙伴调取用户数据前应取得用户同意。同时开发了"数据保护伞""虎符""摩斯MORSE"等数据安全产品,帮助行业合作伙伴建设和完善数据安全保障能力,提升行业数据安全水平。

7. 风险管理系统与科技创新

公司的风险管理系统利用蚂蚁集团自身强大的大数据及计算能力、自主创新算法,同时与阿里巴巴集团的风险管理体系联动,加强全链路的风险管理水平,使公司能够有效地管理和控制风险。蚂蚁集团自成立以来,始终坚持将科技作为面向未来的核心驱动力,并持续加大技术创新投入,重点围绕人工智能、风险管理、安全、区块链、计算及技术基础设施等核心技术领域进行战略布局,通过领先技术的研发投入和应用,夯实公司业务运营与创新的长期基础,建立了自主可控的技术能力。

四、域外规定与实践

金融是经济的命脉,国际上对金融行业中数据价值的重视和保护由来已久,且远远超出了个人消费者金融数据范畴。

(一)美国

1. 《金融服务现代化法案》

1999 年 11 月 4 日美国国会通过了以金融混业经营为核心的《金融服

务现代化法案》，又称《格朗—利奇金融服务现代化法案》（Gramm-Leach Financial Services Modernization Act），这一天也成为美国金融史乃至国际金融史上一个的重要日子。这一法案是适应二十世纪末金融自由化下，商业银行、证券公司和保险公司跨界经营下的立法成果。

这部法案中对消费者个人非公共信息确定了隐私权保护标准。第一，明确采取欺骗手段（如以提供服务为借口）而获取私人消费者金融信息，属于联邦法律认定的犯罪行为，最长可处以五年监禁。第二，要求所有金融机构都必须遵守承诺，尊重消费者隐私权，保证消费者个人非公共信息的安全和保密。第三，建立消费者信息的分享规则。金融机构可以与附属保险公司、证券公司或法律允许的合资企业分享消费者的信息；消费者有权禁止金融机构的非附属第三方分享其个人信息，除非与消费者有协议、有客户报告要求和其他承诺等；只要对消费者公开，并做到对第三者保密，金融机构可以与作为该机构代表或与该机构有金融服务营销合作安排的公司分享客户信息；禁止金融机构为电子营销或直接营销目的而向非附属的第三者提供消费者账号或密码；要求美联储对现行在附属机构和非附属的第三者中分享信息的情况进行调查研究。第四，从管理上，要求隐私权政策和信息披露情况需要每年公布一次。为确保消费私人信息的安全与保密，需要联邦和州监管当局建立完善的规则；州法律如果有比该条款更严格的隐私权保护则按州法律执行。

《金融服务现代化法案》立法时已经意识到，组建一个金融控股公司的原因之一是可以交叉销售那些由母公司共同拥有的关联机构的产品，这种交叉营销的优势可能会对客户金融信息隐私构成威胁。因此该法案在金融机构使用和保护消费者隐私方面作出规定，力图平衡不同的诉求，寻找个人数据保护的最佳路径，并订立了金融机构和关联方与非关联第三方共享消费者非公开个人信息的不同规则，即金融机构和关联方之间共享个人信息应符合通知原则；金融机构和非关联方之间共享个人信息除通知外，还应赋予个人信息主体选择退出权（Opt-out）。同时，对金融机构确保客户数据安全保密做出要求。

2.《公平信用报告法》

《公平信用报告法》（FCRA）由《公平和准确的信用交易法》（FACTA）修订，限制使用与个人信用、信用状况、信用能力、品格、一般声誉、个人特征或生活方式有关的信息，以确定获得信贷、就业或保险的资格。在对个人信息安全保护方面，《公平和准确的信用交易法》作出具体要求，例如，规定信用报告一般不包括银行账户余额种族和宗教信仰、健康状况、性取向、刑事犯罪纪录、收入情况和驾车记录等信息；要求在打印的收据上不能完全显示信用卡号码；要求安全销毁某些类型的个人信息；规范从关联公司收到的某些类型的信息用于营销目的。

3.《萨班斯·奥克斯利法案》

2002年美国国会颁布的《萨班斯·奥克斯利法案》（SOX）概述了通过内部检查系统避免欺诈性金融交易的最佳安全实践，旨在保护投资者免受金融诈骗。从金融数据安全的角度看，该法案已经不仅仅是一个确保财务记录准确性的框架，现在其内容还包括网络安全部分，以确保金融机构应对可能影响金融活动的常见网络安全风险。网络钓鱼攻击就是此类网络威胁的一个例子，在这些攻击中，黑客通常以首席执行官和首席财务官的身份，说服员工发起欺诈性交易。该法案的合规要求现在还包括对跨存储财务数据的资源和信息技术基础设施实施安全控制，这些构成金融数据资产应安全要求保护上的法律依据。所有上市公司，包括金融行业的上市公司，都必须遵守该法案的规定。

4. 美国《银行保密法》

1970年美国国会颁布的《银行保密法》（BSA）又称《货币和外汇交易报告法》（Currency and Foreign Transactions Reporting Act），改革了传统的银行保密制度，确定了金融机构交易资金可疑报告制度，旨在防止金融机构在网络攻击期间故意或通过武力洗钱。《银行保密法》迫使金融机构与美国政府合作打击金融犯罪。《银行保密法》合规由货币监理署（OCC）通过定期审计进行监管。银行应核实所有货币交易的合法性。根据《银行保密法》，国民银行应实施以下控制：侦查和阻止洗钱活动；侦查恐怖主义融资；促进及时向执法部门通报洗钱活动。为了减轻内部金融活动的危害，银行应在其事故响应计划中概述明确的数据泄露补救工作流程。

接受客户资金的金融机构必须遵守《银行保密法》，包括：国家银行、联邦分支机构、外国银行的代理机构、联邦储蓄协会。根据该法，所有超过10000美元的大型交易都需要在活动发生后15天之内提交相关表格。

5.《加利福尼亚州金融信息隐私权法》

《金融服务现代化法案》允许各州制定更严格的规范。加利福尼亚州2004年7月1日生效的《加利福尼亚州金融信息隐私权法》，要求金融机构在同任何非关联第三方共享消费者的非公开个人信息前，应事先向消费者披露该事项，并获得消费者的事先的明确同意（Opt-in，即选择同意权），除非适用例外情形。对于关联方之间的信息共享，除非金融机构每年以符合该法要求的书面形式清楚明确地通知消费者且该消费者未指示不得共享（Opt-out，即选择退出权），否则该金融机构不得同任何其关联方共享消费者的非公开个人信息。该法要求金融机构必须向消费者发出《消费者重要的隐私选择》（Important privacy choices for consumers）通知，以便消费者做出选择并向金融机构提供关于是否共享其非公开个人信息的指示。

（二）欧盟

1.《欧盟金融服务监管中的数据保护指南》

2014年11月26日欧洲数据保护监督员发布了《欧盟金融服务监管中的数据保护指南》（Guidelines on data protection in EU financial services regulation），作为实用工具包，确保在制定欧盟金融政策和规则时整合欧盟数据保护规则。

该指南关注对金融市场监督所涉及的个人信息的处理，特别是通过使用监督、记录和报告以及信息交流。这些措施有可能会侵犯个人的隐私权和数据保护权。该指南包括10个步骤和建议，以协助欧盟负责金融监管的政策制定者。其中一些关键建议涉及如下范围，提供了部分有用的方法，通过金融服务中的个人数据保护准则，来确保行业有序发展：

- 评估信息处理是否干扰了隐私权；
- 建立数据处理的法律基础；
- 评估和论证适当的信息保留期；
- 为任何在欧盟以外的个人信息转移建立正确的法律依据；
- 为个人的数据保护权利提供适当的保障；
- 考虑采取适当的数据安全措施；
- 提供监督数据处理的具体程序。

2.《支付服务指令》

欧盟委员会于 2007 年发布了第一版欧盟《支付服务指令》（PSD），推动支付服务的便捷、高效、安全化。2016 年 1 月 13 日第二版欧盟《支付服务法令》（PSD2）正式生效，欧盟成员国将在 2 年时间内将该法令添加到本国法律法规中。第二版欧盟《支付服务法令》概述了电子支付的启动和处理方式的要求，并为保护客户的私人数据制定了严格的规则。

五、国际标准

除了常规的有关网络安全方面和隐私管理标准外，在金融领域保护数据安全与传输的常用国际标准为：

1. 安全标准委员会（Security Standards Council）支付卡行业数据安全标准（PCI-DSS）

主要信用卡公司都被要求在处理、存储或传输支付卡数据时，遵守支付卡行业数据安全标准。

该标准是一套减少信用卡欺诈和保护信用卡持卡人个人信息的标准。其安全控制旨在保护持卡人数据生命周期的三个主要阶段：处理、存储和转移。每个处理客户信用卡信息的组织都必须遵守这一标准，包括商户和支付解决方案提供商。支付卡行业数据安全标准是国际公认的标准，适用于全球所有处理信用卡数据的实体。商户应完成自我评估问卷（SAQ）以验证合规性。根据商户的规模，有不同程度的合规流程。例如，处理数百万笔交易的企业商户需要由合格的安全评估师进行年度现场审计。

2. 环球银行金融电信协会（SWIFT）

环球银行金融电信协会是全球银行之间进行金融交易的报文系统，实现银行间业务数据的互联互通。其提出客户安全计划（CSP），要求自 2017 年第二季度起，其客户应遵从该计划的 16 项强制的网络安全控制措施。此框架规定了正确保护数据、管理访问和响应安全事件的要求。

图书在版编目（CIP）数据

数据资产保护的合规要点与实务/辛小天，周杨，史蕾著．—武汉：华中科技大学出版社，2024.3
（创新企业知识产权理论与实务丛书）
ISBN 978-7-5772-0511-3

Ⅰ.①数… Ⅱ.①辛… ②周… ③史… Ⅲ.①企业管理-数据管理-数据安全法-研究-中国 Ⅳ.① D922.174

中国国家版本馆 CIP 数据核字（2024）第 020928 号

数据资产保护的合规要点与实务	辛小天　周　杨　史　蕾　著

Shuju Zichan Baohu de Hegui Yaodian yu Shiwu

策划编辑：郭善珊
责任编辑：郭善珊　张婧旻
封面设计：沈仙卫
责任校对：刘小雨
责任监印：朱　玢

出版发行：华中科技大学出版社（中国·武汉）　　电话：(027) 81321913
　　　　　武汉市东湖新技术开发区华工科技园　　邮编：430223

录　　排：华中科技大学出版社美编室
印　　刷：湖北恒泰印务有限公司
开　　本：710mm×1000mm　1/16
印　　张：22.25
字　　数：387 千字
版　　次：2024 年 3 月第 1 版第 1 次印刷
定　　价：118.00 元

本书若有印装质量问题，请向出版社营销中心调换
全国免费服务热线：400-6679-118　竭诚为您服务
版权所有　侵权必究